本书由福建开放大学资助出版

管理层权力视角下的
上市公司内部控制缺陷披露研究

■ 孔 敏 著

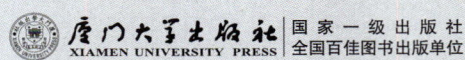

图书在版编目（CIP）数据

管理层权力视角下的上市公司内部控制缺陷披露研究/孔敏著. -- 厦门：厦门大学出版社，2024.6. -- ISBN 978-7-5615-9408-7

Ⅰ. F279.246

中国国家版本馆 CIP 数据核字第 2024GA5204 号

责任编辑　牛跃天
美术编辑　张雨秋
技术编辑　朱　楷

出版发行　厦门大学出版社
社　　址　厦门市软件园二期望海路 39 号
邮政编码　361008
总　　机　0592-2181111　0592-2181406（传真）
营销中心　0592-2184458　0592-2181365
网　　址　http://www.xmupress.com
邮　　箱　xmup@xmupress.com
印　　刷　厦门市金凯龙包装科技有限公司

开本　720 mm×1 000 mm　1/16
印张　17.25
插页　2
字数　275 千字
版次　2024 年 6 月第 1 版
印次　2024 年 6 月第 1 次印刷
定价　55.00 元

本书如有印装质量问题请直接寄承印厂调换

厦门大学出版社
微信二维码

厦门大学出版社
微博二维码

前　言

　　2008年6月,财政部、证监会、审计署、银监会、保监会等五部委联合发布了《企业内部控制基本规范》和17项具体控制规范,标志着我国企业内部控制规范建设取得了重大突破,是我国企业内部控制建设的一个重要里程碑。2010年4月26日,财政部、证监会、审计署、银监会、保监会联合发布了该基本规范的配套指引,对内部控制相关内容进行了进一步的规范,这标志着我国内部控制规范体系基本形成。

　　企业内部控制信息成为影响证券、审计、银行、保险等利益相关者以及企业投资者的重要信息,企业内部控制信息披露的核心在于内部控制缺陷信息的披露,而内部控制缺陷识别、认定和披露是我国上市公司内部控制信息披露最为薄弱的环节。从缺陷认定标准制度同形,到隐瞒缺陷,信息披露无法反映上市公司内部控制的真实情况,这些都成为内部控制信息披露不可回避的问题。面对以上问题,目前并没有能够标本兼治的好办法,往往是到上市公司出现了财务重述、收到了交易所的问询,甚至是出现了严重财务危机,或者财务舞弊行为东窗事发时,才发现原来内部控制重大缺陷早已存在,内部控制已然失效,内部控制信息披露不能发挥其应有作用。造成内部控制失效的原因有很多,管理层权力过大是最为重要的原因之一,当管理层权力凌驾于内部控制之上的时候,内部控制必然失效。

　　关于内部控制缺陷披露影响因素的研究有很多,目前的研究主要从以下几个角度进行分析:一是从公司治理的角度,分析董事会、管理层等对内部控制缺陷及其披露的影响;二是从公司目前规模、财务状况、经营复杂程度、成长性等方面来分析;三是从公司的外部治理环境,如产品竞争环境、制度环境、审计监督等方面进行分析。本书更多的是从公司内部环境出发，兼顾公司治理和公司内部相关因素，如规模、财务状况、经营复杂程度、成长性等，站在管理层权力的视角分析内部控制缺陷及其披露的影响因素。在我国目前国情之下，不同所有制企业管理层权力的形成和现状是不同的，特别是国有企业和非国有（民营）企业之间存在着极大差异。因此，本书分别阐述了国有企业和非国有（民营）企业管理层权力的形成背景和现状，在研究分析了上市公司管理层视角下的内部控制缺陷披露影响因素之后，又分别研究了国有企业和非国有（民营）企业的具体情况。

  本书在前人研究的基础上，将上市公司已披露的内部控制缺陷作为被解释变量，将上市公司的规模、财务状况、并购重组、成长性等内部控制缺陷影响因素作为解释变量，创造性地将管理层权力作为调节变量进行实证分析，在研究的过程中不仅考虑了管理层权力的自身影响作用，还重点研究了其对内部控制缺陷影响因素的调节作用。在实证分析的基础上，还引入国有上市公司和非国有（民营）上市公司的典型案例对实证分析的结果进行验证性分析，这也说明了本书的实证分析具有较高的稳健性。

  本书在写作过程中参阅了大量的国内外的文献和资料，在此，对这些专家和学者表示最诚挚的谢意。同时由于作者水平有限，书中的缺点和错误也恳请专家和读者批评和指正。

作者

2023 年 10 月 15 日

目 录

第 1 章 绪论 / 001 /
  1.1 研究背景 / 001 /
  1.2 研究意义 / 004 /
  1.3 研究目标和内容 / 006 /
  1.4 研究方法与研究框架 / 008 /
  1.5 创新之处和局限性 / 011 /

第 2 章 管理层权力与内部控制缺陷披露研究评述 / 012 /
  2.1 管理层权力的内涵 / 012 /
  2.2 管理层权力评价的国内外研究评述 / 013 /
  2.3 管理层权力配置效应的国内外研究评述 / 016 /
  2.4 内部控制缺陷影响因素的国内外研究评述 / 023 /
  2.5 内部控制披露质量的国内外研究评述 / 028 /

第 3 章 管理层权力与内部控制缺陷信息披露研究理论基础 / 034 /
  3.1 管理层权力研究理论基础 / 034 /
  3.2 内部控制缺陷信息披露研究理论基础 / 040 /

第 4 章 管理层权力制度背景研究与理论分析 / 049 /
  4.1 管理层权力形成的背景分析 / 049 /
  4.2 管理层权力的监督约束机制 / 060 /
  4.3 上市公司管理层权力对内部控制缺陷影响机理 / 067 /

  4.4 内部控制对上市公司管理层权力的制衡与监督作用 / 072 /

第 5 章 上市公司内部控制影响因素与现状分析 / 075 /
  5.1 上市公司内部控制质量的影响因素 / 075 /
  5.2 上市公司内部控制有效性评价 / 084 /
  5.3 内部控制信息披露与现状 / 088 /
  5.4 内部控制缺陷披露与内部控制有效性 / 098 /

第 6 章 管理层权力对上市公司内部控制缺陷披露的影响 / 106 /
  6.1 管理层权力与内部控制质量研究 / 106 /
  6.2 管理层权力视角下的内部控制缺陷影响因素分析 / 114 /
  6.3 管理层权力调节能力分析 / 143 /

第 7 章 管理层权力视角下的上市公司内部控制缺陷披露案例分析 / 188 /
  7.1 国有上市公司案例分析 / 188 /
  7.2 非国有上市公司相关案例分析 / 208 /

第 8 章 管理层权力视角下内部控制信息披露质量提升的建议 / 236 /
  8.1 管理层权力治理 / 236 /
  8.2 规范内部控制缺陷信息披露 / 246 /

参考文献 / 256 /

第 1 章 绪论

1.1 研究背景

1.1.1 现实背景

2001年,美国安然公司爆出了举世闻名的财务丑闻,使得全美最大的能源公司轰然倒塌,也致使为其提供审计服务的安达信会计师事务所因此而倒闭。之后世通公司、施乐公司等多家公司也爆出了不同程度的财务丑闻,引起了美国政府的高度重视。2002年美国时任总统小布什签署了国会两院通过的《萨班斯-奥克斯利法案》(以下简称《萨班斯法案》),美国证券交易委员会(SEC)要求公司管理层必须评估和报告本公司在最近年度所披露的财务报告内部控制的有效性,美国由此启动了强制性内控信息披露的按钮,证券市场进入了内部控制信息披露的新时代。我国上市公司也出现了财务欺诈舞弊的行为,比如众所周知的银广夏、蓝田公司等财务舞弊事件。直到近几年,上市公司财务舞弊事件仍不断出现,屡禁不止,已然成为资本市场的沉疴痼疾。康美药业、康得新等一些上市公司中的大白马也出现了财务舞弊行为,长生药业疫苗事件更是让人触目惊心。在这些财务造假行为的背后,甚至还出现了一些金融机构的影子。自2020年3月1日新修订的《中华人民共和国证券法》(以下简称《证券法》)生效以来,财务舞弊行为更是出现了假账真做的情形,上市公司实际控制人或高管指挥团队编造业务凭证,虚构交易,然后找关联方、客户、供应商和金融机构配合,提供虚假信息欺骗注册会计师,形成了造假的闭环,使财务舞弊行为更加隐蔽。对此我国也做出了一定的规定和要求。一边是不断出台相关的法律法规约束和规范上市公司信息披露,另一边是层出不穷的上市公司舞弊行为。财务舞弊行为当然是与财务舞弊的成本低且预期收益远高于成本有直接的关系,因此,在外部政策环境方面,加大财务舞弊行为的处罚力度是最为直接的手段。然而更为重要的是要加强上市公司的内部控制,提高内部控制的整体水平,练好内功,通过减少内部控制缺陷,保障内部控制质量来防范财务舞弊行为的发生。

我国上市公司管理层权力在经过了30多年的改革后,出现了明显膨胀的态势,而且还呈现出治理层与管理层界限不清、两职合一普遍存在的情况。国有企业由于一股独大和所有者缺位导致了内部人控制问题;而非国有企业由于董事会与管理层高度重合,管理层由控股股东本人及其亲属承担,管理层权力体现了控股股东的控制权(王茂林 等,2014),管理层超越董事会具有绝对的经营决策控制权。

每一个财务舞弊的案例背后都有一个管理层团队,在上市公司的管理层权力不断形成的过程中,特别是当管理层超越董事会具有绝对的经营决策控制权时,委托代理关系导致的道德风险和逆向选择发生的可能性就更大。上市公司管理层为了追逐个人利益,有可能逃避各项监督,牟取高额的回报,隐瞒上市公司的财务风险,粉饰向外提供的信息。探究上市公司管理层权力与上市公司内部控制信息的披露存在怎样的关系,如何通过内外部治理来约束和监督管理层权力,保障内部控制信息披露的有效性,保护投资者利益,维护资本市场资源配置的有效性,是本书研究的出发点。

1.1.2 政策背景

2008年财政部会同证监会、审计署、银监会、保监会共同制定的《企业内部控制基本规范》要求企业对自身内部控制的有效性进行评价,披露自我评价报告。2010年4月,为了进一步加强企业内部控制制度的完善性和可执行性,五部委又联合发布了《企业内部控制应用指引》《企业内部控制评价指引》和《企业内部控制审计指引》,规定2011年1月1日在境内外同时上市的公司须执行内部控制规范体系,2012年1月1日扩大到在上交所和深交所主板上市的公司,中小板和创业板公司择机实施,同时鼓励非上市大中型企业提前实施。2014年,证监会与财政部联合发布了《公开发行证券的公司信息披露编报规则第21号——年度内部控制评价报告的一般规定》,明确了内部控制评价报告的构成要素,并针对核心构成要素,如重要声明、内部控制评价结论、内部控制评价工作情况、其他内部控制相关重大事项说明等,逐一说明需要披露的主要内容及相关要求;要求披露财务报告内部控制是否有效的结论,并披露是否发现非财务报告内部控制重大缺陷;要求区分财务报告内部控制和非财务报告内部控制,分别披露重大、重要缺陷认定标准、缺陷认定及整改情况。

我国财政部、证监会等多个部门正在不断推进内部控制规范的建设,规范内部控制信息披露,逐步建立了上市公司自我评价、注册会计师审计、政府监管推动的内部控制实施机制,但部分上市公司仍存在对内部控制重视程度不够、内部控制缺陷标准不恰当、内部控制评价和审计未充分发挥应有作用等问题。内部控制可以发挥财务报告信息质量过程性控制的作用,实现上市公司财务报告的控制关口前移。如果内部控制失效,财务报告信息质量保障的第一道关口,也是最重要的关口,就会失去其应有的作用。

内部控制作为企业合法合规、效率经营的第一道关口,能够发挥作用的重要前提是企业管理层权力合理配置,能在激励与约束相容的情况下,保证内部控制的有效性。在我国,由于所有者缺位、所有者与经营者目标不一致等第一类代理问题导致的管理层决策问题、投资不力问题、信息披露问题等依然存在,上市公司第一大股东(控股股东)利用绝对的控制权侵占中小股东权益的第二类代理问题也经常发生。为了抑制大股东(控股股东)的控制权,自2003年开始,证监会要求上市公司披露公司实际控制人及大股东控股结构信息。2006年证监会又联合有关部门出台了《关于进一步做好清理大股东占用上市公司资金工作的通知》,用于解决上市公司控股股东资金占用、欠款等问题。2009年中共中央办公厅、国务院办公厅印发了《国有企业领导人员廉洁从业若干规定》,该规定是一部规范国有企业领导人员廉洁从业行为的基础性法规。2012年以来,伴随着"中央八项规定"的提出和深入实施,国企上市公司管理层公权腐败行为在极大程度上得到了遏制。党的十六大提出的反腐的八字方针,在党的十七大扩展到16个字,党的十八大、党的十九大、党的二十大予以了继承与发展,形成并完善了中国反腐的综合治理模式,在对国企高管限薪令的基础上更是对各项隐性的"职务消费"行为进行了严厉的打击。

2020年3月1日,新修订的《证券法》开始正式实施。此次实施的《证券法》的一大亮点为:新增了整章节的关于信息披露的规定,明确控股股东、实际控制人须配合履行信息披露要求。《证券法》新增的第八十条第三款规定,公司的控股股东或者实际控制人对重大事件的发生、进展产生较大影响的,应当及时将其知悉的有关情况书面告知公司,并配合公司履行信息披露义务。新修订的《证券法》强化了证券发行人董监高的信息披露义务,在第八十二条规定中,应当经发行人的董事、高级管理人员签署书面确认意见和监事会提出书面审核意见的信息披露文件,由原来规定的定期报告扩展到证券发行文件,并新增"监事应当签署书面确认意见"的要求;证券发行人的董监高除应当保证发行人"所披露的信息真实、准确、完整"外,还应当保证发行人"及时、公平地披露信息"。同时,该条规定,证券发行人的董监高无法保证证券发行文件和定期报告内容的真实性、准确性、完整性或者有异议的,应当在书面确认意见中发表意见并陈述理由,发行人应当予以披露,发行人不予披露的,董监高可以直接申请披露。

1.2 研究意义

内部控制信息披露是上市公司信息披露的重要组成部分,对包含投资者在内的利益相关者的决策具有重要的作用,也是反映上市公司内部控制有效性的载体,是判断财务报告是否真实可靠的依据之一。内部控制缺陷信息是内部控制信息的核心,直接反映上市公司的内部控制水平和有效性，通过内部控制缺陷的发现、整改，也可以有效地提高上市公司内部控制的整体能力，做到财务舞弊行为防范的关口前移。

1.2.1 理论意义

1.2.1.1 拓展内部控制缺陷披露影响的研究视角

本书在研究内部控制缺陷披露影响因素的基础上，进一步分析了管理层权力对内部控制缺陷存在可能性影响的作用路径或深层原因，并检验了管理层权力对内部控制缺陷披露影响因素的调节效用，拓展了研究的视角，同时也丰富了内部控制的研究内容。

1.2.1.2 丰富了管理层权力研究的范围

管理层权力研究主要始于管理层薪酬研究，之后逐步拓展到其他领域。我国目前资本市场还未进入成熟期，经理人市场以及各要素市场还不够完备，上市公司公司治理也不够完善，不能够发挥其应有的治理功能，极易出现管理层凌驾于内部控制之上的情况，造成内部控制失效，这也在许多上市公司财务舞弊案例中得到了验证。本书对管理层凌驾于内部控制之上的动机作了分析，研究了管理层权力与内部控制缺陷形成、作用和披露之间的内在机理，丰富了管理层权力的研究范围。

1.2.2 实践意义

1.2.2.1 有助于完善上市公司治理水平

上市公司代理问题是影响公司治理水平的重要因素，目前我国上市公司公司治理结构中存在着治理层与管理层高度重合的现象，代理问题严重，大股东（控股股东）侵占中小股东事件时有发生。本书的研究揭示了产生这些治理问题的内在原理，有助于厘清上市公司治理层与管理层的关系，从而促使内部控制更有效地发挥治理与监督的作用，形成管理层激励与约束相容的机制，促进上市公司提高治理水平。

1.2.2.2 有助于完善内部控制信息披露，抑制管理层造假行为

内部控制信息披露有利于上市公司利益相关者衡量和评价内部控制有效性，也可以帮助财务报告使用者判断上市公司披露的财务报告的可靠性水平，弱化上市公司信息不对称的情况。内部控制信息披露的作用会促使上市公司管理层完善内部控制，减少内部控制缺陷，抑制管理层造假行为。

1.2.2.3 有利于监管部门对上市公司加强监督和管理

在内部控制信息强制披露实施的过程中，上市公司内部控制质量的水平，并不能够完全通过公司对外披露的信息体现出来。上市公司管理层存在选择性披露内部控制信息的现象，因此，上市公司披露的内部控制缺陷在信息量方面并不能完全反映已存在的内部控制缺陷。本书的研究有利于帮助监管部门通过内部控制缺陷披露的影响因素，提升对上市公司内部控制信息质量的监督和管理。

1.3 研究目标和内容

本书的总体研究目标是：通过规范研究、实证研究、案例研究等几个层面研究管理层权力和内部控制缺陷及其披露质量的相关理论、内部控制缺陷披露的影响因素、管理层权力对内部控制缺陷披露的调节作用。

管理层权力在内部控制制度的建立、实施、有效执行等方面起到关键性的作用。当管理层掌握了实质的控制权时，出于自身考虑利益考虑以及在对剩余分配权索取的动机驱动下，管理层权力有可能会削弱上市公司内部治理各个层级的监督作用和效果。管理层权力的外部治理能够通过对管理层权力的监督作用，改变管理层权力对内部控制实施效果的调节作用。本书主要从管理层权力的视角研究内部控制缺陷披露因素，全

书分为八章,具体研究内容如下:

第 1 章为绪论。本章深入地分析本书的研究背景,概括了研究的意义、研究的目标、主要内容和方法以及创新之处和局限性,勾勒了研究的主要框架。

第 2 章为管理层权力与内部控制缺陷披露研究评述。本章采用文献研究法分别评述了管理层权力和内部控制缺陷影响因素现有的研究成果,在评述过程中厘清本书中涉及的相关概念,对管理层权力配置效应的国内外研究进行回顾和总结,简述了内部控制缺陷影响因素和内部控制信息披露质量的国内外研究。

第 3 章为管理层权力与内部控制缺陷信息披露研究理论基础。本章分别阐述了管理层权力和内部控制缺陷信息披露的研究理论基础,简述了本书在管理层权力研究中所涉及的委托代理理论、不完全契约理论、现代管理家理论,在内部控制缺陷信息披露研究中所涉及的交易费用理论和信号传递理论等。

第 4 章为管理层权力制度背景研究和理论分析。本章分别阐述了我国国有企业和非国有企业管理层权力形成的制度背景,研究了管理层权力的内部治理和外部治理现状,说明了管理层权力对内部控制缺陷的影响机理。

第 5 章为上市公司内部控制影响因素与现状分析。本章通过层层递进的方式,分析了上市公司内部控制质量的影响因素,评价了上市公司内部控制的有效性,概述了内部控制信息披露的现状,进而通过上市公司内部控制信息披露的现状来剖析内部控制的有效性。

第 6 章为管理层权力对上市公司内部控制缺陷披露的影响。本章通过实证分析的方法,首先研究了管理层权力与内部控制质量的关系,通过实证研究来分析我国上市公司管理层权力是权力保障还是权力超越,从实证分析的结果可以看出我国国有上市公司权力保障大于权力超越;其次通过实证分析的方法分析了内部控制缺陷披露的影响因素、管理层权力的不同维度对内部控制缺陷披露影响因素的调节作用。

第 7 章为管理层权力视角下的上市公司内部控制缺陷披露案例分析。本章分别通过国有上市公司和非国有上市公司的案例来分析管理层权力视角下的内部控制缺陷信息披露,通过中信国安、贵糖股份、康得新、长生生物这几个案例分析了案例公司内部控制缺陷披露的情况、内部控制的有效性,并基于管理层权力的视角分析了管理层权力的各个维度对内部控制缺陷披露和内部控制有效性的影响。

第 8 章为管理层权力视角下内部控制信息披露质量提升的建议。根据理论分析、实证分析和案例分析,本章提出了管理层权力内部治理与外部治理的建议,提出了规范上市公司内部控制缺陷披露的对策。

1.4　研究方法与研究框架

1.4.1　研究方法

基于管理层权力的视角,本书分析了内部控制缺陷及其披露的影响因素,涉及经济学和管理学的不同理论,综合应用了不同学科的研究成果,通过文献研究、规范研究、演绎分析、实证研究和案例研究等多种不同的方法进行研究。

1.4.1.1　文献研究

众多学者拥有在关于内部控制质量、内部控制披露和内部控制缺陷研究的文献中述评和分析内部控制缺陷识别和披露的成果。本书在归纳和整理管理层权力研究的相关文献的基础上,提出了从管理层权力的视角研究内部控制缺陷及其披露影响机制的观点。

1.4.1.2　规范研究

规范研究是一种社会科学研究方法,其主要目的是探讨和评估事物应该如何存在,以及应该如何行动才能达到理想的状态或标准。本书分析了在我国市场化进程和经济体制改革过程中,国有上市公司和民营上市公司管理层权力的形成过程,并从管理层权力的内部治理和外部治理两方面来演绎和推理形成管理层权力激励相容约束机制的内在逻辑。研究了在我国经济体制改革不断深化的过程中出现的上市公司治理问题,并在此基础上进一步研究公司治理对管理层权力的形成产生的影响、管理层权力对内部控制有效性和内部控制缺陷披露的影响,管理层权力对内部控制缺陷披露与内部控制缺陷披露影响因素之间关系的调节作用。最后,指出了管理层权力治理和内部控制缺陷披露规范的路径。

1.4.1.3 演绎分析

演绎分析是一种系统的分析方法,在管理决策研究等领域应用广泛,它包含了演绎推理、对比分析、逻辑演绎、因果分析等多种方法。本书第四章运用演绎推理的方法,从我国管理层权力形成的历史开始研究,分析了上市公司管理层对内部控制缺陷的影响机理,从而推理出内部控制质量的影响因素;第五章通过分析上市公司内部控制质量的影响因素,探讨了有效性评价的测度,对比分析了近年来上市公司内部控制信息披露质量的状况,通过逻辑演绎的方法分析了影响内部控制缺陷的各种因素,以及这些因素是如何与管理层权力相互作用的。

1.4.1.4 实证研究

本书采用主要成分分析法,对管理层权力构成维度进行了分析,构成了管理层权力的分析指标;采用描述性统计方法对实证分析过程中的主要变量进行了直观的比较分析;采用皮尔逊相关系数(Biserial 相关性检验)分析了管理层权力的各个维度与内部控制质量(内部控制指数)的相关性;采用回归分析法分析了内部控制缺陷披露与其影响因素之间的关系、管理层权力对内部控制缺陷披露及其影响因素的调节作用。

1.4.1.5 案例研究

本书采用案例研究方法,通过不同的案例有侧重点地分析了管理层权力的不同维度对内部控制有效性的影响、对内部控制缺陷及其披露的影响,从而也验证了实证研究中得出的管理层权力对内部控制缺陷及其披露影响因素具有调节作用这一结论。

1.4.2 研究框架

本书的研究框架见图 1.1。

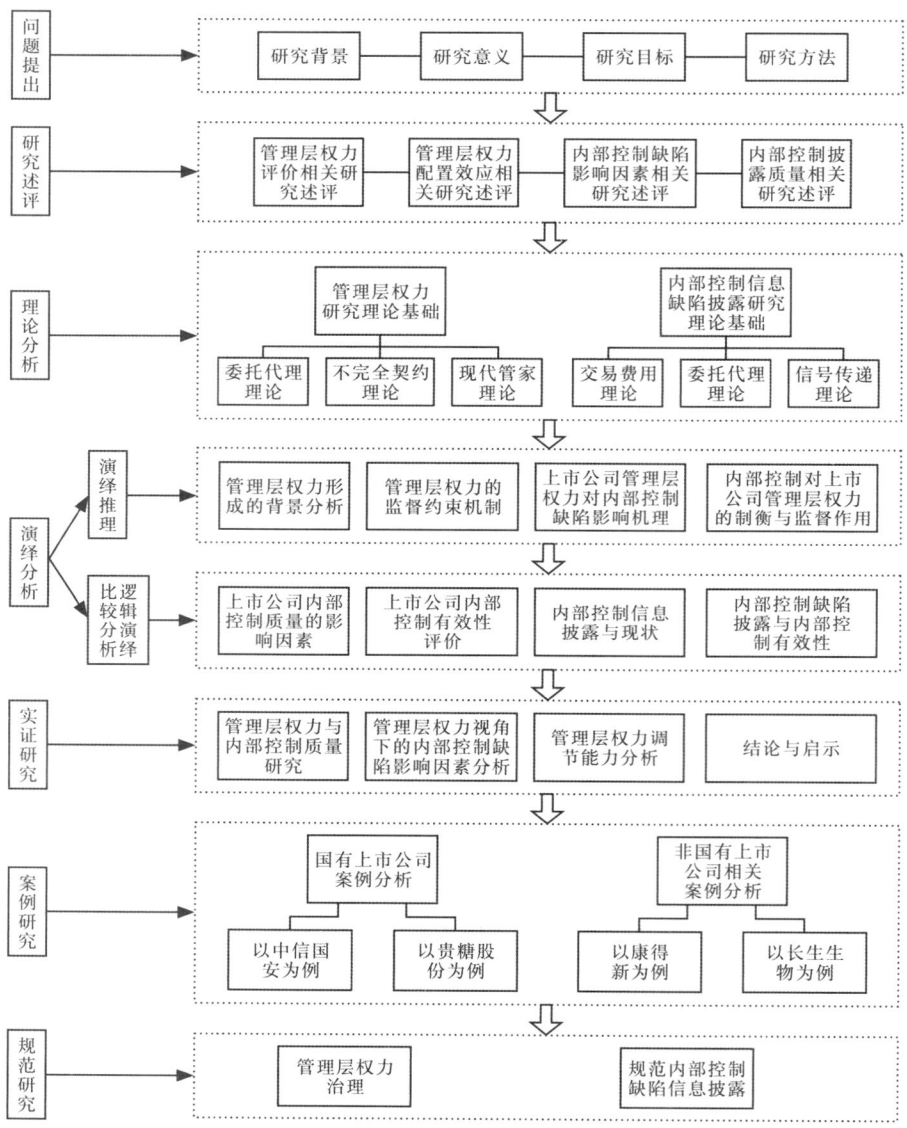

图 1.1 研究框架

1.5 创新之处和局限性

1.5.1 创新之处

在现有的研究基础上,本书通过理论分析、逻辑分析、实证研究、案例研究等方法,试图达成以下的创新之处:

第一,与其他研究不同,本书在分析内部控制缺陷及其披露的影响因素的基础上,将管理层权力的四个维度作为调节变量进行讨论,对管理层权力在内部控制中所扮演的角色,本书并没有简单地将其归类为纯粹保障性的,或用纯粹的超越性的,而是将这两种特性置于同一研究框架内,以揭示它们之间可能存在的复杂关系与相互转换的可能性,不是局限于其中一种特征,而是将两者纳入一个研究的共同体中。

第二,目前的研究要么从国有上市公司的角度分析内部控制缺陷与管理层权力的关系,要么从民营上市公司的角度分析,较少将两种不同产权性质的企业放在一个研究体系中进行研究。本书将不同产权性质的上市公司放在同一研究体系中进行分析,通过理论分析、实证研究和案例研究等方法进行验证,具有一定的创新性。

1.5.2 局限性

第一,内部控制缺陷指标以上市公司披露的情况为统计口径,没有通过财务重述、问询函、上市公司所受的相关处罚等进行修正,与实际缺陷之间存在一定的差距。因此,本研究主要聚焦于内部控制缺陷披露的影响因素和管理层权力对内部控制缺陷披露的调节作用,在反映管理层权力对内部控制缺陷实际数量的影响方面还未涉及。

第二,对不同产权性质的划分不够精细,非国有控股公司的产权性质可以细分为国有参股公司和无国有股的民营企业等,细分后对管理层权力的分析将会更加精准,研究的结果也会更有指向性。

第 2 章 管理层权力与内部控制缺陷披露研究评述

2.1 管理层权力的内涵

2.1.1 什么是管理层

管理层,一般意义上是指对某一单位或系统活动的执行负有管理责任的人员或组织形式。在经济学领域,管理层负责编制财务报表,并受到治理层的监督(宋健,2019)。在信息技术领域,管理层包括数据的采集、传输、存取和管理,一般以数据库管理系统(database management system,DBMS)作为其核心软件,是信息系统的基础。目前在经济管理领域,对于管理层的内涵,理论界和实务界有较为统一的认识,即管理层是公司的高级管理人员和高级管理人员形成的组织。但关于管理层外延的界定,国内外学者尚未形成统一的认识。根据《中华人民共和国公司法》(以下简称《公司法》)第 265 条第(一)项的相关规定,管理层(高级管理人员)被界定为公司的总经理、副总经理、财务负责人、上市公司董事会秘书和公司章程规定的其他人员,也就是以公司总经理为首的高级管理人员团队。部分学者认为管理层是指总经理、CEO 和总裁,即核心高管(权小锋 等,2010;刘星 等,2012;王茂林 等,2014;赵毅 等,2016),也就是核心高管层级。对管理层外延认识的不同,主要是由于不同学者的研究对象不同而形成的。本书所研究的是管理层权力对内部控制缺陷披露的影响,这里的管理层更集中于核心高管层级,他们是内部控制制度的制定者、执行者,同时还是内部控制缺陷披露的直接负责人。

2.1.2 什么是管理层权力

权力是一种控制人和事的能力,它可以是个人的权力,也可以是组织的权力。管理层权力是指组织的权力,管理层在公司具有影响决策的能力,可以通过控制公司或影响公司决策以达到自身目标,这种能力就是管理层权力。Finkelstein(1992)将管理层权力界定为"管理层对企业战略施加影响,从而能够执行其自身意愿的能力",March(1966:39-70)认为管理层权力是"压制不同意见的能力"。管理层是所有权与经营权分离的产物,在外部监管疲软、内部治理不够健全的情况下,管理层可以对公司施加的影响力或作用力会更大。管理层能够对公司制定对其有利的内部控制制度施加影响,在内部控制信息披露时也能够选择对其有利的事项对外披露,隐瞒不利信息,因此内部控制从制度设计、执行到披露都有可能受到管理层权力的影响。综上所述,管理层权力是管理层规避不确定性,抑制反对意见,对战略施加影响以实现自身意愿的一种能力。

管理层权力可以划分为正式权力和非正式权力。正式权力是管理层所在的职位赋予的权力,包含了决策权、组织权、指挥权、人事权、激励奖惩权等。非正式权力则是管理层个人因素所带来的权力,包含了管理层的学识、品德、资历、个人魅力等多个方面。二者结合在一起,从而形成对组织和个人的影响力和感召力。

2.2 管理层权力评价的国内外研究评述

管理层权力是管理层对公司经营决策影响力的综合反映,对管理层权力的评价是建立在对管理层权力维度的界定的基础上的。目前的研究主要有两种形式:一种是将评价管理层权力的指标综合为一个单一维度,另一种是将管理层权力评价指标划分为不同维度。

2.2.1 单一维度

单一维度的评价模式有些是从管理层权力的某些方面进行分析的。Bertrand 等(2001)对管理层的任职时间展开了分析,认为任职时间长的 CEO 有较大的权力。其在研究中还涉及大股东是否缺失对管理层权力的影响的问题,认为从权力制衡的角度来看,大股东的缺失会使得对管理层的约束较少,从而导致管理层权力较大。股权结构一直以来都是管理层权力研究的一个重要维度,Bebchuk 等(2003)在对管理层权力的评价中加入了股权结构的指标。相关的研究认为,股权的集中对管理层权力会产生影响,股权集中度低的公司,管理层权力相对较大。关于用单一维度指标来评价管理层权力,在学者们研究过程中常见的指标还有 CEO 是否兼职、董事会规模、第一大股东持股比例、高管持股比例、董事长和总经理是否兼任等。也有学者将其中的部分指标形成一个综合指标来对管理层权力进行评价。例如:刘剑民等(2019)运用主成分分析法将总经理任职年限、是否两权合一、董事会规模、管理层持股比例和内部董事比例等五个指标合成一个管理层权力的综合指标,对管理层权力在政府补助与国企高管超额薪酬之间的中介传导效应进行研究;赵息等(2013b)在分析内部控制与高管权力的相互作用关系及其对并购绩效的影响时,将两职兼任、高管职务数和任职期限三个指标综合成高管权力指标(MP)。

2.2.2 多维度

在采用单一维度的形式分析管理层权力时,相关指标虽然都与管理层权力相关,但指标之间的逻辑关系并没有厘清,Finkelstein(1992)采用多维度评价方法,将管理层权力划分为声望权力、专家权力、结构权力和所有权权力,在管理层权力理论的研究上产生了巨大的影响,后续大量的学者都是采用这四个维度对管理层权力进行评价和研究的。例如权小锋等(2010)通过组织权力、专家权力、所有权权力和声望权力四个维度评价 CEO 权力强度,研究 CEO 权力强度、上市公司信息披露质量和经营业绩波动三者之间的关系。这四个维度目前在管理层权力评价领域得到了大量学者的共识,但对不同维度中指标的构成,不同学者的看法还有些细微差异。虽然Finkelstein(1992)在管理层权力评价研究方面做出了重要贡献,但相关研究仍存在一定的局限性。这四个维度之间的逻辑关系是怎样的,是并列关系还是递进关系,哪个维度是基础等这些问题仍未得到解决。从目前的研究可以看出,四个维度与不同的研究对象所产生的相关性显著程度都不尽相同。

1. 结构权力

结构权力是由管理层所处组织中的科层结构决定的。管理层处于科层组织的顶端,正是因为管理层处于这样的位置,所以管理层应具有对公司内外不确定性的应对能力,通过控制和影响公司的经营决策来实现其自身意愿。作为管理层的核心,CEO如果还兼任内部董事或董事长,可能导致公司的权力过度集中于管理层,从而削弱董事会的权力,也无法对管理层进行有效监督。在目前的研究中,结构权力维度构成的核心指标是两职合一,部分研究还会加上CEO兼任内部董事这个指标(inside-director),如权小锋等(2010)的研究。有些学者认为董事会规模大时,容易产生意见分歧,这时高管的意见能够起较大的作用。刘焱等(2014)在研究时会加上董事会的规模,也就是董事会的人数与行业平均数的比较。

2. 所有权权力

所有权权力是管理层权力的又一重要维度,当高管持股,既是所有者又是管理者时,双重身份会使管理层的权力更大。Pfeffer(1981:35)和Fredrickson(1988)在研究中都明确指出CEO持股比例越高,对公司的控制权越大,因此越有能力掌控公司的不确定性,决定公司的战略。所有权权力通常通过CEO持股比例和股权分散度两个指标来反映,但对不同的对象进行研究时,在指标方面会做一些调整,例如当研究对象是家族企业时会加上家族持股比例指标。

3. 声望权力

声望权力是指管理层所拥有的精英教育背景、个人信誉、行业影响力和外部组织能力等要素,使其能够在企业内部和外部不确定性因素的冲击下,有效地协调各方利益,处理各种不确定性。声望权力也就是高管在企业内外的号召力和支持度。衡量声望权力这个维度的指标通常包括CEO学历和是否外部兼职,谭庆美等(2014b)和权小锋等(2010)的研究,就都采用了这两个指标。此外,部分研究还会在这个部分加入创始人身份这一指标,如刘焱等(2014)的研究,相关研究者认为高管拥有创始人身份,在公司内部会更具号召力,在处理内部的不确定性上能够带来隐性的影响力。

4. 专家权力

专家权力指的是高管能够应用自身的专业能力、职能性经验、关键性经验,在公司战略制定和决策时处理不确定性的执业能力。在考察这个权力维度时,常见的指标有以下几个:一是高管的职称。高管有较高的职称,说明其在相关知识和信息方面具有更高储备量,能够应用于公司经营管理和决策中。二是高管的任职时间。任职时间较长说明高管对企业产品市场状况、发展问题等各方面企业关键性问题了解较多且较深入,同时由于任职时间较长,对高管来说已经形成较为稳定的管理团队,在公司内部的影响力较大,这种情况下董事会对其控制力会下降。对于专家权力,大部分的研究会包含高管的职称和任职时间两个指标,如权小锋等(2010)的研究,但也有一些研究仅选择其中一个指标来进行分析,如胡明霞(2018)的研究仅选择了任职时间这个指标来衡量专家权力。

由于我国国情的特殊性,有些学者在进行管理层权力研究时加上了其他维度,如政治权力,胡明霞(2018)用总经理兼任党委书记这个指标来衡量管理层的政治权力,对央企管理层权力进行评价。

2.3 管理层权力配置效应的国内外研究评述

2.3.1 管理层权力配置的影响因素

管理层权力配置影响因素的研究目前受到了理论界的广泛关注,相关研究也比较多,主要从公司治理环境和外部环境两方面进行分析。

2.3.1.1 公司治理环境

1.股权结构

Van Essen等(2015)对管理层权力理论进行了多元分析,指出尽管管理层能够凭借自身权力影响公司的薪酬安排,但股东及其代理人也能够限制管理层的权力。Van Essen等(2015)的观点是股权结构会影响管理层权力。西方的管理层权力理论更多是基于股权分散的情况进行研究的,我国上市公司股权结构有其自身的特点,股权集中是普遍现象,因此一些研究结果不太适用。我国的部分研究观点也从公司股权结构的角度分析了管理层权力的配置,徐鹏等(2014)在集团框架内探讨子公司管理层权力配置的特征,得出了母公司持股与子公司管理层权力存在负向相关关系的结论,也就是说母公司的持股比例越高,子公司的管理层权力配置越低。Shleifer等(1997)认为大股东有动力和方法去改变管理层的效率,Mishra(2011)则认为大股东具有追求低风险次优投资战略的动力,李胜楠等的研究表明,当公司存在多个大股东之间的权力制衡时,董事会会赋予管理层更多决策权。近年来的研究认为无控股股东也类似于内部人控制,在股权分散的情况下,股东监督动力不足,管理层权力会有所增加(章琳一等,2020)。

2.董事会治理特征

Van Essen等(2015)认为强有力的董事会能够将管理层的薪酬与绩效紧密结合在一起,即便在CEO非常强势的情况下,这种情况也同样适用。Pathan(2009)考察了董事会结构、CEO权力与银行风险承担之间的关系。研究发现,在董事会规模较小,独立董事较多和没有限制性股东权力的情况下,董事会对CEO权力治理发挥了重要的作用,管理层的风险偏好得到了优化。然而在现实中,管理层作为公司重要的代理人,其手中的权力越来越大,这就导致CEO通常会拥有比董事会更大的权力,进而影响董事会的人事任命。Francassi(2012)研究了CEO通过外部网络联系所获得的权力与公司绩效之间的关系,发现强力CEO更倾向于聘任与之有关联的董事,会利用其权力影响董事的聘任过程,在这种情况下董事会没有足够的动力对管理层实施监督。

3. 公司内部制度安排

管理层权力是公司内部制度安排的具体体现，因此可以将公司内部制度安排的影响因素作为管理层权力配置的影响因素。公司内部制度安排的影响因素包含了公司文化、管理层的道德、风险偏好等，以上因素都会对管理层权力的配置产生影响。

4. 公司治理变革

董事会权力与管理层权力是在两者互动和增强的过程中不断博弈的，两者会产生偏移。随着公司的经营成果和业绩的呈现，当这种偏移达到一定的程度时，就会引起董事会的重视，从而产生公司治理的变革。在这种情况下股东会调整对管理层的治理机制，使管理层的权力回归至股东预期的水平。或者是由于外部环境的变化，大股东或公司最主要的出资人调整了公司的战略，从而改变公司的治理结构和机制，这也会对公司管理层权力的配置产生重大的影响。

2.3.1.2 公司外部环境

1. 外部监督环境

管理层是两权分离的产物，管理层的权力要在公司治理规范下配置，需要接受董事会和监事会的约束。因此，管理层权力配置最重要的制度基础就是《公司法》，上市公司管理层权力还要受到《证券法》等法律的约束。外部监督环境除了法律制度的约束之外，还包含政府监督和社会监督两个方面。

(1) 政府监督。政府监督是政府对国有上市公司管理层的重要监督，2018年3月，十三届全国人大一次会议表决通过的《中华人民共和国监察法》将公职管理人员纳入监察对象，加强了对上市国企高管的管理。2018年3月，国企外派监事会的管理职责被纳入审计署。2018年11月，《关于深化中央纪委国家监委派驻机构改革的意见》在中管企业开始实施，国务院、国资委出台一系列国资国企监管重要文件，加快实现从管企业向管资本的转变(蒋亮平，2019)。

(2) 社会监督。社会监督的范围相对较广，包含社会公众、媒体、中介机构、金融机构等。从目前情况来看，社会监督的研究比较集中于机构投资者、证券分析师以及债权人等方面。Jensen 等(1983)研究发现,证券分析师可以发挥外部监督作用,约束管理层的自利行为,缓解委托代理问题。Moye 等(1989)、Knyazeva(2007)、Yu(2008)的研究表明:证券分析师有利于降低管理层与投资者之间的信息不对称程度,弱化管理层在信息上的优势,减少管理层操纵空间,从而提高信息的有效性。国内也有部分学者研究分析师对管理层的影响。叶陈刚等(2018)的研究表明,在分析师关注的情况下,不同产权性质的管理层的压力不同,非国有企业管理层压力更加显著。目前有较多的研究是针对机构投资者对管理层的监督来展开的,大部分的研究表明:机构投资者有能力和动力对管理层进行监督。在机构投资者持股比例相对较高的情况下,其监督的边际成本递减,他们有动机对管理层进行监督;同时,由于机构投资者作为专业的投资机构,其在能力上可以满足对管理层进行监督的要求(潘前进 等,2016)。部分学者将机构投资者分为压力敏感型机构投资者和压力抵抗型机构投资者,Brickley 等(1988)、Cornett 等(2007)的研究认为压力敏感型机构投资者为了与企业保持良好的利益关系,一般不会质疑公司的投资决策,较少监督公司管理层,而压力抵抗型机构投资者与公司没有维持密切商业关系的压力,能够较好地对公司管理层进行监督。

2.经济环境

(1)市场化环境。市场经济是通过市场自发的行为来调整市场的供需,使之达到平衡。在市场经济运行环境下,政府对市场的干预较少,贺琛等(2015)认为我国现处于经济转轨的特殊时期,外部市场环境不完善,金融发展水平不均衡,政府干预在一定程度上对企业管理层权力的配置产生了影响。

(2)市场竞争环境。企业所处的市场环境对管理层权力的配置会产生影响。企业所处的是垄断市场还是自由竞争市场,直接影响企业内部权力制衡。郭淑娟等(2018)通过实证分析 2003 年至 2014 年的上市公司数据指出,高度垄断带来内部制衡缺失,垄断行业的上市公司高管薪酬制度会强化管理层权力的影响力。

(3)融资环境。融资环境可以对高管依托的现金操作行为产生抑制作用,从而制约管理层的权力。白俊等(2015)指出,银行行业结构决定了企业的融资环境,行业环境的变化不但可以影响银行在公司治理过程中效应的发挥,还会制约管理层的权力。

2.3.2 管理层权力配置效应

管理层权力是处理企业内外不确定因素的能力,以 CEO 为核心的企业管理层通过对企业的战略决策和经营管理,将权力直接作用于企业的投资、并购、研发、创新和发展等方面,形成了管理层权力配置的效应,这一效应体现在企业的会计绩效、市场绩效、社会效益和创新能力上。学术界围绕以上几个方面对管理层权力配置效应展开了一系列的研究。

2.3.2.1 管理层权力配置与薪酬机制

高管薪酬是解决管理层与股东代理关系的重要手段,合理的高管薪酬能够提高组织的效力。管理层权力理论研究始于对企业高管薪酬机制的研究,部分观点认为由于公司内外环境会造成一种偏向于高级管理人员的不均衡的权力,高管会利用这些不均衡的权力,制定高管薪酬制度,因此高管薪酬与实际绩效无显著相关关系。

最具代表性的就是 Finkelstein(1992)提出的衡量管理层权力的四个维度,为管理层权力研究提供了一个具体的方案,Finkelstein(1992)的理论强调了薪酬与管理层权力之间的关联。Van Essen 等(2015)通过 219 篇基于美国背景的相关学术文献,研究了管理层权力对 CEO 薪酬的影响,结果显示高管权力理论可以很好地应用于对核心薪酬的解释,例如总的现金收入等,但并不适用于解释薪酬绩效敏感度。强势的董事会更能够将高管的薪酬水平与实际的绩效紧密联系起来。王克敏等(2007)的研究表明,高管控制权与高管报酬水平正相关。Chen 等(2011)发现高管的结构权力、声誉权力与高管薪酬存在显著正相关关系,但政治权力与高管薪酬不存在显著相关关系。卢锐等(2008)研究发现,在高管权力大的企业中,管理层的在职消费显著更高,但绩效并没有得到显著提高。

2.3.2.2 管理层权力配置与投资行为

较高的管理层权力配置会提高管理层决策的自由度。管理层权力配置与企业投资行为的研究主要集中于是否过度投资、是否理性投资等方面。学者在研究时得到的一个比较具有共识性的结论是,高管权力较大时,个人的意愿有可能凌驾于集体的意愿之上,会导致企业过度投资。

我国学者在这方面的研究大多也是持同样的观点,认为管理层权力与过度投资存在正相关的关系。詹雷等(2013)的研究表明高管会通过扩大投资来提高自身的薪酬水平;代彬等(2012)认为当现金充裕时,国企管理层权力对投资扩张具有极强的促进作用,同时也会导致企业的风险增加;谭庆美等(2015)通过四个维度分析管理层权力与投资的关系,研究表明高管的学历、任职年限和持股比例与投资行为存在正相关关系,两职兼任与投资行为存在负相关关系;谢佩洪等(2017)发现在公司成长期,管理层权力过大容易产生过度投资的情况。但也有部分研究表明,高管有可能因为风险规避而导致投资不足,如 Holmstrom(1986)等人的观点。

有些研究者聚焦于管理层权力与理性投资的关系。如张晓峰等(2018)认为,强有力的管理层权力有可能造成非理性投资,管理层为迎合资本市场,开展非理性的投资,从而形成资本溢价,研究结果表明:表现为迎合投资行为的敏感性与管理层权力配置呈正相关关系。

2.3.2.3 管理层权力配置与经营绩效

关于管理层权力配置与经营绩效关系的研究,在学术界有两种截然不同的观点。部分学者认为管理层权力配置较高,有利于管理层掌握决策和管理上的主动权,发挥其管家精神,从而提升企业经营管理绩效。Jensen 等(1976)的研究表明,在两职兼任情况下,公司管理层具有较大的决策自主权,有利于在复杂多变的市场环境中及时应对并做出决策,对公司绩效产生积极影响。国内部分学者的研究也提出了同样的观点。谭庆美等(2014a)的研究认为,管理层高水平的管理有利于在复杂的社会经济环境中及时做出决策,有利于公司经营绩效的提升;黄娟等(2017)的研究表明,管理层权力越大,越有可能做出有利于企业可持续发展的决策,使企业的经营绩效更好。但是也有部分研究认为管理层权力配置过高会导致管理层的过度自信和无节制的决策自由,从而导致经营绩效的降低。Lin 等(2009)以中国企业作为样本研究管理层权力与企业绩效之间的关联机理,结果证明管理层权力对于企业绩效具有显著负向影响。

2.3.2.4 管理层权力配置与创新能力

关于管理层权力配置与创新能力的关系,学术界主要有两种观点:一种认为管理层为了提高自身的声誉和职业的晋升,会增加企业创新的投入,高管存在的高学历和强烈的自信等特征使他们更倾向于提高企业的创新能力;另一种观点则认为管理层更倾向于规避风险,容易阻碍企业进行创新。

企业创新经济学理论的代表人物 Schumpeter(1912:1-20)认为:创新是企业家的职能,企业的创新活动是企业从一种均衡走向另一种均衡的基础。管理层的个人受教育程度、经历经验等各方面素质影响了管理层的决策能力和偏好。Wiersema 等(1992)认为管理层具有较高的知识储备和处理信息的能力,可以应对复杂多变的环境因素并做出具有创新性的决策;Camelo-Ordaz 等(2005)、Dalziel 等(2011)均认为教育程度高的高管具有对创新理念的深刻认识,对创新的态度更加积极和理性,可以理性地规避风险选择创新。我国的研究者更多集中于从股权结构、管理层晋升、管理层个人意愿等方面来研究管理层权力与创新的关系。周杰等(2008)的研究表明,管理层持股有助于加强在创新上的投入;朱德胜等(2016)更倾向于股权的制衡度会提高企业的创新能力。

Chen 等(2009)的研究表明,当投资项目收益不明确、周期长时,管理层会倾向于减少研发投入,从而降低企业的创新能力。吴卫华等(2014)从代理问题的角度研究发现,高管作为企业股东的代理人,以获得个人财富和权力为目的,管理层个人意愿与创新投资是负相关的。

2.3.2.5 管理层权力配置与信息披露

关于管理层权力与信息披露关系的研究较多,研究者主要集中于从管理层权力与上市公司财务信息披露、内部控制信息披露以及社会责任信息披露的关系等方面展开研究。Abemethy 等(2014)的研究表明,管理层具有操控上市公司财务报告信息披露的动机,权力越大操控的程度越高。张敦力等(2018)对我国上市公司财务信息披露情况进行的研究发现,管理层权力与表内或有事项信息披露呈负相关关系,与表外或有事项信息披露呈正相关关系。赵息等（2013a）研究了上市公司管理层权力配置与内部信息披露之间的关系，发现管理层权力配置越高，管理层发生机会主义行为的概率就越大。陈国辉等（2018）研究发现，CEO权力强度与上市盈利预测质量呈显著负相关关系。姚圣等（2021）用实证研究指出管理层权力配置与环境信息披露呈负相关关系。

2.4 内部控制缺陷影响因素的国内外研究评述

《萨班斯法案》强调了加强公司内部控制的重要性，并提出管理层和审计师要对公司内部控制情况进行更新评估。其中第302条规定公司CEO和CFO应当对所提交的年度或季度报告中涉及的内部控制签署书面证明；第404条规定，根据证券交易法要求递交年报的公司，管理层需要对财务报告的内部控制进行报告，同时，对这些公司的管理层的评估要进行认证和报告。因此，对内部控制信息披露的研究成为理论界研究的一个热点，内部控制缺陷是内部控制信息披露最为关键的元素，内部控制缺陷及其披露也是理论界和实务界研究的热点。

2.4.1 内部控制缺陷概述

2.4.1.1 内部控制缺陷的概念与分类

按照《企业内部控制基本规范》的定义，内部控制缺陷是内部控制在设计和运行中存在的漏洞，这些漏洞将不同程度地影响内部控制的有效性，影响控制目标的实现。COSO委员会对内部控制缺陷的定义更侧重于风险管理，即"已经察觉的潜在的或实际的不足，或改进后能够提高目标实现可能性的机会"。内部控制缺陷的评估和认定是内部控制评价的重点，是衡量内部控制有效性的关键，企业对外披露内部控制信息最重要的内容是内部控制自我评价报告，企业开展内部控制自我评价的主要工作之一就是发现内部控制缺陷,并提出有效的整改意见。

内部控制缺陷按其成因可以分为设计缺陷和运行(执行)缺陷[COSO(全称为 The Committee of Sponsoring Organizations of the Treadway Commission,即"全美反舞弊性财务报告委员会发起组织")《内部控制——整合框架》];按其形式可以分为财务报告/会计层面缺陷和非财务报告/公司层面缺陷(美国穆迪投资者服务机构 2004 年发布的报告);按其性质可以分为重大缺陷、重要缺陷和一般缺陷,目前我国的《企业内部控制评价指引》对内部控制缺陷的分类就是按性质进行划分的,PCAOB(全称为 Public Company Accounting Oversight Board,即"美国公众公司会计监督委员会")发布的 AS.2 及 AS.5[①]同样将内部控制缺陷分为一般控制缺陷、重要缺陷和重大缺陷。以上分类现已得到学术界的普遍认同。另外还有一些学者对内部控制缺陷按其自身的研究需要进行分类,例如,董卉娜等(2012)按照内部控制五要素将内部控制缺陷分为控制环境缺陷、风险评估缺陷、控制活动缺陷、信息与沟通缺陷、内部监督缺陷五类。Doyle 等(2007a)依据产生的原因将内部控制缺陷分为业务复杂性缺陷、人力资源缺陷和一般性缺陷。

2.4.1.2 内部控制缺陷的识别与认定

内部控制缺陷的存在和内部控制缺陷的披露之间存在着不可避免的差距,内部控制缺陷的识别主要来自企业自身的识别和外部审计师(外部审计师是指独立于政府机关和企事业单位的国家审计机构审计人员以及独立执行受托业务的注册会计师,本书中所涉及的都是上市公司的审计,因此书中的审计师与注册会计师实质是相同的)的识别。对于内部控制的识别,大部分学者倾向于以"迹象"识别的方法,PCAOB 发布的 AS.2

---

① AS.2 和 AS.5 是 PCAOB(美国公众公司会计监督委员会)发布的两个关于内部控制审计的重要准则。AS.2 全称为 Auditing Standard No.2: An Audit of Internal Control Over Financial Reporting Performed in Conjunction with An Audit of Financial Statements(《审计准则第 2 号:与财务报表审计同时进行的财务报告内部控制审计》);AS.5 全称为 Auditing Standard No.5: An Audit of Internal Control Over Financial Reporting That Is Integrated with An Audit of Financial Statements(《审计准则第 5 号:与财务报表审计相结合的财务报告内部控制审计》)。

及 AS.5 都提到内部控制存在重大缺陷的四大"迹象"：财务重述、审计师发现重大错报、高级管理人员舞弊、审计委员会无法对公司财务报告及其内部控制提供有效监督。我国《企业内部控制审计指引》也列示了公司内部控制可能存在重大缺陷的迹象：注册会计师发现董事、监事等高级管理人员舞弊；企业更正已经公布的财务报表；注册会计师发现当期财务报表存在重大错报，而内部控制在运行过程中却未能发现该错报；企业审计委员和内部控制机构对内部控制的监督无效。根据 2014 年修订的《公开发行证券的公司信息披露编报规则第 21 号——年度内部控制评价报告的一般规定》第十五条规定，内部控制评价工作依据及缺陷认定标准应当披露公司开展内部控制评价工作的具体依据以及进行缺陷认定的具体标准及其变化情况。公司应当区分财务报告内部控制和非财务报告内部控制，分别披露重大缺陷、重要缺陷和一般缺陷的认定标准。王惠芳（2011）针对我国上市公司所面临的内部控制缺陷认定困境展开研究，从内部控制缺陷分类的界定，内部控制缺陷认定标准、导致的后果、重要性程度等方面重构内部控制缺陷认定的基本框架。

学术界在制度的基础上采用不同的变量来识别内部控制缺陷。例如：叶建芳等（2012）通过受到证监会和交易所处罚的事实和公司的审计意见进行识别；赵息等（2013a）通过财务报表重述来识别；杨有红等（2009）将公司披露的会计差错更正信息作为替代变量；田勇（2011）将公司被出具非标准审计意见、受到处罚和被深交所认定为信息披露不合格作为替代变量；齐保垒等（2012）将会计差错的发生作为替代变量。

2.4.2 内部控制缺陷影响因素

企业内部控制缺陷披露的内容和质量可能受到公司经营环境、组织结构、公司治理、会计风险等各方面因素的影响，国内外的研究文献大都是从这些方面展开研究的。

2.4.2.1 内部因素

公司规模一直以来被广泛地认为是影响内部控制的一个重要因素，

如 Kinney 等（1989）、Defond 等（1991）、Krishnan（2005）、Doyle 等（2007b）就都持这一观点。相关文献大多认为公司规模越大，内部控制会越健全，内部控制信息质量会越高。规模大的公司相对于小公司，其会计处理会更加严谨，内部控制具有一定的规模效应，因此，其内部控制的边际成本会降低，从而可以将更多的管理成本投入到提高内部控制质量上。Bryan 等（2005）以《萨班斯法案》颁布后的上市公司的财务数据作为研究对象，认为披露内部控制重大缺陷的公司具备类似的特征，即公司规模普遍低于行业平均水平，经营状况不尽理想，且经营风险也较大。后续Doyle 等（2007b）通过选取披露内部控制重大缺陷的公司进行分析后认为，获利能力较弱、规模相对较小，且多数处于快速成长阶段的公司，内部控制质量会比较差，出现重大缺陷的概率会更大。高速成长的企业交易复杂程度也会随之提高，而内部控制未必能够适应企业的高速发展，因此这类型企业的内部控制出现重大缺陷的可能性也会比较大。Kinney 等（1989）、Doyle 等（2007a）、Bonnie 等（2012）的研究发现，内部控制的质量与经营业务复杂性呈正相关关系。Daily 等（1999）以 261 家存在内部控制缺陷的公司为样本研究发现，年限长的企业比年限短的企业更加重视内部控制，该研究强调，公司成立时间长短是影响内部控制信息质量的一个重要因素。

McMullen 等（1996）通过对企业披露财务报告及内部控制报告情况的研究发现，企业是否披露内部控制报告与其财务报告的质量有很强的相关关系，相对于大型企业来说，在规模较小的企业中这种关系表现得更为明显。因此，他们得出了这样一个结论：当财务报告存在问题时，上市公司一般不大可能披露其内部控制报告，而对内部控制报告进行自愿性披露的上市公司一般不会存在重大财务和内部控制问题。Doyle 等（2007a）认为，公司财务状况是影响内部控制信息的一个重要因素，公司业绩好才有可能投入更多的资金完善内部控制。另外，Doyle 等（2007a）指出公司的财务报告、交易的复杂程度也是影响内部控制信息的关键因素。公司财务报告、交易越复杂，对高质量的内部控制的需要就越强烈，同时内部控制就越难以满足其需求，因此内部控制缺陷产生的可能性也越大。Ge 等（2005）研究发现，公司业务重组、会计核算方法或会计政策的变更可能会导致公司内部控制出现较大的缺陷,在重组期间难免会出现会计核算不一致或不对的地方。另外,为了应对企业重组事宜,重组后的公司会制定新的会计制度和准则,可能会出现一些缺陷和不足,为内部控制缺陷的出现提供了可乘之机。公司变更会计计量政策时也会出现差异,也容易导致内部控制缺陷。Ashbaugh-Skaife 等(2007)的研究将不同的公司进行比较,对公司的内部控制状况与该公司的业绩表现、公司规模进行了交叉对比,发现财务利润为正的企业在内部控制方面的表现比亏损的企业要好,也就是说发生亏损的企业内部控制缺陷的数量和发生重大缺陷的概率比盈利企业要高。

公司治理和内部控制是不可分割的,公司治理结构中的参与者特征对公司内部控制质量和内部控制信息披露都会产生直接的影响。企业中前十大股东持股分布、管理层持股占比等因素都会对企业对外报告内控信息产生一定程度的影响(Deumes 等,2008)。审计委员会是董事会的重要组成部分,审计委员会越有效,内部控制存在缺陷的可能性越小(Krishnan,2005)。Krishnan 等(2007)通过分析发现,某一公司董事会下属的审计委员会勤勉度相对较高,但其本身专业性较差,则存在内部控制缺陷的可能性会比较大。Goh(2007)指出:Beng 经实证分析发现,董事会中独立董事比例越高,公司内部控制缺陷存在概率越低。刘亚莉等(2011)发现,审计委员会成立时间越短,内部控制缺陷存在的可能性就越大。刘焱等(2014)发现,审计委员会专业性会有效抑制内部控制缺陷。

公司治理机制越健全,内部控制存在缺陷的可能性就越小。如果公司的治理机制不健全,就可能会出现两类代理问题:一类是管理层侵占股东利益,另一类是大股东侵占中小股东权益。内部控制制度的健全与管理层或者大股东有着很直接的关系,因此公司治理机制对内部控制信息质量也会产生重要的影响。Doyle 等(2007b)采用了 Brown 等(2006)关于公司治理指数的研究方法,验证了这两者之间的关系。

2.4.2.2 企业外部因素

从企业外部环境分析内部控制信息质量影响因素的相关研究并不多,因为此类研究要涉及跨国研究,目前的研究主要集中于投资者保护政策以及相关的法律背景方面。

Schwarzkopf(2006)研究发现,当投资者对上市公司管理者信任程度较高时,投资者愿意承受的风险阈值相应提升,如何提高投资者的信任程度,则有赖于企业投资者关系管理工作的落实。投资者关系管理注重企业与投资者的交流和沟通,企业外部投资者对企业对外披露的信息质量非常重视,包含了对财务报告相关信息和内部控制信息的关注,个人投资者在进行风险投资决策时更加重视消极信息的参考和使用,而且,内部控制缺陷会引起市场的消极反应(Hammersley 等,2008)。Gong 等(2007)针对交叉上市的企业(这类企业当时不需要披露内部控制缺陷)展开研究,在研究中认为这些企业的内部控制信息质量和盈余质量都弱于当时的美国本土上市公司。此外,对投资者保护弱的国家,内部控制信息质量和盈余质量都显著低于对投资者保护更强的国家。因此,投资者的保护程度影响内部控制的质量和效果。王茜等(2012)发现,外部审计师变更频率比较大、盈利能力比较差的上市公司,比较容易存在内部控制缺陷。

外部制度环境作为一个宏观的变量对企业微观经济会产生一定影响,法律制度是制度环境的一部分,也会对企业的内部控制质量产生影响。Cohen 等(2008)研究发现,企业所处法律环境的不同,会使得企业选择不同的盈余管理方式,进而影响企业内部控制。Litvak(2007)讨论了在美国上市的非美国本土企业执行《萨班斯法案》的经济后果,发现在美国上市的非美国本土企业的 TobinQ(托宾 Q,指资本的市场价值与其重置成本之比)和市价与账面值之比均低于美国本土公司,这也说明不同制度背景和不同文化背景对内部控制信息的质量产生了影响。

2.5 内部控制披露质量的国内外研究评述

有关内部控制的研究在中国起步较晚,不过,在内部控制基本规范颁布之前,规范和案例方面已有了一些研究成果。例如,有研究内部控制的产生原因、发展过程及其概念的界定的(杨雄胜,2005;陈志斌 等,2007;

林钟高 等,2007;张宜霞,2007;韩洪灵 等,2007);还有通过问卷和分析论证内部控制有效性的(陈关亭 等,2003;方春生 等,2008;陈汉文 等,2008)。但是,由于资料的缺乏,国内学者很难对内部控制信息披露进行深入的实证研究。直到 2008 年《企业内部控制基本规范》颁布后,国内对内部控制信息披露实证研究的文献才丰富了起来。

2.5.1 内部控制信息披露质量

根据田亮(2009)、孟敏子(2012)对内部控制信息披露质量做出的界定,内部控制信息披露质量是指内部控制信息满足信息使用者需求的特性总和。内控信息披露的质量特性应以收益大于成本为约束条件,以真实性为总体特征,以相关性、完整性和清晰性作为支持真实性的信息特征,以及时性作为真实性的次级质量特征,以重要性作为内控信息披露的限制性标准。

内部控制信息披露质量的高低与信息披露的有效性是直接相关的,内部控制信息披露有效性的判断评价方法基本上有以下几种类型:

2.5.1.1 以内部控制缺陷披露的情况来衡量内部控制信息披露的有效性

方红星等(2015)通过构建内部控制缺陷指数,探索了高质量内部控制对应对公司特质风险和系统风险的影响。该研究指出:内部控制信息质量越高,防御能力越强,应对经济因素或市场因素变动的能力就越强,就越能有效弱化外部因素的冲击,进而使得系统风险水平降低。谢凡等(2016)的研究指出,我国上市公司披露的内部控制缺陷具有一定的信息含量,该研究从企业披露的内部控制缺陷的视角研究了内部控制缺陷对企业目标实现的不利影响。由于目前尚未对内部控制缺陷的界定形成统一的标准,另外部分上市公司可能隐瞒或遗漏披露因内部控制问题造成的重大缺陷,因此,以内部控制缺陷披露情况来衡量内部控制信息披露的有效性具有一定局限性。

2.5.1.2 以迪博内部控制指标来衡量内部控制信息披露的有效性

目前大量学者采用中山大学和迪博公司研究发布的上市公司内部控制指数来衡量企业内部控制信息披露的质量(杨德明 等,2009;李志斌,2013;张晓红 等,2017)。该指标体系以内部控制五要素为基础,评价企业内部控制缺陷的存在情况和内部控制目标的实现程度,形成了兼具过程和结果、财务和非财务的综合体现企业内部控制与风险管理水平的评价体系。指数由近60项指标综合而成,能够较好地衡量企业内部控制的水平,具有一定的科学性。迪博指标体系也是一套用于衡量企业内部控制信息披露质量的体系,通过对内部控制自我评价的分析和内部审计报告的评价,对上市公司内部控制信息披露进行较权威的评级。

2.5.1.3 自创内部控制指数来衡量内部控制信息披露的有效性

研究者自创内部控制指数且较系统科学的主要有以下这些:陈汉文教授带领厦门大学内控指数课题组,从2011年发布2010年上市公司内部控制指数开始,到2017年,连续发布了7年。张先治等(2011)构建了企业内、外部监督相结合的内部控制评价体系。林斌等(2014)基于根据我国特殊制度环境提出的内部控制目标,以内部控制重要缺陷和重大缺陷作为修正指标,构建目标导向的内部控制指数。张兆国等(2011)按照内部控制目标,选取25项以财务变量为主的相关指标,运用功效系数法,构建我国上市公司的内部控制评价体系。张旺峰等(2011)选取一系列体现内部控制目标实现程度的指标,通过个别评分和加权汇总,计算内部控制质量。

2.5.1.4 采用内部控制度量方法来衡量内部控制信息披露的有效性

从我国内部控制信息的披露情况来看,仅有少量的上市公司披露内部控制存在缺陷,更多的上市公司选择报喜不报忧,不愿意对内部控制缺陷进行披露,因此国外普遍采用的方法短时间内无法应用于我国。为此,部分学者在内部控制信息披露质量的衡量中提出了度量的方法。张国清(2008)、张龙平等(2010)以公司是否获得正面的内部控制鉴证报告和是否出具内部控制自我评价报告度量公司内部控制质量。方红星等（2013）立足于自愿性内部控制鉴证阶段的特殊背景，结合内部控制目标的实现情况和公开披露的内部控制信息，建立了一种可被外界感知的内部控制度量方法。

2.5.2 内部控制信息披露质量的影响因素

2008年和2010年财政部等多部委先后公布《企业内部控制基本规范》及其配套指引，我国对内部控制体系的构建才真正发展起来。在此之前我国对内部控制信息质量的研究更多在于是否自愿披露内部控制信息，关注的是披露与否的问题。2008年之后，国内的文献更多关注于内部控制信息披露所反映的信息含量，也有更多的文献开始研究内部控制信息质量的影响因素。

2.5.2.1 企业的特征

与国外文献大致相同，企业特征对内部控制信息质量的影响因素主要包括了以下几个方面：企业的规模、企业的财务状况和企业的发展阶段等。田高良等（2010）研究了企业内部控制缺陷存在的经济特征因素以及管理层察觉和披露内部控制缺陷的动机。研究结论认为，存在内部控制缺陷的公司，经营规模小、上市年限短、经营状况更复杂、近期更有可能经历兼并重组和财务报表重述，存在隐瞒内部控制缺陷的动机，内部控制信息披露质量受到负面影响。李清等（2013）以2009年东北三省104家企业为样本来研究内部控制质量的影响因素，结果表明，企业规模越大，内控质量越高。鲁清仿（2009）根据我国实际情况，并结合国外相关研究成果，将发生财务报告补充、修订行为和会计师变更情况的上市公司认定为存在内部控制重大缺陷的公司，并且认为这种类型的上市公司内部控制信息披露质量也存在较大问题。田勇（2011）研究发现，企业盈利能力与内部控制缺陷显著负相关。陈艳利等（2015）以内部控制缺陷为切入点，研究结果表明，企业的财务困境会影响内部控制信息披露的有效性。在企业发展阶段，张继德等（2013）研究发现，发展阶段比较成熟的企业其内部控制体系更加有效。以上的研究从企业的不同特征出发,对内部控制信息披露的核心评价指标——内部控制缺陷进行研究,得到了企业特征是内部控制信息披露质量重要影响因素的结论。

2.5.2.2 公司治理

赵俊童(2018)分析了在2000—2016年发表的60余篇与内控信息披露相关的文献。研究表明:大多数学者的实证研究认为公司治理会影响内控信息披露的情况,同时在诸多因素当中,独立董事比例、监事会的规模、是否设立审计委员以及两职合一情况对披露质量的影响程度较大。周鲜华等(2007)从股权结构、董事会治理、监事会监督以及外部审计意见、公司治理结构等方面分析内部控制信息披露所受的影响。研究表明,国有股占比与内部控制信息披露呈显著负相关,独立董事比例、两职合一、外部审计意见与内部控制信息披露呈显著正相关;而股权制衡度、外部监事比例与内部控制信息披露呈正相关,股权集中度与内部控制信息披露呈负相关。崔志娟(2011)认为,内部控制信息披露是否能够真正揭示内部控制质量,取决于高管层的"动机选择"行为,为了控制内部控制信息披露质量,必须强化大股东的权力制约和内部人的权力制衡。在管理层特征方面,张先治等(2010)认为高管持股比例和高管薪酬比例正向影响企业内部控制质量。刘长奎等(2015)的实证研究表明,管理层规模越大,持股比例越高,企业的内部控制质量就越高。彭忆等(2016)研究发现,管理层股权激励对企业的内部控制质量存在显著正向作用。内部控制质量越高,内部控制信息披露质量就越高。

2.5.2.3 外部治理

内部控制信息披露质量与内部控制有效性的评价是直接相关的,部分学者分析了公司外部治理对内部控制有效性的影响,这些因素同样会对内部控制信息披露质量产生影响。

赵渊贤等(2014)以我国2009—2012年沪市A股上市公司为样本,通过建立以目标为导向的内部控制有效性评价指标体系,实证分析了市场化程度、法律制度、政府干预、注册会计师审计和媒体关注等因素对企业内部控制有效性的影响。这些对内部控制有效性产生影响的因素,也不可避免地会影响内部控制信息披露的质量。李志斌等(2013)认为金融市场化程度和股权集中度对企业内部控制有效性存在显著的正向影响;相对于股权集中度较高的公司,金融市场化对股权集中度较低的公司的内部控制有效性提升作用更强。从他的分析中,我们可以看到金融市场化对内部控制信息披露质量有着正向的影响。赵息等(2010)从纳什均衡模型出发,发现上市公司披露内部控制信息的详细程度与政府的监管力度(包括监管概率和处罚力度)成正比。政府的最优监管并不能杜绝上市公司披露简单内部控制信息的违规行为,只能将其控制在一定范围内。杨有红等(2011)以沪市 A 股上市公司 2008 年年报为基础,研究发现,上市公司内部控制自我评估报告的披露情况存在阶梯状差异,这是中国各地区间市场化程度的差异、法律环境差异以及上市公司股东的性质差异造成的。

2.5.2.4 外部监督

唐大鹏等(2020)以 2010—2017 年的审计署审计结果公告为对象展开研究,结果表明,国家审计可以通过监督公司治理和披露公告信息持续提高国有上市公司的内部控制质量。杨德明等(2009)认为,只有在低审计质量样本(非四大事务所)中,内部控制才能有效抑制大股东资金占用,在高审计质量样本中,该结论并不成立,这说明内部控制与外部审计是替代作用。审计监督作为重要的外部监督,它对内部控制信息质量的影响在学术界探讨得比较多。另外,也有部分学者在媒体监督方面进行研究。梁红玉等(2012)的研究结果表明,媒体监督能够在提升代理效率方面替代内部控制的治理作用,媒体监督和公司的内部控制制度对于代理成本的减少具有相互补充的作用。逯东等(2015)探究了媒体监督对企业内部控制质量的影响,结果表明,网络和政策导向媒体的关注有利于提升企业的内控质量,而市场导向媒体的关注则没有这种作用。

从上述的影响因素相关文献来看,企业特征和公司治理对内部控制信息质量的影响比较大,其他方面也存在着一定的影响,但相关研究并不多,目前有更多的学者开始关注外部治理对内部控制信息质量的影响。

第 3 章　管理层权力与内部控制缺陷信息披露研究理论基础

3.1　管理层权力研究理论基础

3.1.1　委托代理理论

3.1.1.1　委托代理理论概述

两权分离是现代企业的基本特征,是指所有权和经营权分离,企业所有者保留剩余索取权,将经营管理权交予管理者。由不同的主体掌握所有权和控制权,因此便产生了委托代理关系,在公司的内部会形成所有者与经营者的委托代理问题。委托代理理论是契约理论的重要发展,美国经济学家伯利和米恩斯于 1932 年出版的《现代公司与私有财产》一书中最早提出了委托代理理论,他们指出,委托代理关系是基于现实经济活动中企业经营权和所有权的分离而产生的。所有权和经营权分离成为委托代理理论的研究背景。"两权"之间存在利益分歧,"所有者在企业中的地位,已降低为仅在企业中拥有一系列合法的、实际的利益,而我们称之为控制者的集团,则居于对企业拥有法律和实际权力的地位"。"控制者"的利益不同于"所有者"的利润最大化要求,在这些利益进一步分离的情况下,"控制权"将最终落入经营者手中,"通过公司这种方式,美国的产业财产正被抛进一个集体漏斗,个人所有者由于许多巨大的产业寡头集团的产生而逐渐消失在这个漏斗中"(伯利 等,2005:87)。随着所有权的日益分散,企业的控制人实际上是经营者,在这种状况下委托代理问题日益突出。

对委托代理理论进行系统性研究开始于 20 世纪 60 年代末 70 年代初,在理性经济人假设的基础上,伴随着信息不对称理论的提出和发展,学者们对委托代理理论进行了深入研究,以此探讨宏观的社会治理和微观的公司治理等问题,并逐步形成了系统的理论分析框架。委托代理理论是契约理论中最重要的发展,与其他契约理论不同,委托代理理论的研究均来自委托代理模型,基本的委托代理模型可表述为:委托人想使代理人按照委托人利益行事,但由于信息不对称,委托人不能直接观察到代理人的行动,但可以观察到一些有关信息(如产出、财务报告信息等)。委托人所面临的问题就在于需要根据观察到的信息设计一组契约,以激励代理人选择使委托人期望效用最大化的行动。委托代理模型事件发生的顺序如图 3.1 所示。

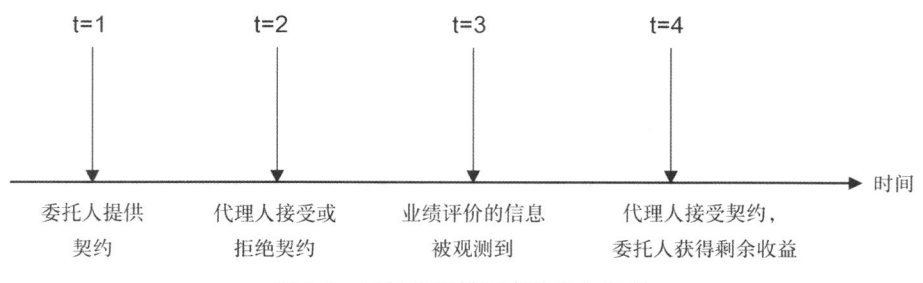

t=1	t=2	t=3	t=4
委托人提供契约	代理人接受或拒绝契约	业绩评价的信息被观测到	代理人接受契约,委托人获得剩余收益

图 3.1　委托代理模型事件发生顺序

委托人最大化指的是委托人追求自身效用或收益的最大化。在信息对称的情况下,委托人可以观察到代理人的行动,委托人最大化问题仅需要考虑代理人的参与约束;当信息不对称时,委托人无法观察到代理人的行动,委托人就需要设计复杂的激励机制来解决信息不对称带来的问题。委托人最大化问题不仅要考虑参与约束,还要设计激励机制。正因为如此,如果委托人与代理人之间不存在信息差异,那么受约束的最大化可以在委托人的边际效用等于代理人的边际成本时得到。当委托与代理人信息不对称时,由于委托人无法观测到代理人的行动,就需要投入监督代理人的成本。如果监督成本太高,委托人在设计契约时便面临着风险与激励之间的权衡。如果可以接受监督成本,委托人须考虑监督成本与激励之间的平衡。委托人若要了解代理人工作的努力程度,就需要观测到更多的信息,将额外的信息引入契约。Holmstrom(1979)就分析了这样的问题,即什么样的信息可以选入契约,或者说额外的信息进入契约在什么情况下会形成帕累托最优。在本书的阐述中,委托人可理解为投资者,而代理人则是企业管理层,额外信息是内部控制信息披露,也就是企业进行额外的信息披露(内部控制信息披露)是否会影响到投资者和企业的契约(股价),即企业所披露的信息是否具有决策有用性。

3.1.1.2 委托代理关系和代理成本

委托代理关系是指委托人与代理人之间基于契约形成的责权利关系。随着社会主体间的关系越来越复杂,简单的代理关系已经不适应社会发展的需要。目前的委托代理呈现形式更加复杂,形成一种多委托人、多代理人、多任务委托以及多层次委托的局面。多委托人也就是多个委托人将业务委托给一个代理人执行,委托人之间会存在竞争关系,会产生委托代理问题,大股东和中小股东之间的利益冲突有可能对中小股东利益产生损害;多代理人就是一个委托人将任务委托给多个代理人,代理人之间同样会存在竞争关系,从而减少委托人信息不对称的情况;多任务的委托代理关系则是代理人接受委托人的多项任务,这就需要委托人根据不同的任务确定不同的契约和激励;多层次委托关系就是代理人将任务再次委托给第三方实施,这样便会产生多个层次的委托代理关系,原委托人与最终的代理人之间由于代理层次的增加而产生更大的信息不对称,代理成本会随之增加。

代理成本的概念是Jensen等(1976)在《企业理论:管理行为、代理成本与所有权结构》一文中首先提出的。由于企业所有权和经营权的分离,委托人为防止代理人损害自己利益,通过严密的契约关系和对代理人的严格监督来限制代理人的行为,为此而付出的代价即为代理成本。代理成本包括委托人的监督成本、代理人的担保成本和双方在掌握完全相同信息情况下决策不一致产生的剩余损失。产生代理成本的根源是委托代理双方的效用目标不同,委托人(所有者)和代理人(经营者)作为理性经济人都具有各自的效用函数,所有者希望经营者努力工作,以最低的成本让自己的财富最大化,而经营者则希望获得更多的报酬、更优的工作环境和条件,有更多的资源可支配,因此双方在这方面产生了较为明显的冲突,这是代理成本产生的根本原因。只要存在委托代理关系,代理成本便不可避免,委托人只能尽可能地降低代理成本,因此要求减少信息的不对称,包含由于信息不对称产生的逆向选择和道德风险。此外,就是希望尽可能地形成完备的激励约束契约。当然,在现实中完备的契约是不可能实现的,只能是次优方案。委托人无法观测到代理人整个代理活动的过程,但可以观测其结果。因此,委托人会尽可能地设计好的激励约束,激励代理人努力工作,通过契约让代理人清楚按激励目标所能达到的效用比不按激励目标获得的效用高,且高得多。在契约设计时,要能够清楚认识代理人的效用,将委托人目标建立在代理效用实现的基础上。

3.1.1.3 委托代理理论与管理层权力研究

公司管理层是两权分离的产物,公司管理层权力的研究是在委托代理理论框架下进行的,这也是目前研究的主流。委托代理理论的基本假设是理性人假设,也就是说人是理性的,有规避风险的偏好,倾向于付出最小的行为代价而获取最大的利益。各种委托代理契约关系中都存在着委托人与代理人之间的信息差距,这种信息差距在本质上影响了他们所设计的双边契约,管理层可以利用信息差距进行逆向选择。为了使这种信息达到帕累托有效程度,契约设计必须能够揭示代理人的私有信息,减少信息差距带来的问题,追求完备契约。理论界提出了最优契约理论,认为在最优契约水平下可以得到最优的产出水平。当然,在现实情况下,最优契约是不可能实现的,只能选择次优契约。委托代理理论预测,在公司治理机制健全的情况下,管理层会为了股东的最大利益而实施有效决策和经营,同时可以在公司效益提高的前提下获取更高的报酬。薪酬契约是管理层获得报酬的最主要手段,董事会代表股东的权益与管理层进行谈判,在最优契约理论框架下,董事会与股东的利益一致,不存在利益冲突,同时管理层也愿意接受这样的契约安排。管理层的利益追求与公司价值统一,公司价值分配与公司绩效挂钩,能够实现股东权益与管理层权益的统一。

激励约束机制是解决股东与管理层之间委托代理问题的重要手段，既要给公司管理层适当的激励，包含股权、红利、奖金、长期绩效计划、声誉激励等，同时，又要防止公司被内部人控制。要研究对管理层的约束，就要考虑对管理层的主要约束变量，包括管理层的目标函数是什么、控制权在管理层之间如何进行分配和安排、如何提供激励、如何提高识别能力、如何再分配控制权等。罗森的研究表明，将控制权分配给有能力的人越多，这种控制权就越有效。

3.1.2 不完全契约理论

3.1.2.1 不完全契约理论概述

现代契约经济学的研究是从一整套概念、范畴和分析方法开始的，从完全契约这个概念所假设的条件出发，分析其与现实条件不一致的地方，从而使经济学得到重大突破。所谓完全契约是指缔约双方都能完全预见契约期内可能发生的重要事件，愿意遵守双方所签订的契约条款，当缔约方对契约条款产生争议时，第三方可以强制其执行。不完全契约正好相反，由于个人的有限理性，外在环境的复杂性、不确定性，信息的不对称和不完全性，契约当事人或契约的仲裁者无法证实和观察一切，就造成了契约条款是不完全的，需要设计不同的机制应对条款的不完全性，并处理由于不确定性事件引发的有关契约条款带来的问题。有限理性和交易成本是造成不完全契约的主要原因。

西蒙认为"愿望合理，但只能有限做到"，这就是有限理性。Williamson(1997)的研究表明：由于有限理性，缔约者要签订一个包含能应对各种未来随机事件的详尽条款的契约是不可能的。另外，由于机会主义的存在，仅仅相信缔约者的承诺是天真的，契约人时时刻刻会做出损人利己的行为。由于不完全契约关系，产生了一种可占用的专用性准租。出现事后机会主义行为，也就是"敲竹杠"，是契约中一方当事人利用契约的漏洞占用另一方的准租。为了解决这个问题，有必要创立一种自动履约机制,使交易顺利进行,可以利用交易者的性质和专用关系将个人惩罚条款强加在违约者的身上,如:终止关系,给对方造成经济损失;使交易对手的市场声誉贬值。企业契约同样是不完全的,企业不仅是生产性组织,也是交易性组织,是一系列契约关系的集合体。不完备的企业契约的主要问题就是代理问题,完备契约的目标是降低代理成本。

3.1.2.2 不完全契约理论与管理层权力

在现实中完全信息对称下的最优契约是不可能实现的,因此,研究管理层权力是在不完全契约理论(GHM 理论)的分析框架下进行的。Grossman 等(1986)将契约权力分为具体权力和剩余权力两种,主要根据是否在契约中明确规定物质资产的处置权进行区分;Hart 等(1990)在此基础上将物质资产的概念进行细化和扩展,认为契约控制权分为特定控制权和剩余控制权,特定控制权是契约中明确规定的对企业经营决策行为的控制权力,而剩余控制权是指事前未在契约中明确设定的事项的处置权。Fama 等(1983)认为公司管理层提出决策方案,并在方案获得批准的情况下开展经营活动,管理层所拥有的是特定控制权,股东和受其委托的董事会对管理层的经营活动进行监督,其拥有的是剩余控制权。但也有不同的观点,如 Kaplan 等(2000)认为股东拥有的是特定控制权,而管理层拥有的是剩余控制权。在不完全契约的条件下,受到信息不对称和监督成本等问题的影响,股东和董事会可能将剩余控制权让渡给管理层。拥有剩余控制权的人掌握公司决策行为的优先权,这种情况下,从理性人的假设出发,其便会制定利于自身利益的决策。不完全契约理论强调剩余控制权与剩余索取权的统一,认为剩余控制权是剩余索取权的重要保障,当同一主体同时拥有剩余控制权和剩余索取权时,才能保证企业效率化经营,否则便是低效行为。

3.1.3 现代管家理论

管家理论是从与委托代理理论对立的角度解释公司治理问题的,现代管家理论的代理人人性假设,一定程度上弥补了委托代理理论的缺陷。

Davis 等（1997）在"人性善"和"管理层利益与企业利益不可分割"的基础上完善了管家理论。Donaldson（1985：25）认为：在充分自律的基础上，职业经理人出于对尊严、信仰、荣誉以及满足感等方面的内在追求，会尽最大可能努力工作，尽好企业"管家"的责任。因此，在公司治理安排上，不应该仅仅依赖监督和物质激励，更应通过充分授权、协调和精神激励，在管理层、股东和其他利益攸关方之间发展一种相互合作、完全信任的关系。委托代理理论认为董事会应该保持其独立性，才能有效实施监督，因此公司的 CEO 不应该兼任董事长。但目前两职合一的公司很多，对此，委托代理理论的解释是通过各种长期绩效计划，CEO 的利益与股东的利益被紧密地联系在一起，从而缓解了这一代理问题，相关的公司自然增多。而管家理论则不这么认为，它认为两职合一更有利于 CEO 领导权的明确，保障了公司明确的发展方向和强有力的领导，比起两职分离能够产生更高的股东回报。Muth 等（1998）研究了澳大利亚 145 家上市公司后发现，董事会的独立性与公司业绩负相关，无法用委托代理理论来解释这一现象，而用管家理论却可以很好地解释。

根据管家理论，公司治理机制的关键不是监督管理层，而是在充分信任和授权的基础上，使其发挥更大作用，以适应内外环境的变化，从而提高企业的绩效，使股东利益最大化。Westhead 等（2006）的研究表明：委托代理理论在解释家族企业、股权控制和管理层监督方面的效果并不显著。管家理论认为：公司的短期绩效计划、物质的激励并不能提高公司的绩效。当管理层接受公司组织战略并与企业战略保持一致时，公司的利益更大，物质的激励反而破坏了管理层的合作意愿。管理层接受组织战略时，更多地表现为组织至上的管家行为。

3.2 内部控制缺陷信息披露研究理论基础

Akerlof（1970）认为，信息披露对于资本市场的完善是至关重要的，由于信息不对称而导致的逆向选择问题会造成市场的崩溃。充分的信息披露可以减少逆向选择,有助于减少代理问题带来的危害。逆向选择问题源自管理层与其他利益相关者的信息不对称,在不了解上市公司真实信息的情况下,投资者只能根据某种市场预期进行投资,而信息披露可以修正市场的预期,充分的信息披露有助于减少信息不对称的情况,从而减少逆向选择带来的问题(信息质量与信息不对称的关系见图3.2)。内部控制信息披露属于信息披露的重要组成部分,会对契约各个联结方、投资者、债权人、管理层、监管层、审计者等人员产生不同的影响,具有一定的经济后果。

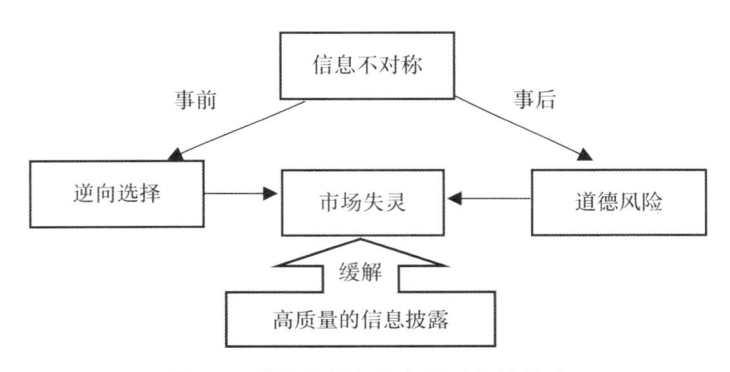

图 3.2 信息质量与信息不对称的关系

3.2.1 交易费用理论

交易费用理论是现代产权理论的基石,1937年著名经济学家罗纳德·科斯在《企业的性质》一文中首次提出了交易费用理论的概念。该理论认为,企业和市场是两种可以相互替代的资源配置机制,由于存在有限理性、机会主义、不确定性与小数目条件,市场交易费用过高,为节约交易费用,企业代替市场的新型交易形式应运而生。交易费用决定了不同产权性质企业的存在,企业采用不同的组织方式,其最终目的也是节约交易费用。所谓交易费用是指企业用于寻找交易对象、订立合同、执行交易、洽谈交易、监督交易等的费用与支出,主要由搜索成本、谈判成本、签约成本与监督成本构成。为了论述交易费用,Williamson(1997)强调了三个重要的概念,即"有限理性""机会主义""资产专用性"。

3.2.1.1 有限理性与内部控制信息披露

"有限理性"概念最早是由肯尼斯·阿罗提出的。阿罗指出,人的行为是"有意识理性的,但这种理性又是有限的"。造成理性有限的原因有两种,一是环境的复杂性,二是人类计算和认识能力的有限性。随后西蒙借鉴并发展了这一理论,提出了用有限理性的管理人代替经济人的观点,这个观点在管理学界产生了一定的影响。在内部信息披露的过程中,公司的管理者属于"内部人",是信息的优势一方,而投资者作为信息的使用者,属于交易的当事人,是信息的劣势方,无法观测到企业的实际运营,也无法根据有限的信息准确预测企业未来的发展。因此,投资者作为有限理性的经济人,为了提高投资回报率,减少不必要的风险,就会增加许多的交易费用。Williamson(1997)将交易费用分为事前的交易费用和事后的交易费用。他认为,事前的交易费用是指交易发生以前的成本,由于将来情况存在不确定性,需要事先规定交易各方的权利、责任和义务,在明确这些权利、责任和义务的过程中就要花费一定的成本和付出一些代价,而这些成本和代价与交易各方产权结构的明晰度有关;事后的交易费用是指交易发生以后的成本。为了降低交易费用,企业外部投资者会尽可能地搜集相关信息,并且依据这些信息预测未来,以期减少交易双方的分歧,降低交易费用。根据有效市场理论,按信息充分程度,可以将市场分为弱式有效市场、半强式有效市场和强式有效市场三种。从目前状况来看,我国的资本市场最多只能属于弱式有效市场,也就是在客观上仅仅达到让投资者按照历史的价格或盈利信息进行交易的水平,但他们无法通过分析过去的价格或交易数据来获得超额回报。内部控制信息披露可以提高资本市场的信息质量,是我国资本市场进入半强式和强式有效市场的必由之路。提高内部控制信息质量可以降低外部投资者的交易费用,减少信息不对称的情况,从而提高资本市场的有效性。

3.2.1.2 机会主义与内部控制信息披露

"机会主义"也称投机主义,通俗地说就是"损人利己",即用欺诈的手段来进行算计的行为。在签订一个契约的过程中,"机会主义"行为将主要体现在两个方面：一是在签约之前，签约人可能隐藏对自己不利的信息；二是在签约之后，签约人可能会私下里做出有利于自身，但损害对方利益的行为。Williamson(1977)认为机会主义行为是影响交易费用的核心因素，机会主义行为按照发生时间的先后，又分为事前的机会主义行为和事后的机会主义行为，事前的机会主义行为以保险业中的逆向选择为典型，事后的机会主义行为以保险业中的道德风险、代理成本为典型。

在资本市场中，所有者与经营者是分离的，所有者无法观测到经营者的实际经营情况，无法感知经营者的努力程度，当经营者的利益与所有者的利益冲突时，必然就会产生机会主义行为。如果没有相应的契约加以限制，必然会使得企业经营风险增加，从而影响投资者的利益。从这个角度出发，投资者会通过设置董事会、监事会，开展审计等各种监督方式来约束经营者，加强对经营者的管理，当然也会设置一些激励措施；对于经理人来说，要有相应的经理人市场约束，提高自身的专业素质和道德素质，抑制道德风险的产生。强制披露内部控制信息，提高内部控制信息质量可以缓解道德风险，同时降低投资者的监督成本，也就可以减少交易费用。

3.2.1.3 资产专用性与内部控制信息披露

资产专用性是由 Williamson(1977)提出的，他认为资产专用性是指"在不牺牲生产价值的条件下，资产可用于不同用途和由不同使用者利用的程度，它与沉没成本概念有关"。简单说，资产专用性指的是投资一旦付出就很难转变为其他用途，除非付出较高的转换成本。资产专用性主要表现在地点专用、物质专用、人力专用、专项用途、品牌专用及临时专用几个方面。在这种情况下，一旦交易中止，原有的资产可能全部或部分无法变现或转换，从而产生沉没成本。在资本市场中，为了保证契约的延续性，减少沉没成本的产生，提高内部控制信息质量是相当有必要的。可以通过增加信息的透明度，加强对管理者的行动约束，防止因契约提前中止而造成投资一方专用资产转换的损失，从而提高市场的效率，激发市场的活力。

3.2.2 委托代理理论

3.2.2.1 委托代理理论与内部控制信息披露

内部控制是随着组织的产生而产生的。随着企业所有权与管理权的分离,企业所有者与管理者之间签订的不完全契约形成了一种委托代理关系,所有者委托管理者对其资产(生产资源)进行管理并保留剩余索取权。管理者可以利用信息不对称而采取利己行为,从而导致代理问题,使得组织在目标实现过程中产生了不确定性。当委托人和代理人之间的利益取向和目标不一致时,就会产生委托代理冲突,在内部控制信息披露方面的表现就是管理者有选择地披露内部控制信息,从而可能对投资者利益造成一定损害。

为尽可能地减少委托代理关系所产生的问题,委托人需要尽可能地设计完备的激励契约来引导代理人的行为,使之能够最终达到委托人的目标,从而满足委托人的利益需求。同时,委托人还要设置必要的决策机构、监督机构,甚至聘请第三方机构来解决问题,如通过注册会计师对代理人进行外部监督。这一切所产生的激励成本和监督成本就构成了代理成本。这些成本都是为委托人获得最后的剩余利益服务的,委托人要尽最大可能地降低代理成本。委托代理关系的核心就是如何降低代理成本,解决委托代理的冲突,按照这个思路,上市公司要对外披露对决策有用的相关信息,内部控制信息就是这些信息的一个重要组成部分。上市公司对外披露内部控制制度建设和实施的情况,可以弱化委托人和代理人之间的信息不对称情况,有利于委托人更好地观察代理人经营行为的合理性以及完成委托人利益目标要求的有效程度,进而对后者的努力程度及工作成果做出有效评价。因此,从这一视角来看,委托代理理论为上市公司信息(包括内部控制信息)披露提供了理论依据。

3.2.2.2 委托代理模型的应用

委托代理模型就是描述委托代理关系的数学模型。目前普遍引用的,也是最著名的委托代理模型是由 Holmstrom 和 Milgrom(1987)提出的,被称为委托代理的 Holmstrom-Milgrom 模型。Holmstrom 和 Milgrom 研究的一个重要结论是:什么样的信息可以进入契约,也就是一组额外的观测变量在什么情况下会进入契约,可以是帕累托改进;模型假设除了产出 x,委托人还可以不费成本地观测到另一组信息变量 y。x 和 y 的分布受到代理人行动(a)和其他因素(θ)的影响。

$$x = (a, \theta)$$
$$y = y(a, \theta)$$

从上面的式子可以看出,y 所提供的信息对代理人的行动 a 是有帮助的。这里,y 代表包含了内部控制缺陷在内的相关信息,y 的分布也受到行动 a 的影响。在特定情况下,委托人对代理人的激励不仅依靠产出 x,同时也要依靠信息 y,特定情况包含代理人的行为难以直接观察与衡量、存在影响结果的外部因素(市场波动、天气状况等)、委托人与代理人信息不对称、委托人希望与代理人共同承担风险等。因此委托人应选择将 x 和 y 都写入契约中,最优的契约应该为 $s(x,y)$,那么委托人最优化问题可以表述为以下公式:

$$\max_{s(x,y),a} \iint G[x - s(x,y)] f(x,y/a) dx dy$$

$$\iint U[s(x,y)] f\left(x, \frac{y}{a}\right) dx dy - V(a) \geqslant H \tag{3.1}$$

$$\max_{a} \iint U[s(x,y)] f(x,y/a) dx dy - V(a) \tag{3.2}$$

以上两个公式(3.1 和 3.2)最优化的一阶条件可表述为:

$$\frac{G'[x - s(x,y)]}{U'[s(x,y)]} = \lambda + \mu \frac{f_a(x,y/a)}{f(x,y/a)} \tag{3.3}$$

G 表示委托人效用函数,U 表示代理人效用函数,满足 $G' > 0, U' > 0$,表示委托人风险中性,代理人风险规避(一般委托代理模型都是这样假设的);$f(x,y/a)$ 表示代理人选择风险规避情况下 (x,y) 的分布密度,假设 x 和 y 的分布都会受到其他因素(θ)的影响;$V(a)$ 表示的是代理人选择 a 时的代理成本。式(3.1)表示代理人接受这组契约的期望效用应该不小于其不接受契约所得到的保留效用。式(3.2)表示代理人的激励相容约束,代理人选择委托人所希望出现的 α,其所获得的期望收益应当大于代理人采用其他行动时期望的收益。式(3.3)中如果 x 的信息量包含了 y 的全部信息量,那么可以用以下公式表示:

$$\frac{f_\alpha(x,y/\alpha)}{f(x,y/\alpha)} = \frac{f_\alpha(x/\alpha)}{f(x/\alpha)} \tag{3.4}$$

如果上式不成立,则说明 y 中含有 x 所不能传递的信息,因此在观测代理人行动 α 时要加入必要的 y。这就说明包含内部控制缺陷在内的信息在委托人设计契约的过程中是能够发挥作用的。

3.2.3 信号传递理论

Spence(1973)通过构造信号传递模型来研究 MBA 的就业。经过研究,他发现教育具有信号传递的作用,并系统分析了市场中拥有信息优势的个体如何通过"信号传递"方式将信息传递给处于信息劣势的个体进而实现有效市场均衡的情况。Ross(1977)将信号传递理论成功引入财务理论,认为在信息不对称的资本市场环境下,上市公司管理层有动力充分披露有利于公司财务绩效提升的"利好信息",以此来向市场传递良好信号,进而降低公司的资本成本与代理成本,避免公司价值被市场低估。

3.2.3.1 信号传递理论概述

在信息不对称的情况下会产生逆向选择,Akerlof(1970)以二手车市场为例,阐述了由于信息不对称而导致的劣质车销量大于好车的情况。信息不对称理论在经济学和管理学中的应用比比皆是,信息不对称理论也推动了信号传递理论的研究和发展。信号传递理论的核心是信号,经济领域研究的信号与物理学研究的信号是不同的,经济领域研究的信号指的是企业向市场传递的产品信息,如价格、品牌、质量宣传等,还包含上市公司向市场传递的企业财务信息、管理信息等各项反映企业业绩的信息。从信号理论来看,其主要包含三方面要素:信号传递者、信号和信号接收者。信号传递者拥有的信息有正面的也有负面的,信号的接收者根据自己的需求筛选有利的信号。在信号传递的过程中环境也是很重要的,环境可以调节信号传递的扭曲度,可以减少信息不对称情况,外部环境的压力越大,越能提高信息的透明度。

3.2.3.2 内部控制信息披露与信号传递理论

上市公司与投资者之间的信息不对称导致了企业的筹资活动越来越难开展,资本成本也会随之上升。当然,上市公司也不会消极面对,一般会采取一些积极的行为去改变这种情况。一些业绩好、财务状况佳的上市公司会积极地向市场传递正面的信号,市场也会对之产生回馈,这会使得"劣币驱逐良币"悲剧不再继续。杨德明等(2009)认为:根据信号传递理论,高质量公司的管理层有动机将公司高品质的信号(如较好的业绩、较好的内控及风险防范信息)及时传递给投资者,并采用如聘请高质量审计师等策略提高信息披露可信度,以影响投资者的投资决策,最终使公司股票价格上涨。因此,信号传递理论为公司自愿披露内控鉴证报告提供了一种可能的理论解释,即内控质量越高的公司,越有可能基于信号传递的目的披露由审计师提供的鉴证报告。在信号传递过程中,要提高信号的透明度,降低代理成本,需要内部的激励和外部的约束两者共同作用。根据财办会〔2012〕30号文,在我国主板上市的公司在2014年后都必须披露董事会对公司内部控制的自我评价报告以及注册会计师出具的财务报告内部控制审计报告。不过,外部约束力的不断加强,是否会不断提升上市公司内部控制信息披露的质量,这还要去验证。此外,内部的激励同样会对信号的透明度产生正向的影响。当然,业绩好的上市公司是否更具备信息披露的动机,有融资需求的上市公司是否比没有融资需求的上市公司更愿意披露内部控制信息、披露信息的质量是否更高,这些问题也是需要进一步验证的。

信号传递理论可以较好地解释内部控制信息披露动机的问题。企业经营状况好,财务报告质量高的上市公司,公司的管理层更倾向于披露相关信息;反之,那些经营管理不善,内部控制缺陷多的公司,则倾向于能少披露的绝不多披露,能简单披露的绝不详细披露。这就为我们研究内部控制质量提供了很好的视角,通过分析上市公司的财务质量、经营业绩与内部控制信息披露的详细程度,以及这些信息披露是否遵循相关规范,我们能够揭示内部控制信息披露的内在动因,并进一步评估信息披露的质量。

上述内容主要介绍的是信号传递理论用于分析内部控制信息的情况。此外,内部控制信息能够对会计信息产生增强作用、对投资者决策具有影响,甚至对注册会计师的审计意见产生影响,这是对内部控制信息经济后果研究的另一个视角。美国从《萨班斯法案》颁布之后就开始强制上市公司披露内部控制信息,并要求对披露的信息进行独立审计。我国自2008年内部控制基本规范出台后,也逐步强制内部控制信息披露,同样要求对披露的信息进行独立审计。由此看来,内部控制信息与财务信息具有同等的法律地位,同样对投资者决策具有参考价值。根据有效市场理论,股价将会对内部控制信息做出反应,内部控制信息和上市公司的财务信息共同对投资者决策产生影响。与此同时,内部控制可以保证会计信息质量,对上市公司管理者的行为具有约束和优化的作用,对会计信息质量是具有相关性的,因此,内部控制信息对会计信息具有增强作用。

引入信号传递理论对内部控制缺陷信息披露展开研究,可以更深入地解释内部控制缺陷信息披露的动机及其对市场和公司治理的影响。在内部控制信息披露中,信号的传递者是上市公司,信号就是披露的内部控制信息,信号接收者就是内部控制信息的使用者,包含了股权投资者、债权人、注册会计师等。三者形成了一个链式的信号传递过程,在这个传递过程中,信号传递的环境、媒介都会对信号产生影响。

第4章　管理层权力制度背景研究与理论分析

4.1　管理层权力形成的背景分析

管理层权力的形成和发展都有其背景,我国企业管理层权力是在改革发展过程中,伴随着国有企业的改革和民营企业的发展和壮大逐步形成并累积了一定的经验的。

4.1.1 管理层权力形成的制度背景

4.1.1.1 我国国有企业改革发展历程及国有企业管理层形成的各个阶段

一直以来,国有企业在我国经济发展中都占有重要地位,国企改革是经济体制改革的重要组成部分,是改革的关键环节。我国的上市公司大部分是由国有企业改制而来的,所以也具有国有企业的先天缺陷,如政企不分,所有权缺位、虚位、内部人控制等问题。我国国有企业改革一直致力于改善国企行政关系、完善企业内部治理、改进外部制度环境。梳理国企改革发展历程,可以发现,通过以下四个阶段的改革,国有企业管理层权力完成了从初步形成到全面集中的过程,伴随着国有企业法人地位的逐步稳固,公司治理环境也得到了改善,政企分开,国家行政干预逐步降低,国有企业管理层权力不断增强。

1.放权让利阶段(1978—1986年)

1978年的经济改革突破了原有的框架,打破了计划经济的体制,对国有企业的放权让利不断深化,改变了权力过于集中的经济体制的弊端,地方和企业拥有了更多的经营自主权,提高了企业的活力和生产效率,缓解了物资短缺的现象。这一阶段的特点是以计划经济为主,市场调节为辅,着眼于调动企业和员工的积极性,放权是这一阶段的核心,也是企业管理层权力形成的阶段。放权让利之后,由于信息不对称,出现了企业内部人控制的现象,企业开始提高自销比例而减少计划指标,不完成或少完成财政下达的指标。为了处理好国家和企业的关系,也就是所有者和经营者之间的关系,1983年实行国有企业"利改税",这标志着政府对企业的管理模式的彻底改变,以明确的法律关系代替行政管理。但由于外部环境的复杂性,企业内部条件也千差万别,各方无法确定具有可操作性的指标来规范国家与企业之间的责权利,从而也产生了一系列的弊端。

这一阶段国有企业得到了部分的自主经营权,国务院1979年下发的《关于扩大国营工业企业经营管理自主权的若干规定》、1984年发布的《关于进一步扩大国营工业企业自主权的暂行规定》和党的十二届三中全会通过的《中共中央关于经济体制改革的决定》等一系列文件都指向了政府对企业的放权让利,提高了企业活力,调动了企业的积极性,打破平均主义,为国有企业管理层权力的形成奠定了基础。

2.经营承包(两权分离)阶段(1987—1993年)

"利改税"的出台并不能够很好地解决企业的责权利问题,造成企业生产积极性下降,在此背景下国家提出经营承包制,规定国有企业"包死基数、确保上缴、超收多留、欠收自补"的经营承包原则。承包制使国企改革迈进了一大步,突破了国家与企业之间的行政隶属关系,建立了二者的经济契约关系,实现了所有权与经营权的分离,界定了国家与企业之间的责权利。但是,其并未真正理顺国家与企业之间的产权关系,造成了一系列的短期行为,1993年国家实行财政和税制改革,承包制也就退出了历史的舞台。

经营承包制是所有权与经营权分离的尝试,是国家与企业之间形成的一种经济契约关系。1985年国务院颁布的《关于增强大中型国营工业企业活力若干问题的暂行规定》开启了经营承包制的序幕。1988年由第七届全国人大常委会修订通过的《中华人民共和国全民所有制工业企业法》以法律形式确立了国有企业的法人地位,企业的自主经营权进一步扩大,企业实行厂长经营责任制,企业控制权向厂长(经理)等经营者转移,其拥有了经营决策权,这也标志着国有企业管理层权力的形成。作为企业负责人的厂长(经理)集决策权、执行权、监督权于一身,管理层权力高度集中,缺乏监督的权力造成了这一阶段比较典型的"一把手"现象。

3.现代企业制度探索阶段(1993—2002年)

随着国企改革的推进和非公有制经济的发展,物资短缺问题得到了有效解决。然而,如果改革只停留在经营管理上,而不触及产权制度的改革,则已经无法推动国企发展,因此,此时各方关注的焦点是产权制度的改革,思考股份制改革的可行性。随着社会主义市场经济目标的确立,政府开始以积极态度推行股份制和国有企业改革,并于1993年底提出国有企业改革的方向是建立"产权清晰、权责明确、政企分开、管理科学"的现代企业制度,通过建立现代企业制度,使企业成为自主经营、自负盈亏、自我发展、自我约束的法人实体。国企改革由此进入了产权制度改革阶段,探索建立现代企业制度。1994年国务院出台了《关于选择一批国有大中型企业进行现代企业制度试点的方案》,标志着在国有企业中建立公司制度的试点正式推开,到1998年底,全国共确定了近3000家企业进行建立现代企业制度试点。通过现代企业制度试点,国企的法人治理结构方面得到一定改善,但是经营管理的模式并没有得到较大的改观,国有企业管理层权力继续扩大,加深了责权利不对等的现象,国有企业需要向更深层次改革。

中国共产党第十四届中央委员会第三次全体会议于1993年11月14日通过《中共中央关于建立社会主义市场经济体制若干问题的决定》,同年12月《公司法》颁布,制定了我国社会主义市场经济总体规划,标志着我国进入公司制改革,力求建立适应市场经济要求,产权清晰、权责明确、政企分开、管理科学的现代企业制度。这一阶段国家积极探索股份制等多种经济形式,鼓励完成股份制改造的公司上市,培育了一批具有国际竞争力的大型企业集团,管理层初步具备了现代企业意义上的权力,权力的范围和深度不断增大。

4.国企改革纵深发展阶段(2002年至今)

国企经历了放权让利、两权分离、产权制度改革的阶段,出现了所有权缺位、虚位,内部人控制严重的现象,国企需要向纵深改革,聚焦国有产权改革的核心问题,即国有资产管理体制问题。不论是国家层面还是地方层面多部门的参与管理,产生的结果都是多头管理造成的事实上的无人管理。2002年党的十六大报告提出了国有资产管理的宗旨:"在坚持国家所有的前提下,充分发挥中央和地方政府的积极性,制定法律法规,建立中央政府和地方政府分别代表国家履行出资人职责,享有所有者权益、权利、义务和责任相统一,管资产和管人、管事相结合的国有资产管理体制。"随后国务院及各个地方设立国有资产管理委员会,代表国家履行国有资产管理的职责,实现"政企分开""政资分开",国有资产管理委员会弱化行政干预,加强对业绩评价、产权转让、投融资等的管理,这标志着国有企业改革进入了一个新的阶段。

国家于2002年颁布了《上市公司治理准则》,2003年在全国上下设立了国有资产管理委员会,2004年启动了股权分置改革,通过国有资产管理委员会的方式进行国有资产管理体制改革,解决了出资者缺位问题,确定了上市公司公司治理的重要性。股权分置改革为完善公司治理结构创造了明晰产权的前提条件,国有企业开始建立和完善董事会制度,试点经理人制度,现代企业管理层权力得到了强化。

4.1.1.2 我国民营企业改革发展历程及民营企业管理层形成的各个阶段

自1956年我国社会主义改造完成到党的十一届三中全会之前,我国经济体制中基本不存在民营企业和民营经济。党的十一届三中全会召开后确立了以国有经济为主,民营经济作为国有经济重要补充的经济发展格局,从此民营企业开始发展壮大,主要经历了三个发展阶段。

1.民营经济起步阶段(1978—1986年)

1978年发布的《中国共产党第十一届中央委员会第三次全体会议公报》标志着我国民营经济开始起步。1979年初,为了解决城镇中的就业压力,国家允许一部分有正式户口的闲散劳动力从事修理、服务等手工业个体劳动。之后,中央不断出台各项文件,调整产业结构和所有制结构,继续开辟在集体经济和个体经济中的就业渠道,全方位地帮助和鼓励个体工商户进行生产经营,我国个体经济得到快速发展(见表4.1)。

表4.1 个体工商户及其从业人员增长比较

年度	户数 户数/万户	户数 对比上年的增长率/%	从业人员 户数/万人	从业人员 对比上年的增长率/%
1978			14.0	
1979			31.0	
1980			80.6	
1981	182.9		227.4	
1982	263.6	44.1	319.8	40.6
1983	590.1	123.9	746.5	133.4
1984	930.4	57.7	1303.1	74.6
1985	1171.0	25.9	1766.0	35.5
1986	1211.1	3.4	1845.9	4.5

资料来源:王克忠,2003:10

1984年10月,党的十二届三中全会通过了《中共中央关于经济体制改革的决定》,1985年我国个体工商户突破1000万户,达到1171万户,从业人员1766万人。从1986年开始,个体工商户进入稳步发展阶段。

这一阶段的民营经济以个体工商户为主,管理层权力出现了雏形,民营经济的规模小、从业人员少,以个人或家庭为单位自主经营,所有权与经营权集于一身。

2.民营经济调整阶段(1987—1991年)

党的十二届三中全会提出"坚持多种经济形式和经营方式的共同发展"的方针,城市经济体制改革拉开了序幕,1987年中央肯定了私营企业存在的必要性,指出一部分经营比较好的个体户可以以私营企业的名义进行注册、经营,私营企业开始在我国发展。在个体工商户长期存在的同时,民营企业如雨后春笋般涌现。到1988年底,全国除西藏、山西、黑龙江外,已注册的私营企业发展到40638家,雇工人数达到723782人(陆百甫,1988:170)。1988年,我国经济总体发展出现了严重失衡和通货膨胀等严峻问题,1990年底中央强调要加强引导、监督和管理民营企业,切实保护其合法权益,民营经济在经历短暂下降后便迅速得以恢复和增长。

这一时期,还未形成真正意义上的两权分离,所有权权力占主导地位。民营经济的家庭为单位的自主经营模式仍未发生根本改变。所有权和经营权集于一身的状况仍然存在。

3.民营经济快速发展阶段(1992—2002年)

邓小平同志1992年的南方谈话,确立了"三个有利于"的标准,为民营经济的健康快速发展创造了有利的理论保障和政策支持,民营经济发展迎来了它的第二次高潮。1992—1997年个体工商户、私营企业、外资企业数量的增长速度分别为85.8%、309.1%、180.6%,发展速度最快的还是私营企业(阳小华 等,2000:80)。党的十四大明确提出了"多种经济成分长期共同发展"的思想方针。中央、地方和各部门相继出台鼓励发展民营经济的政策措施,特别是1997年召开的党的十五大把非公有制经济作为社会主义市场经济的重要组成部分,非公有制经济由原来的补充地位上升为重要组成部分,极大地推动了民营经济的发展。民营经济从最初的商贸服务业和一般性竞争领域,逐步拓展,不仅进入制造业、商贸流通、房地产开发等完全竞争性行业,而且进入交通、能源、水利、城建、通信、环保等基础设施和文化、教育、卫生、体育等领域,这一阶段大型的民营企业开始涌现,深圳的华为、佛山的美的等著名的民营企业开始发展壮大。

从这个阶段开始,民营企业不断发展壮大,初步具备现代企业的治理结构,两权分离,开始形成具有实质性意义的管理层权力。

4.民营经济发展的新时代(2002年至今)

2002年11月,党的十六大提出"必须毫不动摇地巩固和发展公有制经济,必须毫不动摇地鼓励、支持和引导非公有制经济发展",完善保护私人财产的法律制度。民营经济进入一个快速发展的新时期,基本上向全行业渗透。党的十六大以后,随着国有资产管理体制的改革,中央政府下放国有资产的管理权限,实行两级管理,即中央政府只管特大型国有企业,其余的由地方政府掌管,地方政府鼓励民营企业参与国有企业改制,在这一背景下,民营企业全方位积极参与国有企业改组改造。

民营企业主要以非股权化的形式或以家庭化的组织形式发展,这造成了民营企业的产权关系更多的是以通过特定关系（如家族关系、朋友关系等）联结起来的形式存在的情况。这些团体在利益的需求上具有趋同性，这也导致了民营企业具有更大的管理层权力和自利行为，权力集中度大，公司治理中的监督机制不够健全，起不到应有的作用。

4.1.2 上市公司管理层权力形成的现实背景

中国特有的经济环境和企业发展历程，使得管理层权力也具有其自身的特点。国有企业放权让利的过程是管理层权力得到强化和提升的过程，在这个过程中政府的制约监督没有同步跟上，客观上造成了国有企业经营控制权寻租可能性的不断提高。所有权缺位和内部人控制问题严重，管理层权力不断膨胀，得不到有效的约束和监督。民营企业管理层权力的先天欲望驱动了权力的膨胀，再加上改革开放以来我国的证券市场处于发展阶段，存在制度上的缺陷，不论是对国有上市公司还是民营上市公司的管理层权力都做不到应有的制约，民营企业管理层权力从总体上来说一直处是在不断强化的过程中。

4.1.2.1 国有上市公司管理层权力形成的现实背景

1.国有企业产权制度

回顾改革开放的过程，国有上市公司改革的核心就是政企分开，其根本就是产权制度的改革。受我国国有企业特点的限制，两权分离不单单是所有权与经营权的分离。由于国有产权名义是全民所有，全民所有导致了产权主体的虚置，委托人的缺失，从而使得所有权对经营权的监督缺失，建立现代企业制度的过程就是摸索和确立国有产权所有者的"替代委托人"的过程。

基于全民所有制的国有企业产权委托代理，通过人民代表大会行使出资人权力，将所有权委托给各级人民政府的国有资产管理机构或国有企业监管部门，再由国有资产管理机构或国有企业监管部门委托企业管理者经营管理国有企业，从而形成了三级代理。通过三级代理关系，中央政府和地方政府成为不同领域国有资产的所有者代表，这有利于国有企业现代企业制度的建立,同时也缩短了国有资产管理的链条。但由于国有资产的特殊性,还是无法让国有资产所有权与经营权直接产生代理关系,多层代理关系也会造成信息传递迟缓的现象,作为代理关系末端的经营者有虚报和隐瞒信息的动机,各级政府很难获取真实可靠的信息。这也就迫使国有企业不断加强内部治理,完善激励约束机制,对国有企业管理层权力进行有效约束。

在这种委托代理关系下,政府享有对国有企业的控制权,但并不承担企业的经营风险,这导致了权力与责任的不对等,也同样会导致企业管理层的权力行为得不到有效的监督和管理。在这种情况下,一旦管理层与委托代理关系中的政府执行者之间形成良好的关系,管理层就有可能为实际意义的控制者,在经营管理过程中以实现自身利益为目标。

2.内部人控制

"内部人控制"一词最早是由日本经济学家青木昌彦提出的。他认为内部人控制是经济转轨过程中固有的现象,他在研究苏联解体和东欧经济体制转轨过程的企业时,发现在政府下放权力的过程中企业管理者获得不可逆的管理权威。内部人控制是在计划经济向市场经济转轨过程中演化出现的。我国是社会主义国家,同样也经历了经济体制的转轨,我国著名的经济学家吴敬琏认为内部人控制指的是一个企业的内部人员——经理和职工事实上具有对投资、利润使用等的控制权。我国的国有控股公司大多数是由原有的国有企业改制而来的,缺乏人格化的所有者,国有资产所有者虚位,国有企业董事会带有强烈的政府色彩。我国国有企业的管理者具有对国有企业的控制权,但不持有或较少持有国有企业的股份,内部人事实上同时掌握了企业的剩余控制权和剩余索取权,对企业的生产、投资等方面具有决策权,同时还能够影响企业的利润分配。剩余控制权和剩余索取权与资本所有权没有统一,内部人控制会侵占所有者的利益,损害经济利益。

国有企业的内部人控制基于产权特点更加复杂,国有企业管理者的自利行为会导致更多的内部人控制。因此,必须对管理层予以有效约束和激励,尽可能不要将内部人控制变成内部人控制问题。

3. 内部治理

根据现代企业制度，股东大会、董事会和监事会等公司的内部治理机制是能够约束公司管理层，与管理层形成一种相互制衡的关系的。从形式上看，我国已经建立了完备的企业内部治理结构，但从实质上看，我国的企业内部治理还存在很多弊端。国有企业大股东的绝对优势是国有股享有的，在这样的制度下股东大会难以发挥在公司治理中的重要作用，所有权缺位问题始终得不到根本解决。国有上市公司从母公司剥离并上市，上市公司的管理层依托母公司的力量掌握上市公司的控制权，国有上市公司与政府之间的关系也十分密切，国有上市公司管理层天然地具有政府和企业的"两栖"身份，这种身份使其地位异常稳固。国有上市公司的董事会和企业管理层基本上是由上级主管部门任命的，董事会和管理层之间关系复杂，存在职权重叠和千丝万缕的关系，董事会很难有效执行对公司管理层的监督和约束。上市公司监事会由管理层提名，目前上市公司监事会的绩效评价体系基本未建立，监事会与管理层之间信息不对称，监督作用不能充分发挥。

4. 外部治理

我国证券市场建立的初衷是作为一个融资的平台，引入民间资本解决国有企业经营困境。随着证券市场的发展，股权分置的弊端越来越明显。证券市场通过股权分置改革，实现了全流通，然而受我国国有经济体制的影响，上市公司的控制权仍然掌握在国有股东的手中。国有股东所有权缺位使得国有上市公司的实际控制权由管理层掌握，而且权力不断地膨胀。国有上市公司高管亦官亦商的"两栖"身份，随着国有企业所有权和经营权分离度的加大而不断地增大，市场化进程也使得经营环境的复杂程度不断提高，股东与经营管理者之间信息不对称情况不断深化，经营决策权从股东转移到管理层后，股东对管理层权力的监督和控制难度也在增加。证券市场不仅具有融资的功能，还有公司控制权转移的功能，上市公司可以通过收购兼并或购买股票的方式实现控制权的交易和转移，通过控制权交易和转移来实现对不良管理层的接管。我国的国有企业具有一定的政府行政职能，公司控制权的转移是在政府监督下执行的，主要通过控股股东协议转让，或在政府监督下进行行政划拨。上市公司的控制权转移是在政府保就业、保经济增长等多重目标权衡下进行的,而不是单一地以企业价值最大化为目标,这会减少证券市场通过控制权交易的方式对国有上市公司管理层进行更替的可能性。

此外,我国尚未形成成熟的经理人市场,管理机制不利于上市公司管理层的职业化、专业化、市场化发展。国有上市公司管理层的任职采用任命制的方式,而不是经理人市场竞争的结果,不成熟的经理人市场导致经理人根本无法对国有上市公司管理层形成任何竞争威胁。这种任命制的方式也导致了国有上市公司管理层经营活动的目标不是企业价值最大化,而是努力地迎合资产管理机构的意愿,这些因素都会导致国有上市公司管理层权力不断强化。

综上所述,国有企业在产权制度、内部人控制和内外部治理方面的缺陷导致了国有企业的管理层权力日益巩固并不断膨胀。权力本身不存在好与坏,但没有约束的权力会成为追逐自身利益的工具,带来企业资产侵占、操纵薪酬、过度投资等不良后果。

4.1.2.2 民营上市公司管理层权力形成的现实背景

1.产权制度

改革开放为民营企业发展提供了良好的政策环境,特别是党的十五大报告将非公有制经济纳入基本制度的范畴,并视其为社会主义市场经济的重要组成部分,党的十六大报告首次提出了"两个毫不动摇"的方针,党的十九大报告重申了"两个毫不动摇",提出了完善民营企业产权制度的问题。与国有企业相比,民营企业管理层具有先天的权力欲望,在民营企业的产权特点下,管理层可能拥有更大的权力。目前我国民营企业的产权制度还未形成,呈现产权制度模糊化的特点,以非股份化的合作制度和家庭化组织形式表现出来。我国的民营企业主要由家族企业、改革开放初期的集体企业和城镇个体工商户发展而来,民营企业的管理层来自股东或由股东委托其亲友来担任,这导致了两职兼任的现象十分普遍。民营企业管理层权力更多体现了控股股东的控制权力,其生存发展的危机意识会更重,但同时管理层权力较国有企业也更大。

2. 内部人控制

与国有上市公司对比,民营上市公司不存在所有者缺位的现象,上市公司董事会成员体现的是资本的意志而非行政的意志。但由于民营企业的管理层往往包含公司的创始人、实际控制人、家庭成员等,这会导致其权力凌驾于监督机制之上,管理层对民营企业具有全方位的控制权。内部人控制往往与家族企业现象联系在一起,使董事会缺乏独立性,基本上或完全依附于家族的意志,管理层一方面是企业的内部人,另一方面又与家族之间存在特殊的关系。我国民营上市公司控制权的形成带有明显的内部人控制的特点,时常出现内部人利用权力对中小股东进行利益侵占并掩盖不良信息的问题。

3. 内部治理

民营上市公司股权集中程度低于国有上市公司,但股权集中度仍比较高。相对于国有企业的一股独大,民营上市公司的股权相对集中于几个大股东,也就是公司内部会形成几个相对制衡的大股东。这种制衡关系使得内部监控得以发挥,但家族企业的大股东之间往往存在亲属关系,会造成实质性的股权集中。家族上市公司的治理模式具有较浓厚的家族色彩,企业所有权安排以家族掌握不对称的剩余索取权和控制权为特征,即家族掌握部分索取权,但拥有几乎完整的控制权。因此,民营上市公司大股东侵占中小股东权益的情形还是时有发生。

4. 外部治理

民营企业是依托市场而不断壮大起来的,其经营管理和决策行为更具有市场导向性。家族企业作为民营企业中重要的组成部分,其控制权和产权对外授让,随着家族企业的上市,在企业发展壮大和外部市场环境的影响下,控制权市场和经理人市场必然对其产生影响。民营上市公司高速发展需要高素质职业经理人加入管理层,这也意味着要将企业的一部分控制权转移给经理人。对于民营上市公司来说,要将企业的控制权授让给职业经理人存在着巨大的困难。民营上市公司普遍对职业经理人不信任,往往选聘与家族成员具有最紧密关系的经理人,经常是子承父业。因此,经理人市场对民营上市公司的外部治理效力是极低的。

外部治理机制除了经理人市场外还有控制权市场和债权人约束等,

随着我国证券市场多层次、全方位建设的日趋深入,民营上市公司已发展成为我国资本市场一股不可忽视的力量。但近些年来民营上市公司控制股东"掏空"公司的案例也时有发生,家族企业内部的金字塔股权结构使得最终控制人往往具有通过内部资本市场进行"利益输送"或"掏空"等的动机。资本市场参与者中机构投资者的增加,使我国的控制权市场愈发活跃,并购事件频繁出现,控制权争夺事件也时有发生,由此可以看出大股东的控制权地位并非绝对稳固。在有效的控制权市场中,市场的价格信号会吸引相关利益集团采取收购行动,控制权市场将更容易发挥作用,形成良好的约束力。

4.2 管理层权力的监督约束机制

4.2.1 内部治理结构的监督约束机制

4.2.1.1 股权治理特征

股权治理的核心是公司的股权结构,股权结构就是公司总股本中不同类型股本所占比例及其相互关系。根据公司治理的理论,股权结构不仅决定了股东结构和股东大会的构成,还能够直接影响公司董事会人员的构成,由此可见公司的股权结构是公司治理的重要因素,影响着公司的治理效率,能够对内部治理机制产生直接的影响。在前文的分析中,我们可以看到不论是国有企业还是民营企业,我国的股权集中度较高,在部分领域国有股处于绝对控股的状态。公司股权集中度高,会产生积极和消极两种可能。股权集中度高,大股东会更加关注公司的发展,但同时也会削弱股权的制衡作用,在金字塔股权结构的公司里,大股东出现"隧道挖掘"的可能性更大,从而出现掏空上市公司,侵占中小股东权益的现象。我国国有上市公司没有严格意义上的"控股股东",公司的发展和决策更多地要考虑国家社会的整体利益,因此公司治理的目标比较复杂,呈现多样性。我国上市公司股权按持有者可以分为国有股、法人股和个人股,国有股的持股对象是国家和地方政府的国资、财政、企业主管部门等,法人股一般由企业持股或机构投资者持股,个人股主要指个人投资者持有的股份。股东是公司治理结构中拥有最高权力的利益相关主体,股东参加股东大会,选举产生董事会和经理层,通过董事会的监督和约束,使经理层为股东的利益而努力工作,实现资源有效配置,促使公司稳定健康成长。

1.国有股股权治理特点

国有股股权治理特点对管理层权力的影响可以通过图 4.1 概括体现:从国有股的制度安排来看,其股权治理存在复杂的多级代理的特点,受各级政府委托的政府官员并不是真正的所有者,他们只有控制权,而无剩余索取权。剩余索取权与控制的分离,会导致有关人员对公司绩效提升关注的动力不足,对公司管理层的监督评价也缺乏有效的激励。作为国有股代表的各级政府在关心公司的稳定成长之外,更加关心的是公司所产生的行政效益。虽然各级政府的行政目标是不一样的,但这些目标都具有很强的社会性和政治性,例如,平衡地方 GDP、加强社会保障、均衡地区间经济发展等。各级政府将这些目标转化为公司的目标,这样使得公司追求的最大目标不仅仅是经济利益,这可能导致公司管理效率的下降。当然,国有股的政府背景也能使企业管理层获得益处,政府的支持、政策的倾斜、政府公权力监督的加强,以及行业的行政属性都会使得公司的管理层从政府获得更多的资源和保障,同时受到政府的行政监督,这有利于公司效益的提升。

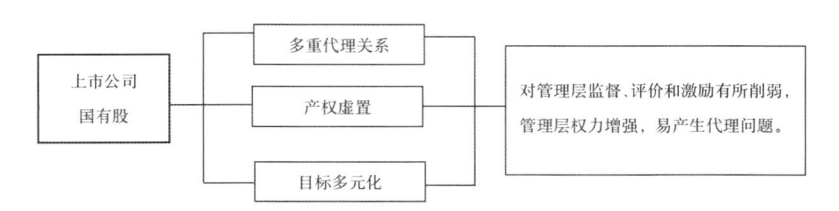

图 4.1 国有股对管理层权力的影响

2.法人股股权治理特点

法人股按所有者性质可划分为国有法人股和非国有法人股,国有法人股治理特点与国有股基本相似,这里阐述的主要是非国有法人股(下称法人股)特点,持有者主要是非国有企业法人或机构持股者。法人股相对一般个人投资者持股而言,持股比例较大,对上市公司的发展战略、日常经营管理等关注度高,甚至会利用股东大会的选举进入董事会参与公司的管理,对公司管理层的监督力度大,甚至可以通过对不称职的管理者进行撤换,达到监督和约束的目的(见图4.2)。

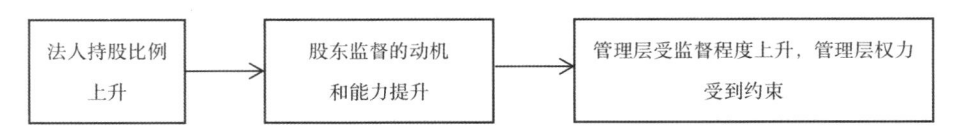

法人持股比例上升 → 股东监督的动机和能力提升 → 管理层受监督程度上升,管理层权力受到约束

图 4.2　法人股对管理层权力的影响

3.个人普通股股权治理特点

个人普通股的持股人比较分散,持股比例小,一般不具备单独参与监督管理的能力,所以会存在"搭便车"的现象,过度分散的股权甚至不能够通过股东大会行使权利,更谈不上对管理层的监督和约束了。因此,一个公司的个人投资者多,股权过度分散,对管理层的监督和约束力度是会降低的。

4.2.1.2 董事会治理特征

董事会治理是公司治理的核心,董事会是上市公司的核心领导层,也是公司的法定代表。董事会由股东大会选举产生,负责公司的战略决策并监督管理层的行为,上对资产的委托人即股东负责,下对股东的代理人即管理层实行监督,董事会可以起到股东大会与管理层之间承上启下的作用。

1.董事会规模

董事会规模指的是董事会的人数。董事会的主要职责是决定公司的战略、重大方向和管理原则,推荐并选举管理层,对管理层进行监督和评价,确定管理层的薪酬等。董事会要具备一定的知识结构、能力结构,以确保公司能够有效地运作和实现其战略目标。关于董事会的规模,企业也要仔细考量,如果规模太小,便无法配置董事会所需的完整能力要求,如果规模太大,又会造成决策效率下降,因此董事会的规模应该适中。委托代理理论指出:董事会是能够代理股东对管理层进行监督的决策机构,规模较小的董事会容易被强势的管理层压制,从而降低甚至丧失对管理层的监督和控制,规模较大的董事会更能有效地控制管理层,维护股东的权益,同时增强管理层的内聚力,实现充分的内部竞争。相较于民营上市公司,我国国有上市公司的董事会规模普遍更大,结构更加稳定。但国有上市公司董事会领导和成员来源比较单一,治理有效性存在一系列制度缺陷,在这一点上,民营上市公司更加优秀。

2.独立董事的占比

董事可以分为内部董事和外部董事两种,独立董事属于外部董事,是上市公司的非执行董事,在董事会中引入独立董事制度,可以加强董事会的独立性。我国证监会在2003年推出这一机制后,上市公司通过独立董事改善权力架构,发挥了董事会的监管职权,减少了代理成本。独立董事还是某一领域的专家,在知识、能力和社会关系等方面具有一定的优势,可以为公司的战略发展提供咨询和指导。当然,独立董事最重要的还是发挥其监督作用。在上市公司中,管理层与董事会之间的冲突是独立董事面临的严峻问题。管理层希望自身的控制权越大越好,具有"绑架"董事会的动机,而董事会重要的职责就是监督管理层的经营行为,两者不可回避地存在矛盾。在上市公司激励不相容的情况下,内部董事有可能被管理层突破监督屏障,反而为其所控制,这时候独立董事的地位决定了其能够保持监督能力,因此独立董事的比例越高,董事会的监督能力越强,这也是充分发挥独立董事作用重要性的体现。上市公司要完善独立董事制度,避免"花瓶董事"的存在。尽管独立董事制度有诸多优势,但其引入也存在一些弊端。比如,独立董事属于外部董事,没有参与企业的日常经营管理,其与管理层之间存在严重的信息不对称现象,管理层会出于自身的需要掩盖或篡改重要信息进而削弱独立董事的监督能力。

3.董事长与总经理两职状态

董事长与总经理两职状态有两种,也就两职合一和两职分离。委托代理理论认为人具有天然的偷懒和机会主义的动机,需要建立一个有效的监督机制,上市公司两职合一会导致总经理实现对董事会的控制,这必然会削弱董事会对管理层的监督作用,从而产生逆向选择和道德风险。两职分离有利于保证董事会的独立性,从而减少管理层的代理问题。两职合一会模糊董事会与管理层监督和被监督的关系,分离是十分必要的,但目前在我国上市公司中,不论是国有还是非国有,两职合一现象仍然很普遍。

4.董事会薪酬

有效的激励政策可以使委托人和代理人之间产生共同利益的导向。以激励为基础的董事会薪酬政策可以有效改善上市公司的经营绩效,合理的薪酬机制可以使董事会主动承担监管责任。

4.2.1.3 经理层治理特征

上市公司经理层受董事会委托,具体负责公司的经营管理活动,在公司治理环节处于最前沿的位置。经理层是内外信息汇集的中心,《公司法》规定,董事会是公司的决策机构,是战略的制定者,经理层是战略的执行者。在现实情况中,经理层往往是经营战略的制定者和执行者,一些非常重大的决策也是由经理层和董事会共同商议的,上市公司的控制权大部分掌握在经理层的手中。我国国有上市公司具有行政和企业的双重特点,决策权和经营权主要是由经理层掌握,这增加了经理层操控上市公司的可能性,好在政府存在各项政治制度的限制,使党组织在上市公司中也起到了相应的作用,在一定程度上加大了对经理层的治理力度。民营上市公司在股权激励政策的制定方面更加灵活,在公司治理上更符合市场性,更容易建立起激励相容的机制,从而实现经理层与股东的利益趋同,降低代理成本。

4.2.2 外部的监督约束机制

4.2.2.1 外部市场监督约束机制

外部市场监督约束机制主要是指存在于公司外部的、监督约束管理层为了实现股东利益最大化而进行各项经营活动的一系列制度安排。市场是监督管理层的重要力量,竞争机制是市场得以进行监督的基础,公司管理层会因非理性决策、自利行为受到市场惩罚,甚至被淘汰。市场在很大限度上能够纠正集权高管带来的不当决策,提高企业运营效率,优化资源配置。外部市场约束机制主要涉及产品市场竞争、控制权市场以及经理人市场三个方面。

1. 产品市场竞争

Shleifer等(1986)研究发现:产品市场竞争激烈,那些经营不佳的企业有可能受到产品市场竞争的冲击而破产,为了避免产品在市场竞争中处于劣势地位,企业的管理层会减少因私利而进行的寻租行为。产品市场作为外部约束机制,对公司所选择的战略和经营活动都有显著的影响。较强的产品市场竞争,会使得行业的信息更加透明,激励公司管理层采取积极的方式来面对产品市场竞争,从而减少代理成本。竞争激烈的产品市场也会对公司的投资效率提出更高的要求,徐一民等(2010)采用营业利润作为代理指标,发现产品市场竞争力的增强有助于提高企业的投资效率。管理层权力过大容易滋生公司管理层的过度自信,从而造成决策上的失误,产品市场竞争会打压管理层的过度自信,并且降低市场信息不对称带来的负面影响,进而减少公司管理层非理性的决策行为。

邢立全等(2013)认为管理层权力属于内部治理问题,这个内部治理问题可以通过外部市场竞争得到缓解。发展过程中的产品市场竞争可能会使企业陷入困境,反而迫使公司管理层时刻审视自身行为,直面竞争所引起的各种问题。从这方面来看,竞争可以对公司的内部治理产生正向作用,委托代理问题以及信息的不对称性等企业内部问题可以因为竞争而得到缓解。谭云清等(2007)研究认为:市场竞争可以使信息更容易获取,股东可以更清晰地掌握公司管理层的经营管理行为,缓解信息不对称的情况,从而抑制管理层的道德风险。有效的产品市场竞争可以使管理层为了维护公司的业绩和自身的地位,做出更多有利于企业长期发展的决策,尽可能减少现金流为负的投资项目,做出更加理性的决策。

2. 控制权市场

传统的控制权市场观念认为金融家和部分积极的股东通过购买公司的股权、聘请或解除公司高管的方式,进一步有效配置公司资源,提高公司资源效率,这种观念认为金融家和积极的股东是控制权市场的主体。Jensen等(1983)在其《公司控制权市场:科学依据》中提出了管理权竞争模型,同时极力推崇公司控制权市场,认为其与股东权益合法保护、管理层激励合同、大股东对管理层的能力和动力的监管等机制一样具有降低代理成本、弥补资本市场监管失效的经济功能,认为公司控制权市场的实质是不同的管理团队竞争管理公司资源的市场。在控制权市场中,经营管理不佳的企业高管会由于股权或投票代理被控制遭到替换,这样会形成对企业管理层强有力的制约。经营状况好的公司可以通过控制权交易控制经营状况差的公司,这样会对公司管理层形成外部的监督和制约。

3.经理人市场

经理人市场是经理人这一特殊的资源通过市场化的形式进行分配并给予合理激励的市场。随着我国市场经济的发展,经理人市场也在逐步形成并发展,2013年党的十八届三中全会公告《中共中央关于全面深化改革若干重大问题的决定》有关国企改革部分指出:国有企业要建立职业经理人制度,更好发挥企业家作用并合理提高市场化选聘比例。张明是国内最早提出构建职业企业家(经理人)市场的学者,他指出,正是社会分工越来越细并且企业交易成本越来越高才导致企业所有权和经营权的分离,因而职业企业家(经理人)接受业主委托经营管理企业。张维迎率先谈到了在我国构建职业企业家市场的必要性,指出构建职业企业家市场有利于对在职的经理人员形成竞争压力,有利于培养高层次经理人才。在经理人市场比较完善的情况下,如果企业高管滥用权力,这将使其在经理人市场的市场价值降低。由于在竞争市场机制中,经理人的聘任者在进行选聘时,会考虑经理人声誉,经营管理不善或机会主义行为严重的经理人的市场定价会受到影响,因此,可以制约高管权力行为。

4.2.2.2 外部媒体监督约束机制

Dyck等(2007)统计发现,美国公司舞弊案中有6%是由证券交易委员会(SEC)发现的,有14%是由审计师发现的,而通过媒体渠道发现的竟高达14%,这足以说明媒体在资本市场的监督作用。媒体通过挖掘公司内部信息,可以减少公司与市场之间的信息不对称,减少因信息不对称而引发的道德风险,同时媒体的报道可以引起监管部门的重视,从而对上市公司进行调查,加强对上市公司高管的约束。媒体的负面报道也会引起市场的波动,影响到公司的声誉,这也会引起管理层的重视,约束高管的自利行为,起到对上市公司高管的约束作用。

4.2.2.3 外部审计的监督约束机制

审计是基于两权分离的代理问题而产生的,其基本职能就是经济监督,其目标是降低信息不对称,减少公司管理层的机会主义行为,使得股东价值实现最大化。通过审计,可以反映企业管理层受托经济责任的履行情况,因此,审计是鉴定管理层努力程度的重要手段。我国学者从不同的视角研究发现,外部审计具有降低代理成本,约束经理人的自利行为的特点,能够提高企业的投资效率。

本节内容分析了管理层权力的内部治理和外部治理,内外治理共同形成管理层的监督约束机制,内外治理的关系可通过图4.3来反映。

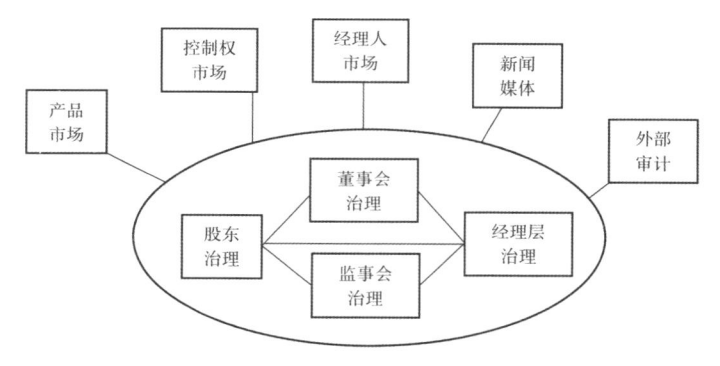

图 4.3 管理层权力内外治理图

4.3 上市公司管理层权力对内部控制缺陷影响机理

1992年9月,COSO发布了《内部控制——整合框架》,该报告是内部控制发展历程中的一座重要的里程碑,它对内部控制下了一个最为权威的定义:内部控制是由作为主体的董事会、经理层和其他员工实施的,旨在为经营的效率和有效性、财务报告的可靠性、遵循适用的法律法规等目标的实现提供合理保证的过程。内部控制是全员参与的控制,董事会负责内部控制的建立健全和有效实施,影响内部控制重要因素——控制环境,监事会对董事会建立和实施内部控制进行监督,管理层负责组织领导内部控制的日常运行。内部控制只能为控制目标的实现提供"合理保证"而不是"绝对保证",企业目标的实现不仅受限于企业自身,还受外部环境的影响。内部控制无法作用于外部环境,同时内部控制自身也存在局限性。其中,最大的局限性就是当管理层凌驾于内部控制之上时,内部控制将会失效。企业内部治理中股东大会、董事会、监事会等形成的治理结构对管理层进行监督治理,如果治理结构对管理层的治理失效,不能有效地约束管理层的行为,管理层凌驾于内部控制之上,那么,不管多健全的内部控制制度,都有可能失效。

内部控制可以通过监督、激励和合约的方式解决管理层机会主义行为的问题。监督主要是通过公司内部治理和外部治理的方式展开,内部控制运行过程通过监督对管理层进行约束,监督来自公司的董事会、监事会、内部审计、外部审计等,公司财务报告审计和内部控制审计鉴证及所出具的报告,也可以对管理层进行监督;内部控制通过设计激励机制,使管理层的利益与股东利益趋向一致,但一旦出现激励不相容的情况,这样的激励便有可能随时失效;合约主要通过合约中的条款来约束,可以实现部分约束,但不能全部约束,因为合约具有不完备性。

4.3.1 董事会治理在内部控制中的作用

董事会作为内部治理的重要环节,是股东与管理层交流和信息传递的纽带,董事会治理在一定程度上决定了公司内部治理水平。在我国内部控制框架中,上市公司管理层负责内部控制系统设计和维护,组织实施内部控制,董事会对内部控制执行评价和监督并对内部控制负最终责任。在我国上市公司中,董事长与总经理经常两职合一,这会降低董事会对内部控制评价和监督的效果,也会产生上市公司选择性披露内部控制的情况。在这种情况下,上市公司会尽可能隐瞒内部控制缺陷的披露,避重就轻,从而产生一定负面影响。

1.董事会规模对内部控制质量的影响

董事会规模主要是指董事会人数。规模大的董事会更有利于控制管理层透过制造社会影响来维持自己利益,经理层之下的管理人员的内聚力更加稳定,董事会规模对内部控制质量的提升是一个正面的因素,能够抑制内部控制缺陷。这是理论研究中的一部分观点。另一部分观点则认为:董事会规模过大,会增加代理成本,公司应保持适度的董事会规模,因为随着董事会规模的增大,"搭便车"的现象会持续增加,管理层受到的约束则会降低,内部控制质量下降,内部控制缺陷出现的可能性便增大,管理层有可能操纵董事会侵害股东权益。过度缩小的董事会同样不利于对管理层的监督和治理,使得内部控制质量得不到保障,内部控制缺陷可能增多。因此,董事会规模只能在适度的范围内增大,这里的"适度"要根据公司的战略目标运营环境以及公司董事会的独立性等各方面综合考量,只有在一定范围内扩大董事会规模才有利于提高治理效率,提升内部控制质量。

2.独立董事对内部控制质量的影响

为了防止股东利益受损,董事会内部安排了独立董事,独立董事的制度安排有利于提升董事会的独立性。Goh等(2011)的研究说明拥有较多独立董事的董事会在重大问题的决策和监督上更有效,在这基础上能够改善内部控制。利用独立董事的能力和动机实现有效监督,能够控制内部环境。不过,需要指出的是,由于管理层控制着内部信息,外部独立董事在信息获取上受限,这会在很大限度上影响独立董事的监督能力。

3.董事会异质性对内部控制质量的影响

董事会的异质性指的是董事会成员在价值观、专业、技能等各方面个体的差异性,董事会成员之间的这些差异会对其认知方式、价值观选择和行为决策等产生影响。如果董事会异质性大,那么董事会在做决策过程中,大家的切入点、侧重不同,可以避免片面地看待问题,提高决策效率。Hillman等(2003)指出董事会通过扩大规模、增加独董比例、聘任连锁董事和增加具有政治背景的董事等重要手段来最大限度地利用董事会所拥有的资源优势,提高决策有效性和质量。企业会通过不同的方式来提高董事会的异质性,通过异质性使得董事会成员之间相互取长补短,使董事会的决策更加有效,起到优化董事会结构的作用。

4.两职合一对内部控制质量的影响

前面提到了两职合一,两职合一的极端情况,也就是管理层凌驾于内部控制之上。此时,不管内部控制制度如何完善,都难以在执行层面得到贯彻执行,也使内部控制缺陷产生的可能性增加了许多。

4.3.2 管理层对董事会治理和审计监督的影响动机

在内部控制运行过程中,公司管理层存在着对董事会治理和审计监督进行影响的个人动机和公司动机。从个人动机上看,管理层由于薪酬、晋升、地位等原因,可能具有利用信息不对称,隐瞒公司的不利信息的较强意愿。要解决这一问题,最为重要的是通过事前的契约设计和事后的惩罚机制来进行约束。应设计激励相容的合约,使得管理层可以获得有益的剩余价值分配,不至于出现代理问题,否则当预期无法获得时,管理层便有可能通过各种隐瞒手段来获取,如挪用公款、设置"小金库"、利用职务消费等。从公司动机的角度看,管理层出于融资、股价、公司声誉、公司控制权等不同因素的考虑,有可能粉饰公司财务状况。不论个人动机还是公司动机,最终都会影响到管理层个人,但其过程会对公司产生负面效益,影响股东权益。董事会治理和审计监督都是公司治理中对管理层的重要约束机制,因此管理层具有强烈的对董事会治理和审计监督实施影响的动机。

4.3.3 制度环境、市场环境的调节作用

制度环境是企业经营发展的政治、社会和法律基础,是经营交易活动的规则,是市场交易的前提。相较于内外治理环境,其对企业经营行为的影响更为基础,对管理层行为的约束是宏观的,具有塑造性的作用。它可以通过直接的方式作用于公司管理层,也就是直接制定作用于管理层约束的法律法规,约束管理层的经营行为,也可以通过间接作用的方式,通过制定约束市场、公司治理的相关法律法规,间接约束管理层的行为。在

宏观层面上，制度环境改善能够抑制高管权力对内部控制缺陷的正向影响，这种抑制作用在地方国企和民营企业中表现得更明显。

我国经历了计划经济向市场经济转换的过程，在渐进式市场经济的进程中，出现了区域发展不均衡的现实困境，政府质量、市场发展程度、区域法律法规环境也出现了不同情况的不平衡，对上市公司管理层的约束程度也不同。在市场化程度高的区域，政府对市场资源的依赖程度较低，市场机制对上市公司的调节作用更加明显，政府干预企业运营的程度较低，对管理层的约束依赖于企业这个契约集合体。政府职能对市场主体干预程度的降低，使得政府较多地扮演了为企业等市场主体服务的角色，在这种情况下，监管部门的监管力度会加大，同时也会加强对高管侵占股东利益行为的制约强度。

近年来上市公司财务违规舞弊案件背后都有上市公司高管过度参与的问题，这也表明上市公司的内部控制对上市公司管理层约束存在着一定的缺陷，出现了上市公司管理层驾驭内部控制甚至凌驾于内部控制之上的严重问题，产生这些问题的重要原因都指向了我国上市公司的大股东问题。国有上市公司的所有者缺位，导致了严重的"内部人"控制问题，民营上市公司的创始人文化、公司高管即股东的现象以及合谋行为，都是导致内部控制缺陷甚至失效的重要原因。在这种情况下，市场监督的调节作用对减少内部控制缺陷具有更加重要的作用。

4.3.4 审计监督在内部控制中的作用

上市公司审计监督分为内部审计监督和外部审计监督两个部分，其中内部审计监督是审计委员会和内部审计机构执行的审计监督。2002年美国内部审计师协会指出：健全的治理结构要发挥良好的治理作用，关键是董事会、监事会、内部审计和外部审计四大治理主体相互协同。我国2008年发布的《企业内部控制基本规范》第十五条也强调了内部控制的作用，指出内部审计是负责审查和监督内部控制运行有效性的机构。审计委员会是董事会下设的专门委员会，主要负责审查企业财务报告，协调内部审计、管理者及外部审计之间的沟通，保证审计质量，监督与评价内部控制运行等事宜。审计委员会与外部审计和内部审计相互支持与配合，可以降低企业的代理成本，保障内部控制的有效性，减少企业内部控制缺陷。

外部审计是公司管理层重要的外部监督力量，是企业减少代理成本、降低信息不对称的重要制度安排。2010年财政部、证监会、审计署、银监会、保监会等五部委联合布了《企业内部控制应用指引》《企业内部控制评价指引》《企业内部控制审计指引》，其中的审计指引要求上市公司聘请有资质的会计师事务所对企业内部控制设计和运行的有效性进行审计，上市公司的审计不再局限于财务报告审计，更是增加了内部控制有效性的鉴证。

4.4 内部控制对上市公司管理层权力的制衡与监督作用

谢志华（2009）提出，内部控制的本质就是制衡与监督，它是降低代理成本、弥补不完备的契约的一个控制机制。内部控制镶嵌在企业经营管理中，企业不论是在进行经营决策时还是在进行日常经营管理时都需要自然地执行内部控制制度。内部控制是内生性控制机制，它在约束上市公司管理层权力的同时也需要接受外生性制度的监督和检查，所以也才有了内部控制审计制度。

4.4.1 内部控制对上市公司管理层权力的制衡作用

制衡理论起源于西方的分权学说，应用到企业中就是"三会一层"。在企业内部，制衡更是反映了企业内部牵制的思想。内部牵制是内部控制的核心，内部控制产生之初就深深地打上了内部牵制的烙印。从内部控制目标的演变过程，可以看到其在任何阶段都具有制衡作用。

COSO委员会在内部控制的概念描述中提到了内部控制的目标是

"为经营的效率和有效性、财务报告的可靠性、遵循适用的法律法规等目标的实现提供合理保证的过程"。现代企业制度下两权分离,剩余索取权和剩余控制权也存在分离,因此产生一系列的代理问题、"搭便车"现象,内部控制对保证资产安全和纠错防弊起到了重要的作用。随着现代企业制度的发展,内部控制的目标不再仅仅是纠错防弊,而是涉及企业的各个方面,是控制权结构的具体体现。企业以组织关系设立,其本质就是契约关系,企业中的"三会一层"以及各个科层组织也是以契约关系为主体的,契约各方要以平等地位形成权利义务之间的制衡关系,可以通过内部控制的制度安排来进行,使内部控制的本质之一是制衡。科层组织同一层次的各方形成了平等的契约关系,一方不能凭借优势对另一方进行控制,而制衡在这种关系中是一种必不可少的约束机制。内部控制的内部牵制思想就是通过牵制形成制衡,通过组织上的责任分工,形成不相容职务的有效分离,通过流程对组织行为进行有效的控制,这种制衡可以对上市公司管理层权力进行有效约束。

4.4.2 内部控制对上市公司管理层权力的监督作用

按照科层理论,监督是由科层组织中上一层级对下一层级进行的。如果说制衡是双向的,那么监督则是单向的,是高层对低层的控制。从委托代理理论来看,科层的金字塔结构,每一层之间都存在着委托代理关系,内部控制的产生就是为了解决代理问题,由于委托人和代理人之间存在信息不对称,内部控制嵌入上市公司的内部,比起外部监督机制来说更具有实时性。内部控制是一个相互关联的制度集合,在制衡作用下同一层次形成相互牵制的关系,而不同的层次则通过监督方式进行控制。当委托代理关系的委托方和代理方之间存在目标函数上的差异时,最为有效的方式就是对代理人进行必要的控制,科层组织嵌入组织内部的分层次的控制体系即内部控制为监督提供了良好的组织基础,形成高层次对低层次(委托方对代理方)的有效监督,形成委托代理关系、科层组织和监督关系相互耦合的关系。

制衡与监督是内部控制最主要的本质特征,两者不可分割。没有制衡,监督无法有效进行,制衡是解决上市公司股东大会无法直接监督管理层,对管理层权力进行有效约束问题的重要途径。这个问题不解决,监督也不可能得到有效执行。因此,管理层凌驾于内部控制之上的问题成为目前上市公司舞弊行为最重要的特征之一,也就是在内部控制完全失效的情况下,制衡无法进行,监督也就无从谈起。在内部控制制度的设计中要充分地考虑分权而治,将权力进行合理的分工,并形成制衡关系,让不同的权力相互牵制相互约束。公司内部控制的制衡作用是通过职责分工、流程控制来开展的,不仅各个环节要相互控制,还要公开信息,使得各相互牵制或制约的主体之间会因相互的知情权而难以实施侵蚀行为,即便发生了侵蚀行为,也更容易被发现和防范。

第 5 章　上市公司内部控制影响因素与现状分析

5.1　上市公司内部控制质量的影响因素

5.1.1　上市公司治理特征对内部控制质量的影响

一直以来社会公众都认为内部控制一定能够约束财务造假行为,但是财务舞弊案的不断出现,一次次打破了社会公众的期望。造成社会公众期望值与实际之间差距的因素有许多,理论界对内部控制与公司治理之间的关系做了大量的研究,认为有效的公司治理对内部控制质量具有正面积极的影响,甚至认为公司内部治理属于内部控制的一部分。COSO 提出:内部控制是公司董事会、经理层和员工构成的一种制衡关系,公司治理是控制环境的核心。公司治理环境机制的变化导致了内部控制的外延不断拓展,良好的内部控制又是实现公司治理的目标和提升公司运营效率的关键。公司治理的核心就是要建立起完善的治理机构,解决代理问题,通过治理机构来制衡管理层的权力,平衡责权利关系。公司内部治理实质上是内部控制的重要组成部分,上市公司的公司治理特征必然对内部控制质量产生影响。

5.1.1.1　股权特征与内部控制

上市公司的内部治理是基于产权关系的治理,产权关系具体体现在上市公司的股权特征上。股权特征主要可以从股权性质、股权集中度、机构投资者等方面来体现。

1.股权性质和内部控制

股权性质在我国来说主要有国有股权和非国有股权两种,对上市公司而言就是是国有上市公司还是非国有(民营)上市公司。我国上市公司内部控制的基本规范、相关评价标准是以政府为主导制定的,国有上市公司具有行政属性,在内部控制制度建设上有一定的行政强制性,而民营上市公司内部控制制度的建设属于管理的需要,主要是自觉行为。从内部控制的实施来看,国有上市公司由于存在所有者缺位问题,股东代理人对内部控制实施监督的主动性有所欠缺,而民营上市公司的股东为保障自身的权益,对内部控制执行情况监督具有主观的意愿,更加积极主动。

2.股权集中度与内部控制

关于股权集中度与内部控制有两种观点:一种观点认为股权集中度高的上市公司控股股东在上市公司具有绝对的话语权,有利于上市公司做出决策和执行决策,保障股东对管理层执行行为的监督,进而有利于上市公司内部控制的建设。另一种观点则认为股权集中度高,不利于股权制衡,大股东有可能侵占中小股东的权益,在股权制衡的状况下,股东更加关注内部控制的实施效果,有利于内部控制质量的提升。这种观点也承认,股权过于分散会导致股东控制权分散,股东对管理层约束能力不足,难以保障内部控制的有效运行。因此关于股权集中度对内部控制质量影响的观点并不一致,我们认为,股权应该适度集中,这样既可以保障控股东的控制权,又可以形成有效的制衡,从而有利于提升企业内部控制质量。

3.机构投资者持股与内部控制

为了有效约束管理层权力,避免管理层出现一些短视行为,部分上市公司会引入机构投资者,特别是股权分散的上市公司更有引入机构投资者的动机。机构投资者加入股权分散的上市公司,可以有效地限制管理层的投机行为,提升内部控制的质量。上市公司引入机构投资者后,作为中介的机构投资者,在上市公司决策制定和执行过程中具有独立性,可以保障内部控制的质量,同时也使上市公司披露公司内部控制自我评价的主动性得到增强。

5.1.1.2 董事会特征与内部控制

董事会在上市公司内部治理结构中占据了主导地位,董事会的特征直接影响内部控制的有效性。池国华等(2018)将董事会特征分成四个方面:构成特征、行为特征、激励特征和素质特征。

1.董事会构成特征与内部控制

董事会构成特征从三方面来体现,分别为董事会的规模特征、董事会的独立性特征和董事会的权力结构特征。前文提到:董事会的规模对管理层权力的形成具有重大影响。董事会规模对内部控制的影响和对管理层的监督与约束是直接的,董事会的规模足够大,在一定程度上可以加强对管理层权力的监督,有利于内部控制的有效性。但董事会规模也不是越大越好,董事会规模太大,反而容易被管理层操纵,导致董事会的监督职能不能有效地发挥,从而影响内部控制的正常运行。董事会规模太小又容易导致权力过于集中,同样会影响内部控制质量。

董事会的独立性特征主要体现在独立董事的设置上,独立董事制度的存在可以有效提升内部控制质量。作为外部董事的独立董事,可以在上市公司的董事会中带来不同的视角,同时独立董事在法律、财务等方面具有一定的专业能力,这些专业能力也有助于上市公司董事会整体决策管理能力的提升。独立董事的引入能够促使上市公司更加全面真实地披露相关信息(包含财务信息和内部控制信息等),也能够促进上市公司内部控制质量的提高。

董事会权力结构特征主要指的是董事长和总经理是否存在两职合一的现象,两职分离有利于维护董事会监督的独立性和有效性,提升董事会的监督能力,多数学者都认为两职合一不利于内部控制的实施。两职合一,董事长具有决策权和经营管理权,很容易产生内部人控制,由于我国对上市公司的外部监督机制不够健全,证券市场还不够成熟,上市公司的内部人控制现象极可能转变成内部人控制问题,对内部控制的质量产生不利影响。

2.董事会行为特征与内部控制

董事会的行为特征,也就是董事会在履行职务行为时的特征,最主要的衡量指标就是董事会召开会议的频率。董事会成员之间的沟通和协议主要通过董事会会议来完成,董事会会议频率高,说明董事会成员能够积极地参加公司的治理活动,而且董事会会议频率高,说明董事会成员沟通频繁,这样可以更大可能地减少信息不对称的情况,发现和抑制管理层的机会主义行为,减少代理问题,有利于提升内部控制质量。不过对董事会会议频率是否能够真正衡量董事会行为特征,理论界还存在一定的争议。

3.董事会激励特征与内部控制

董事会激励特征是指上市公司对董事会成员的各种激励行为的具体表现,例如薪酬制度、股权激励等。一方面有效激励会使得董事会成员在更大限度上恪尽职守,维护股东权益,积极监督管理层的经营行为,有利于内部控制质量提升;另一方面有效激励可以提升董事会成员的认同感,抑制不合规行为,提高决策效率,同样有利于提升内部控制质量。但是如果董事会成员持股比例太高,也有可能出现少数股东为获得更多利益而隐瞒内部控制信息的情况。

4.董事会素质特征与内部控制

董事会的素质特征,主要包含董事会成员的教育背景、学历背景、社会兼职等方面。董事会成员的学历教育背景可能会对其风险态度、决策方式等产生影响。例如,董事长具有财务知识背景,可能会更具有风险意识,更全面更理性地决策。学历水平也可以从另一个侧面反映董事会成员的能力,学历水平高的董事在知识水平和获取信息的能力上会更强,从而使其能够更好地面对内外环境。因此,董事会的素质特征对内部控制的质量也是具有影响的。

5.1.1.3 管理层特征与内部控制

管理层是内部控制的执行者,内部控制执行是否有效与管理层直接相关,管理层的认知能力、管理层的权力、管理层激励特征等都会影响内部控制的质量。

1.管理层的认知能力与内部控制

管理层认知能力和内部控制有直接的关系,特别是管理层认知能力偏差会导致内部控制有效性下降,甚至内部控制失效。管理层认知能力偏差主要是由于管理层过度自信和一些短视行为而导致的。一般来说，公司的管理层更容易比一般员工过度自信，过度自信有可能会对公司内外环境判断错误，在内部控制制度建立和执行过程中，会错误判断内部控制缺陷可能带来的风险，高估自身对风险的应对能力，从而导致潜在风险的加剧，甚至可能导致内部控制失效。管理层的短视行为会严重影响公司的决策，导致短期规划与长期战略的冲突，导致在管理决策等方面的内部控制缺陷。

2.管理层权力与内部控制

管理层拥有日常经营管理和参与公司决策的权力，管理层权力和管理层能力是相关的，管理层的能力是权力所赋予的，管理层权力范围越广，其能力可能越大。但管理层的权力并不是管理层能力的唯一来源，管理层的社会背景、受教育水平等也会影响管理层的能力。一般来说，管理层能力较强，更有利于健全内部控制，减少内部控制缺陷，能更好地处理内部控制中复杂的问题。管理层权力和内部控制之间存在作用与反作用的关系，管理层权力过大容易导致治理层的监督失效，有可能造成管理层权力凌驾于内部控制之上，从而使得内部控制失效。内部控制对管理层权力具有一定的制衡作用，能够抑制管理层权力，内部控制质量越高的公司，对管理层权力的制衡作用则越强。

3.管理层激励特征和内部控制

管理层激励与管理层称职程度是相关的，对管理层进行激励有利于调动他们的积极性，建立健全内部控制制度，并主动有效地运行内部控制。董事会对管理层能够通过目标设定进行监督，从而有效激励管理层朝公司经营目标努力，减少内部控制缺陷。设定目标时，要符合实际情况，过高或过低都有可能影响内部控制的运行。过高的目标，会导致管理层回避内部控制的制约，影响内部控制的有效性，而过低的目标，不能够激励管理层为之努力，影响企业发展进度。

5.1.2 审计鉴证对内部控制质量的影响

在资本市场，上市公司要对社会公众披露财务信息和内部控制信息，上市公司是信息的提供者，投资者以及其他信息使用者是信息的接收者，信息的公允性对信息使用者和接收者来说非常重要。信息公允性的重要保障是外部审计鉴证，其对信息使用者提供信息甄别和信息增信的服务。在内部控制信息由企业内部向外部传递的过程中，外部审计扮演着重要角色。由于信息不对称，资本市场上的舞弊现象屡禁不止，严重危害资本市场的健康发展，外部审计的存在可以在很大限度上减少内部控制信息披露的舞弊行为，提高内部控制的质量。

5.1.2.1 审计鉴证与内部控制的关系

内部控制和审计鉴证都是现代企业发展、两权分离的产物。内部控制是基于控制产生的，审计鉴证是基于监督产生的，两者都是为了减少由于两权分离而带来信息不对称，并发生逆向选择和机会主义行为的情况。内部控制是公司治理的核心，其通过一系列制度和方法，对公司的日常经营活动进行控制，对财务信息的形成进行监控，财务报告审计也是基于内部控制测试进行的。公司的内部控制缺陷会直接影响审计风险，内部控制缺陷越少，内部控制质量越高，审计风险就越小，审计质量也就越高。审计鉴证活动对内部控制质量同样会产生影响，外部审计鉴证对上市公司内部控制出具鉴证报告，是对内部控制有效与否的证明，对上市公司管理层也同样具有约束力，可以减少管理层的机会主义行为，也可以提升内部控制质量。

5.1.2.2 审计鉴证主体与内部控制质量

对内部控制进行鉴证的主体包括审计师和会计师事务所，审计师的独立性和专业知识能力与结构会对内部控制质量产生影响。除此之外，会计师事务所的规模、审计任期和风险回避等都会对内部控制质量产生影响。

审计师的独立性保证其能够具有超然独立的第三者身份，对上市公司内部控制信息披露进行客观公正的评价，审计师的专业能力能够使其更加精准地发现和剖析内部控制缺陷披露存在的问题以及上市公司存在的重大风险和薄弱环节。

规模大的会计师事务所更加重视自身的声誉，同时在审计过程会实施更加严格的程序，保持更加严谨的执业态度，发现内部控制存在问题的可能性会更大；会计师事务所任期长，对上市公司的情况更加了解，客户的相关知识积累更丰富，更能洞悉内部控制缺陷，对上市公司以往缺陷的修复情况也更容易把握；会计师事务所在进行风险管理时，会采取风险回避的办法来进行自我保护，风险回避意识高的会计师事务所更能够发现内部控制的缺陷并予以披露。

审计鉴证可以通过发现内部控制缺陷、反映内部控制缺陷修复情况，促进上市公司管理层认识到内部控制存在的问题，杜绝侥幸心理，并致力于提升内部控制的质量。同时，审计鉴证报告也有助于监管部门对上市公司的监管，从而减少内部控制缺陷，保障内部控制的运行质量。

5.1.3 外部治理对内部控制质量的影响

上市公司的外部治理包含了法律治理、政府治理、市场治理、声誉治理等多个方面，上市公司内部治理对内部控制质量负有直接责任，外部治理则对内部控制实施、运行、披露等进行监督，同样会对内部控制质量产生影响。

5.1.3.1 投资者保护法律法规与内部控制质量

投资者保护是指投资者应当受到保护，以免被误导、操纵或欺骗，从而产生不必要的损失。投资者包含了债权投资者和股权投资者，证券市场的发展很大限度上取决于对投资者的保护情况。投资者保护法律法规是对上市公司信息披露的外部约束，上市公司信息披露要权衡成本效益，法律法规处罚越严厉，上市公司造假成本就越高，这种约束会使得公司更加规范内部控制，增加内部控制质量的内生动力。

5.1.3.2 市场监督机制与内部控制质量

在资本市场中政府通常扮演着裁判者的角色，通过制定制度和行政监督来保障市场秩序，从而深刻地影响上市公司的信息披露。上市公司内部控制信息披露经历了从自愿披露到强制披露的过程,上交所和深交所分别于 2006 年和 2007 年出台指引,财政部等五部委联合出台《企业内部控制基本规范》后,也配套出台了相关指引,其中《企业内部控制评价指引》就是指导上市公司如何进行内部控制自我评价的。强制披露目前已成为各国证券市场对上市公司内部控制监督约束的方式,资本市场对内部控制质量具有直接影响,根据信号传递理论,证券市场对内部控制评价的反馈会传导到其他相关市场,如产品市场,从而影响上市公司的市场竞争力,间接地影响内部控制质量。这些市场共同成为上市公司加强内部控制、提高内部控制质量的外部压力。

5.1.3.3 声誉机制治理与内部控制质量

声誉机制是对法律机制的有效补充,在法律机制不能涉及的方面,声誉机制可以以更低的成本来维持秩序。资本市场是一个信息不对称的市场,声誉机制是不可或缺的用来维护上市公司与资本市场的有效机制。当上市公司被证券市场特殊处理,如被 ST,或者因财务欺诈问题被处罚时,这些情况都会造成上市公司的声誉受损,遭遇市场的反馈。一般来说,不论是被 ST 还是因财务问题被处罚,这些都会集中指向上市公司内部控制缺陷,上市公司由于担心其声誉受损,甚至在长时间内无法挽回声誉,都会重视内部控制。但从我国资本市场的现状来看,我国声誉机制约束很弱,上市公司声誉问题在资本市场得不到正面反馈,对上市公司股价影响较少。

5.1.4 企业特征对内部控制质量的影响

上市公司内部控制质量与企业的特征直接相关,上市公司特征主要包含了公司规模、公司成长性、公司交易复杂程度以及公司财务状况等。

5.1.4.1 公司规模与内部控制质量

关于公司规模与内部控制质量的关系,在过往的研究中大量的文献都指向公司规模对内部控制具有影响作用。Doyle 等(2007b)发现,规模较小的上市公司内部控制缺陷产生的可能性大，我国部分学者也通过实证分析说明规模大的上市公司内部控制更加有效。公司规模大，组织结构完善，人员分工精细程度高，责权利明确，内部控制执行有一定的规模效益，边际成本降低，相对于规模小的上市公司，其内部控制运行效果会更好。

5.1.4.2 公司成长性与内部控制质量

一个高速成长的企业往往交易的复杂性会不断地提高，这必然要求内部控制要随着交易复杂性的变化而变化。内部控制需要进行不断发展和改进，当内部控制的发展与改进跟不上公司的成长时，便适应不了交易的复杂性，必然会导致内部控制在设计和执行方面的缺陷，从而对内部控制质量产生负向的影响。反之，当公司处于成熟期，交易活动基本趋于稳定，公司的财务活动也趋向稳定，此时，内部控制的质量会相对较高。

5.1.4.3 公司交易复杂程度与内部控制质量

内部控制制度建设和实施的难度与上市公司经营和交易的复杂程度是直接相关的，甚至是内部控制缺陷产生的决定性因素之一。如果上市公司的经营复杂程度高，子公司多，分布地区广，那么公司的内部组织结构，外部的税收环境、法治环境便会更加复杂。在这种情况下，上市公司所面临的内部环境压力将显著增加，内部控制的复杂性也随之上升，从而增加了内部控制出现缺陷的可能性。此外，如果上市公司多元化程度比较高，或处在并购重组进程中，其面临的外部环境的变数增大，那么，其产生内部控制缺陷的可能性也会增大。

5.1.4.4 公司财务状况与内部控制质量

公司财务状况和会计计量的风险与上市公司财务报告内部控制风险直接相关，公司的存货管理不善、积压情况严重、应收账款回收不利、资产减值等这些会计问题都会直接影响公司的财务状况，这些问题产生的根源与公司的内部控制是息息相关的。公司并购重组时会计计量风险也比较大，容易产生资产流失、财务状况不能如实公允反映等问题，这也与公司的内部控制有直接的关系。多项研究表明，业绩差、财务状况不佳、高贝塔值的上市公司内部控制缺陷存在的可能性更大。

公司财务状况好,便能够在内部控制制度建设和运行过程中投入更多的资金,而内部控制执行有力,又能够使公司的盈利能力提升,财务状况也会处于良好的状态中。这样就会形成一种良性循环,使得公司的内部控制质量保持在高质量的水平之上。

5.2 上市公司内部控制有效性评价

内部控制运行就是一个设计、执行、评价、整改的循环过程,内部控制评价是这个循环中的重要环节,内部控制制度设计和执行需要通过评价来说明设计的合理性以及执行的有效性,同时在评价过程中发现内部控制存在的缺陷,并对缺陷进行整改和修复,再进入下一个循环过程。2008年财政部等五部委联合颁布了《企业内部控制基本规范》,2010年又出台了《企业内部控制评价指引》等配套指引,评价指引说明企业应该如何开展内部控制的评价工作。内部控制评价是一项复杂的系统工程,评价对象是企业内部控制的整体,企业内部控制自身是一个复杂的系统,同时这个系统还受内外环境的影响,上市公司的内部控制评价结果还需要对社会公众披露,因此内部控制评价还需要考虑到利益相关者对信息的需求和市场的反应。

内部控制有效性评价就是对内部控制有效性进行全面评价,有效性指的是内部控制目标实现程度和实现效率两个方面,是指公司建立与实施内部控制对实现控制目标提供合理保证的程度。内部控制制度设计的有效性评价要从内部控制的各个要素与外部环境的契合度、制度与执行人之间的契合程度入手;在内部控制运行层面,要看内部控制目标实现的效率,就是指通过权力与职责配置、风险控制、监督激励、信息沟通等管理活动的开展与执行,使内部控制得以良好地运行,从而实现内部控制的目标。

5.2.1 内部控制评价

5.2.1.1 内部控制评价的内容

内部控制评价是一个过程，要遵循一定的流程来进行。评价内容是对内部控制对象的具体化，如果按内部控制要素来划分，可以分成内部环境评价、风险评估评价、控制活动评价、信息与沟通评价、内部监督评价。按五要素进行评价，主要是内部控制内部评价，是上市公司对内部控制的自我评价。对于政府监管部门、投资者、债权人等企业的外部利害关系人来说，其所关注的往往只是企业内部控制的整体有效性以及最终控制目标的实现与否或实现水平的高低，至于企业具体的控制活动过程及环节要素，可能并不是他们所关注的对象，所以内部控制的外部评价更关注内部控制目标实现程度。

5.2.1.2 内部控制评价的标准

内部控制评价标准是评价体系的重要部分，关于内部控制评价标准，理论界主要有以下几种观点：

1. 以内部控制目标作为评价标准

内部控制是董事会、经理层和公司的其他员工共同实施的，其主要目的是实现内部控制目标。内部控制的目标对上市公司而言就是要实现经营目标，对资本市场、独立审计等外部相关人员而言则是要保障财务报告的真实性和可靠性，要遵循相关法律法规，遵守市场秩序。

2. 以内部控制要素作为评价标准

这里的内部控制要素主要是指通过内部控制规则制定部门将内部控制人为地划分成的不同要素，最为常见的划分就是内控五要素，也就是控制环境、风险评估、控制活动、信息与沟通、内部监督。对于内部控制有效性的评价围绕着这五个要素是否存在、其运行效果如何来进行。也有一些学者将这五个要素再进行具体细分，形成一个指标体系，根据指标体系进行评价。

3.将内部控制评价标准划分为一般标准和具体标准

一般标准是适用于内部控制各个方面的,也就是整体应达到的标准,更类似于内部控制的目标。具体标准则是内部控制中的某个控制活动应达到的效果,是内部控制目标在具体控制活动中的具体化,包含了授权审批、处理、记录报告、沟通、监督等。

内部控制评价标准应该是以内部控制目标为导向,具体落实到控制活动有效性的一种标准。以内部控制目标为导向,可以保证内部控制评价标准不偏离方向,在此基础上确定控制活动有效性的标准,可以使评价更具可行性。

5.2.1.3 内部控制评价的方法

内部控制评价方法指的是通过某种或某些途径来评价内部控制的有效性,衡量内部控制的质量。内部控制评价的方法不可能千篇一律,根据《企业内部控制评价指引》的规定,内部控制评价工作组对被评价单位进行现场测试时,可以单独或综合运用个别访问、调查问卷、专题讨论、穿行测试、实地查验、抽样和比较分析等方法。

内部控制评价最初是出于审计的需要,基于内部控制评审的审计是制度基础审计的标志。审计人员通过内部控制评价,确定审计的时间和范围,从而提高工作效率。将被审计单位的内部控制划分为"高依赖程度""中依赖程度"和"低依赖程度",这种评价是模糊的,不够准确和全面。目前上市公司内部控制评价是全方位的评价,因此评价方法要在原来的基础上有所突破。

COSO报告要求管理层根据一个适当的框架,对内部控制设计和运行有效性进行评价,并书面记录评价过程,然后根据评价人员在内部控制评价过程中所发现的控制缺陷及其严重程度来对企业内部控制的整体有效性发表意见。我国出台的《企业内部控制评价指引》同样推荐采用这种方法,这种方法有助于在评价过程中发现内部控制缺陷,并有利于缺陷的日后修复。但这种评价方法的成本比较高,不同上市公司的经营状况不同,内部控制也不同,如果采用一个框架——对应地评价,从而确认上市公司内部控制的有效性,不仅评价成本高,准确性也不高。对于上市公司来说，并不是内部控制的所有环节都必须存在，因此会产生在评价过程中发现的内部控制缺陷并不会影响上市公司内部控制有效性的情况。所以，还是要根据上市公司的自身特点，从内部控制目标出发，确定合理有效的内部控制评价指标体系，并在此基础上进行评价，避免内部控制评价同质化，流于形式。

5.2.2 内部控制有效性的测度

对内部控制有效性的测度就是指社会公众通过某种方法判断上市公司内部控制的有效性。这一直以来都是个难题，最为直接的就是通过内部控制鉴证报告来判断，但事实上内部控制鉴证报告只是一个定性表达。就目前来看，常见的测度方式有三种：

5.2.2.1 依据企业披露的有关信息进行测度

这种方法是最为直接的方法，社会公众可以根据上市公司对外披露的信息，例如内部控制自我评价报告、内部控制审计鉴证报告、公司违规说明、财务报告重述、注册会计师对财务报告的审计意见等衡量上市公司内部控制的有效性。

5.2.2.2 采用问卷调查的方法来测度

这种方法主要应用于某些领域的研究，通过问卷调查的方法只能对研究领域部分上市公司内部控制的有效性进行测度。

5.2.2.3 利用内部控制指数进行测度

内部控制指数是内部控制有效性衡量的指标之一，可以通过构建内部控制指标体系，建立指数模型计算得到。在国家政策支持和大数据环境下，一些权威机构开始公开发布中国上市公司内部控制指数，包括了厦门大学版内部控制指数和迪博内部控制指数，不同指数由于指标体系构建不同，结果也会有所不同。厦门大学版的内控指数更侧重于健全性，迪博内控指数更侧重于执行的有效性，在目前的推广应用过程中，迪博内控指数应用得更加广泛。

5.3 内部控制信息披露与现状

上市公司财务信息披露质量衡量基本上集中于以下几点:真实性、准确性、完整性、及时性、公允性。对信息披露质量的评价主要聚焦于这几个方面:是否有针对性地公允地反映公司的情况,并能够解答投资者关注的问题;是否清晰、简明易懂;信息是否具有可比性。上市公司内部控制信息披露的质量要求与财务信息披露质量要求有区别,也有联系。从真实性、准确性、完整性等方面来看,两者都应该具备这些,但内部控制信息与财务信息相比会更难以验证,内部控制信息的验证往往需要通过其他信息,例如注册会计师出具的财务报告审计意见、上市公司的财务报表重述与年报更正等来完成,公众可以利用这些信息去合理怀疑上市公司内部控制信息披露的质量。内部控制指数是从一个综合维度来反映内部控制信息披露质量的,在理论研究中不断地应用,逐渐被社会公众认可。

5.3.1 内部控制指数与内部控制信息披露质量

5.3.1.1 内部控制指数评级与内部控制信息披露质量

迪博内部控制指数设置分为两个层次,第一层次为内部控制的五大要素,第二层次是根据五大要素再设置二级指标,对每一项指数进行评分,并在此基础上综合统计,最终形成内部控制指数的评分。根据评分,内部控制分为以下评级:AAA、AA、A、BBB、BB、B、C、D。从表5.1、图5.1、图5.2的数据,可以看到我国上市公司内部控制评级主要集中于B等级,质量普遍不高,A级以上的企业数量占比较低,合计基本不足总量的5%。

表 5.1 2012—2021 年上市公司内部控制评级情况

年度	上市公司	AAA	AA	A	BBB	BB	B	C	D
2021	数量/家	4	16	45	101	491	2450	696	303
	占比/%	0.10	0.39	1.10	2.46	11.96	59.67	16.95	7.38
2020	数量/家	4	13	29	88	526	2081	689	308
	占比/%	0.11	0.35	0.78	2.35	14.07	55.67	18.43	8.24
2019	数量/家	3	11	30	105	583	1991	555	272
	占比/%	0.08	0.31	0.84	2.95	16.40	56.01	15.61	7.65
2018	数量/家	0	6	22	117	570	1836	657	248
	占比/%	0.00	0.17	0.64	3.39	16.49	53.13	19.01	7.18
2017	数量/家	1	7	28	94	464	1769	479	180
	占比/%	0.03	0.23	0.93	3.11	15.35	58.54	15.85	5.96
2016	数量/家	2	4	24	74	468	1704	381	147
	占比/%	0.07	0.14	0.86	2.64	16.69	60.77	13.59	5.24
2015	数量/家	0	3	30	82	419	1479	451	121
	占比/%	0.00	0.12	1.16	3.17	16.21	57.21	17.45	4.68
2014	数量/家	0	6	26	75	544	1252	475	88
	占比/%	0.00	0.24	1.05	3.04	22.06	50.77	19.26	3.57
2013	数量/家	0	11	36	104	548	1294	412	58
	占比/%	0	0.45	1.46	4.22	22.25	52.54	16.73	2.35

续表

年度	上市公司	AAA	AA	A	BBB	BB	B	C	D
2012	数量/家	45	32	52	128	781	905	287	84
	占比/%	1.94	1.38	2.25	5.53	33.75	39.11	12.40	3.63

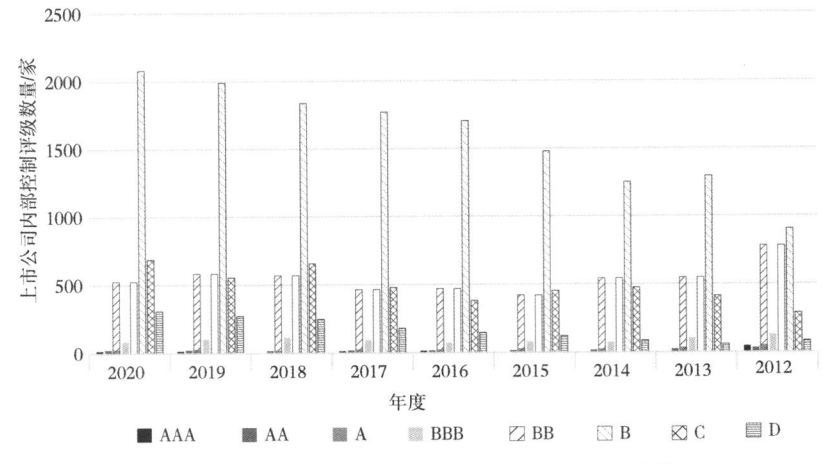

图 5.1 2012—2021 年上市公司内部控制评级数量情况

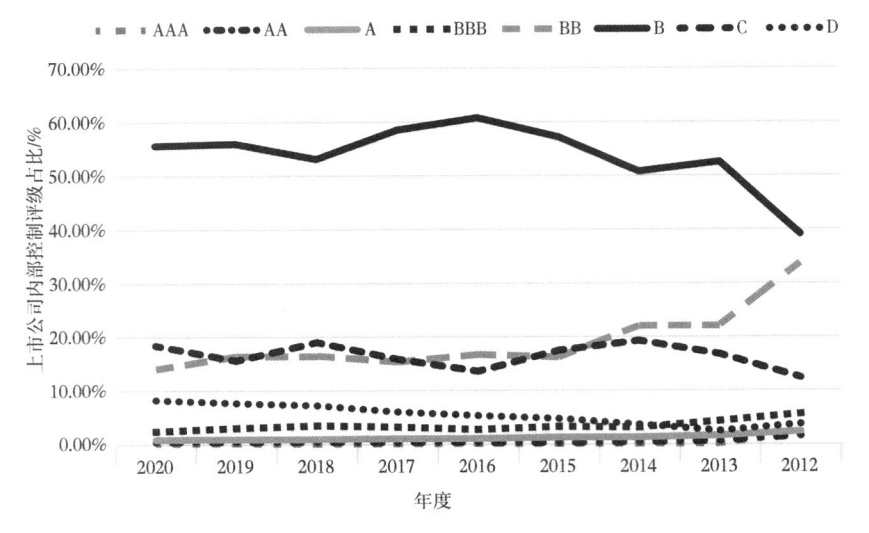

图 5.2 2012—2021 年上市公司内部控制评级占比情况

5.3.1.2 内部控制分项指数与内部控制目标实现情况

迪博数据库还根据内部控制五目标实现情况划分出战略层级指数、经营层级指数、合法合规指数、资产安全指数及报告可靠指数，分别评价上市公司内部控制目标的实现程度（见表5.2、图5.3）。根据2013年至2021年的数据分析，五个分项目标中战略层级、经营层级、资产安全三个方面目标的完成情况不太理想，实现程度不及期望目标的一半，上市公司合法合规和报告可靠性的目标实现情况也存在一定的上升空间。仍然有部分公司在合法合规方面存在问题，例如2021年有34.43%的上市公司受到证券监督管理部门和交易所处罚或被采取监管措施，2020年仍有高达53.87%的上市公司受到证券监管部门和交易所立案、处罚或被采取监管问询措施。上市公司的财务报告可靠性也有待提高，如：2021年度有5.04%的上市公司存在财务报表重述，6.06%的公司财报审计被出具非标意见；2020年度有21.54%的上市公司存在财务报表重述。

表 5.2 2013—2021 年内部控制分项指数平均值

年度	战略层级指数	经营层级指数	报告可靠指数	合法合规指数	资产安全指数
2021	471.11	439.69	792.58	827.14	451.63
2020	440.57	436.48	774.72	821.22	465.78
2019	454.60	434.35	792.07	836.15	478.53
2018	454.61	447.99	775.23	871.45	481.48
2017	498.84	437.17	801.61	844.35	484.78
2016	479.71	446.57	802.64	886.83	486.09
2015	452.80	455.51	791.80	888.55	497.89
2014	472.37	456.31	854.89	846.13	503.39
2013	523.41	465.86	846.11	940.92	514.78

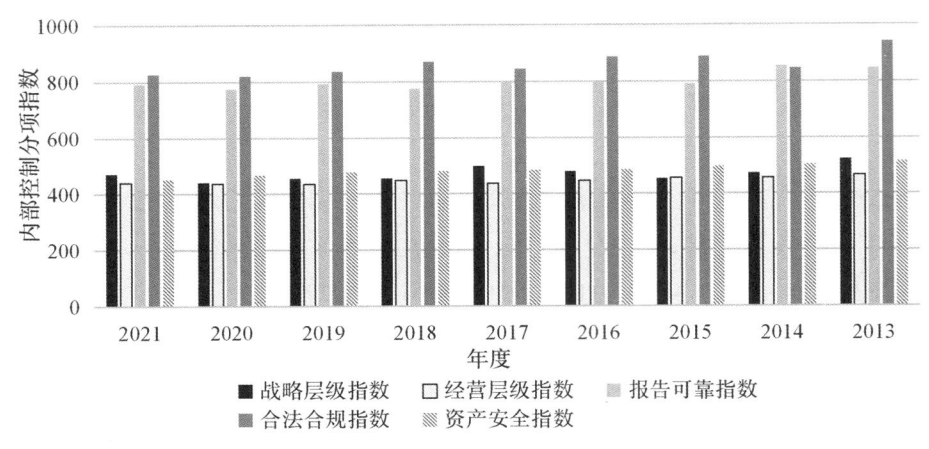

图 5.3　2013—2021 年内部控制分项指数平均值

5.3.2 内部控制评价报告与内部控制执行情况

内部控制评价报告是上市公司董事会对内部控制有效性进行全面评价而形成的评价结论。评价的主体是董事会,董事会对内部控制评价报告负责,董事会一般会指定审计委员会或独立的内部控制评价机构执行内部控制评价的具体工作。评价的对象是内部控制的有效性,也就是上市公司建立与实施内部控制并对其实现目标提供合理保证的程度。内部控制评价不仅有助于上市公司内部控制的自我完善,也有利于增加市场和社会公众对上市公司的了解,并提高认可度。

5.3.2.1 内部控制评价披露数量分析

2008 年我国颁布《企业内部控制基本规范》后,我国上市公司内部控制评价报告披露数量从 43.75% 提高到 90% 以上,最高达到了 98.25%,数量呈现明显的突破。其中,2012 年之后基本保持在 90% 以上(2010 年配套指引颁布),2018 年之后基本稳定在 95% 上下(见表 5.3、图 5.4)。

表 5.3 2007—2021 年内部控制评价报告披露情况

年度	评价报告披露数量/家	评价报告披露比例/%
2007	655	43.75
2008	1075	67.1
2009	1278	72.49
2010	1619	76.91
2011	1847	78.93
2012	2230	90.21
2013	2340	93.00
2014	2585	98.25
2015	2670	94.58
2016	2864	91.83
2017	3231	92.66
2018	3457	96.35
2019	3642	95.99
2020	3998	94.14
2021	4467	93.90

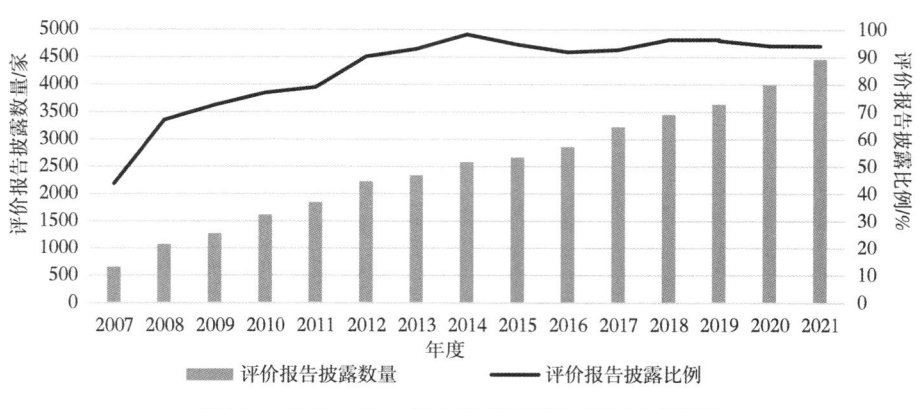

图 5.4 2007—2021 年内部控制评价报告披露情况

5.3.2.2 内部控制评价结论分析

2013 年前我国上市公司内部控制评价报告结论只要求说明整体有效或无效，2013 年之后要求具体细分为财报内控有效和财报内控无效、非财报内控有效和非财报内控无效。根据 2013 年至 2021 年的数据（见

表5.4、图5.5),可以看出,上市公司自我评价报告中自评整体有效的占比较高,基本在97%以上,整体无效的比例很低,非整体有效中财报内控无效的占主要部分。将内控自我评价结论中非整体有效和整体无效情况与内控评级中的C与D进行对比(见图5.6),内控评级C和D的比例远远高于内控自评结论中的非整体有效和整体无效的比例,可见内控自我评价的结论和外部机构综合评价的结果差距比较大,自我评价可靠程度不高。

表5.4 2013—2021年内部控制评价结论分析

单位:家

年度	整体有效	非整体有效		整体无效	内控评级	
		财报内控有效 非财报内控无效	财报内控无效 非财报内控有效		C	D
2021	4380	11	51	13	696	303
2020	3901	29	61	22	689	308
2019	3534	21	73	40	555	272
2018	3359	29	48	41	657	248
2017	3187	13	29	17	479	180
2016	2852	8	18	4	451	121
2015	2656	11	14	7	451	121
2014	2568	9	18	8	475	88
2013	2331	9	9	7	412	58

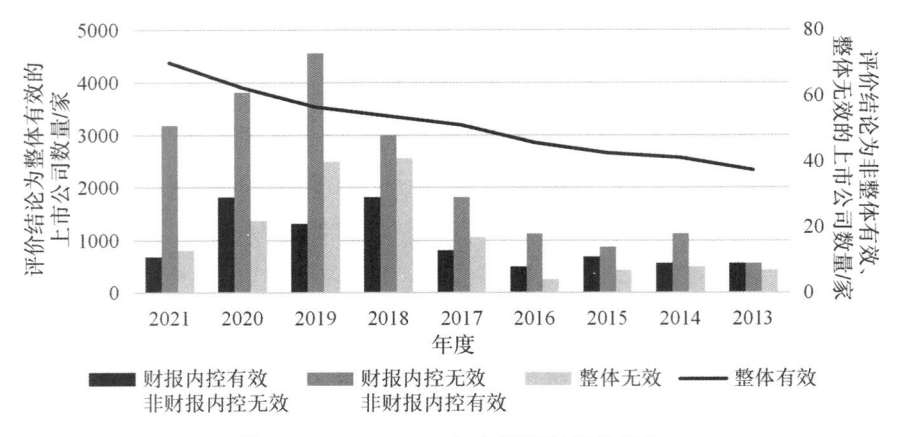

图5.5 2013—2021年内部控制评价结论

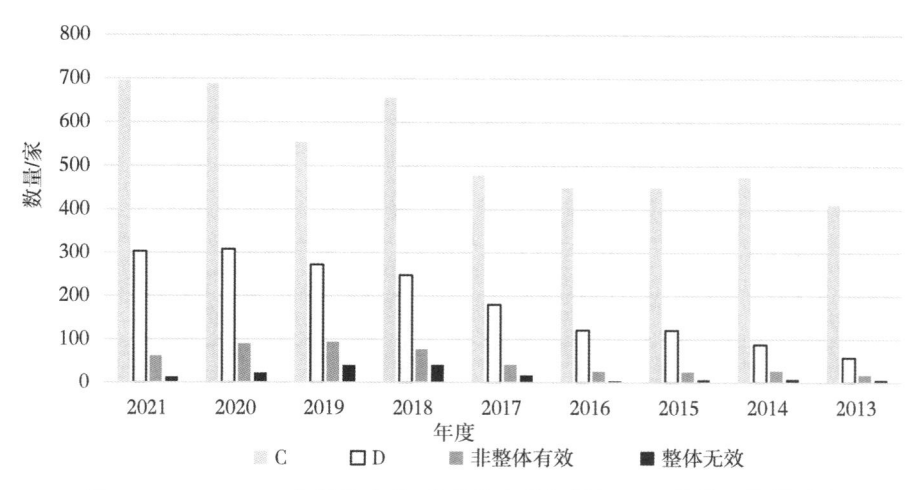

图 5.6　2013—2021 年整体有效、非整体有效与评级 C、D 的公司数量对比

5.3.3　内部控制审计与内部控制质量

上市公司聘请会计师事务所对内部控制有效性进行的审计,是在上市公司披露内部控制评价报告的基础上对上市公司内部控制有效性进行的鉴证。确保上市公司内部控制的有效性是企业董事会的责任,会计师事务所接受委托,对内部控制设计与运行有效性进行审计,对出具的内部控制审计报告负责,由独立的外部监督力量出具的审计报告能够提高社会公众对上市公司内部控制有效性的认可度。

5.3.3.1　内部控制审计报告披露的数量分析

从 2007 年至 2021 年,内控审计报告披露的数量呈上升趋势,从 2007 年的 15.1% 上升到 2015 年的 79.93% 这个峰值之后,基本趋于稳定,处于 70%～75% 范围内(见表 5.5、图 5.7)。大部分上市公司已聘请会计师事务所依据《企业内部控制审计指引》的要求出具了规范的内部控制审计报告,部分中小板企业出具的是内部鉴证报告。不论是审计报告还是鉴证报告,都是由外部注册会计师出具的,可靠性程度高,对内部控制质量的认定说服力强。

表 5.5　2007—2021 年内部控制审计报告披露情况分析

年度	内控审计报告披露数量/家	内控审计报告披露比例/%
2007	226	15.1
2008	310	19.35
2009	620	35.17
2010	716	34.01
2011	967	41.32
2012	1521	61.53
2013	1807	71.82
2014	2058	78.22
2015	2248	79.93
2016	2253	72.28
2017	2564	73.53
2018	2715	75.67
2019	2827	74.51
2020	3053	71.98
2021	3558	74.80

图 5.7　2007—2021 年内部控制审计报告披露情况分析

5.3.3.2 内部控制审计报告类型与内部控制质量

根据表 5.6,对 2007—2021 年的内控审计报告类型进行分析,可以发现大部分为标准无保留意见审计报告。在非标准意见报告中,以带强调事项段无保留意见和否定意见两种居多。注册会计师认为上市公司内部控制虽不存在重大缺陷,但仍有一项或多项重大事项需要提醒内控审计报告使用人注意,这时出具的是带强调事项段无保留意见;当注册会计师认为上市公司内部控制存在一项或多项重大缺陷时,除非审计范围有限,否则需要出具否定意见的审计报告。

如图 5.8、图 5.9 所示,2007 年至 2021 年期间,上市公司中被出具非标审计意见的公司比例整体呈上升趋势。其中,2007 年至 2010 年期间小幅波动,2011 年至 2018 年期间整体呈上升趋势,2018 年后逐年下降,2021 年降至 4% 以下。

表 5.6 2007—2021 年内部控制审计报告类型情况

单位:家

年度	标准无保留意见	非标准意见			
		带强调事项段的无保留意见	保留意见	无法表示意见	否定意见
2021	3431	58	8	5	56
2020	2918	70	6	2	63
2019	2677	47	6	4	93
2018	2529	83	4	1	74
2017	2477	54	2	1	45
2016	2170	74	3	0	22
2015	2169	78	2	0	18
2014	1995	58	2	3	21
2013	1769	39	2	1	13
2012	1509	22	0	0	4
2011	962	4	0	0	1
2010	715	0	0	0	1
2009	615	2	0	2	1
2008	309	1	0	0	0
2007	223	3	0	0	0

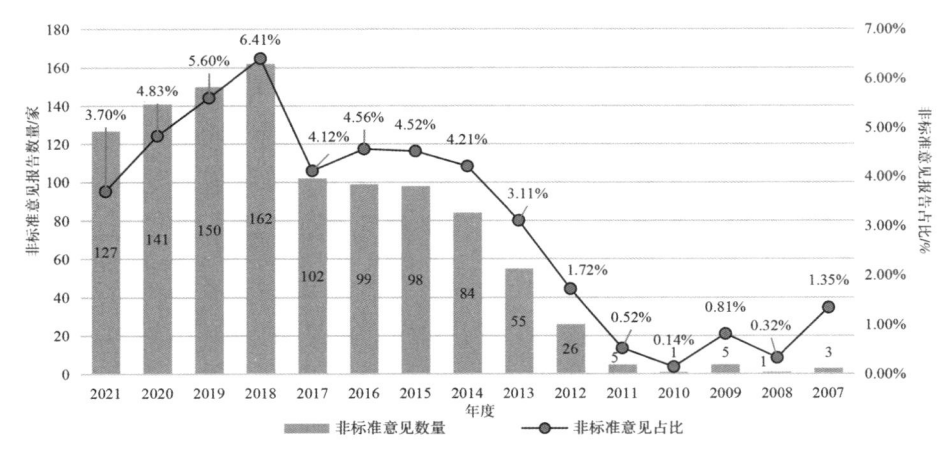

图 5.8　2007—2021 年内部控制非标准意见审计报告数量及占比情况

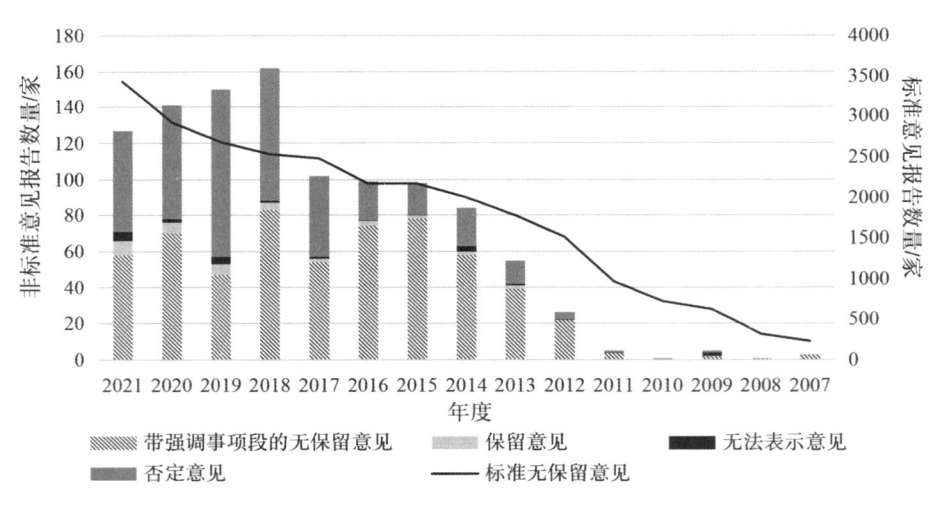

图 5.9　2007—2021 年内部控制标准与非标准审计报告数量情况

5.4　内部控制缺陷披露与内部控制有效性

　　内部控制缺陷是内部控制在设计和运行中存在的漏洞,这些漏洞将不同程度地影响内部控制的有效性,影响内部控制目标的实现。内部控制缺陷的评估和认定是内部控制评估的重点,也是内部控制审计的核心内容。内部控制缺陷的性质即影响内部控制目标实现的严重程度分类,可以分为重大缺陷、重要缺陷和一般缺陷。2007—2021年披露重大、重要缺陷的上市公司数量呈上升趋势,到2018年达到最高值(177家),占比达到5.17%,2019年和2020年有所回落,但趋于稳定,2021年下降幅度较大,占比2.98%,而披露一般缺陷的上市公司数量总体也呈下降趋势,虽然中间年份有些上下浮动,但还是从2007年的44.12%下降到2021年的8.78%(见表5.7、图5.10)。主要原因是上市公司内部控制缺陷披露标准越来越明晰,披露更加准确,更加聚焦于重大、重要缺陷,内部控制评价报告的信息可读性增强了。

表5.7 2007—2021年内部控制缺陷披露公司数量

年度	披露重大、重要缺陷公司 数量/家	比例/%	披露一般缺陷公司 数量/家	比例/%
2007	4	0.31	618	44.12
2008	4	0.28	481	31.53
2009	3	0.16	416	26.08
2010	5	0.31	353	20.88
2011	18	0.87	245	12.02
2012	45	1.93	510	22.06
2013	82	3.34	257	10.44
2014	82	3.33	251	10.17
2015	91	3.52	403	15.58
2016	69	2.65	416	16.10
2017	111	3.66	351	11.60
2018	177	5.12	508	14.70
2019	166	4.67	354	9.98
2020	158	4.23	345	9.23
2021	122	2.98	361	8.78

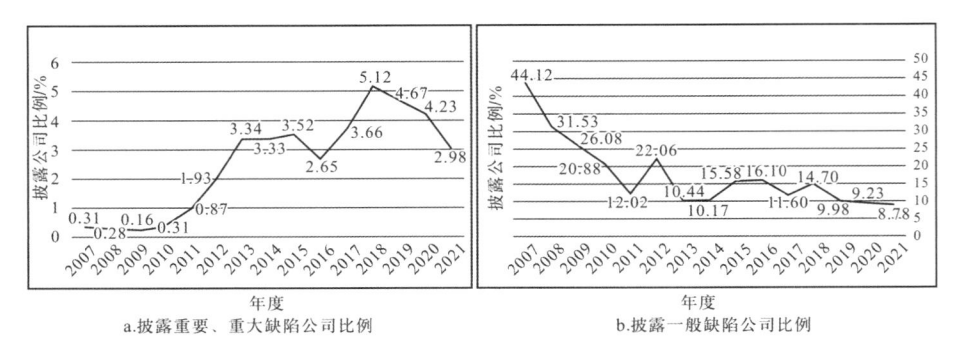

图 5.10　2007—2021 年内部控制不同类型缺陷披露公司比例

a.披露重要、重大缺陷公司比例

b.披露一般缺陷公司比例

5.4.1　内部控制缺陷披露数量分析

2014 年 1 月中国证券监督管理委员会发布的《公开发行证券的公司信息披露编报规则第 21 号——年度内部控制评价报告的一般规定》,指出了公司年度内部控制评价报告应包括的要素,其第十二条明确规定:上市公司"分别披露对财务报告内部控制有效性的评价结论,以及是否发现非财务报告内部控制重大缺陷,并披露自内部控制评价报告基准日至内部控制评价报告发出日之间是否发生影响内部控制有效性评价结论的因素"。2018—2020 年这几年的重大、重要缺陷披露数量较多,特别是财报类的重大、重要缺陷数量更为显著(2013—2021 年内部控制缺陷分类披露情况具体见表 5.8 和图 5.11)。

表 5.8　2013—2021 年内部控制缺陷披露分类统计

	缺陷类型	财报 缺陷数量/个	占比/%	非财报 缺陷数量/个	占比/%	未区分财报/非财报 缺陷数量/个	占比/%
2021	重大缺陷	113	3.00	39	1.04	0	0.00
	重要缺陷	24	0.64	43	1.14	0	0.00
	一般缺陷	456	12.12	2772	73.70	314	8.35
	合计	593	15.76	2854	75.88	314	8.35
2020	重大缺陷	173	3.84	70	1.55	0	0.00
	重要缺陷	19	0.42	75	1.67	0	0.00
	一般缺陷	356	7.90	3586	79.62	225	5.00
	合计	548	12.16	3731	82.84	225	5.00

续表

	缺陷类型	财报 缺陷数量/个	财报 占比/%	非财报 缺陷数量/个	非财报 占比/%	未区分财报/非财报 缺陷数量/个	未区分财报/非财报 占比/%
2019	重大缺陷	238	5.52	107	2.48	0	0.00
	重要缺陷	14	0.32	39	0.91	0	0.00
	一般缺陷	371	8.61	3039	70.53	501	11.63
	合计	623	14.45	3185	73.92	501	11.63
2018	重大缺陷	210	4.42	96	2.02	5	0.11
	重要缺陷	40	0.84	62	1.30	0	0.00
	一般缺陷	511	10.75	3273	68.86	556	11.70
	合计	761	16.01	3431	72.19	561	11.81
2017	重大缺陷	94	2.09	56	1.24	0	0.00
	重要缺陷	35	0.78	48	1.07	1	0.02
	一般缺陷	552	12.25	3313	73.52	407	9.03
	合计	681	15.12	3417	75.83	408	9.05
2016	重大缺陷	38	0.85	23	0.51	0	0.00
	重要缺陷	18	0.40	36	0.80	0	0.00
	一般缺陷	567	12.64	3526	78.58	279	6.22
	合计	623	13.89	3585	79.89	279	6.22
2015	重大缺陷	48	1.33	27	0.75	0	0.00
	重要缺陷	31	0.86	49	1.35	0	0.00
	一般缺陷	1041	28.78	2158	59.66	263	7.27
	合计	1120	30.97	2234	61.76	263	7.27
2014	重大缺陷	69	2.96	23	0.99	0	0.00
	重要缺陷	19	0.81	58	2.48	0	0.00
	一般缺陷	427	18.29	1437	61.54	302	12.93
	合计	515	22.06	1518	65.01	302	12.93
2013	重大缺陷	36	1.61	20	0.89	0	0.00
	重要缺陷	41	1.83	67	2.99	0	0.00
	一般缺陷	578	25.79	1334	59.53	165	7.36
	合计	655	29.23	1421	63.41	165	7.36

图 5.11 2013—2021 年内部控制重大、重要缺陷披露情况统计

5.4.2 内部控制缺陷认定标准披露

内部控制缺陷认定标准是内部控制自我评价和内部控制审计的核心依据,无论是内部控制评价还是内部控制审计,其结果都要落实在上市公司是否存在内部控制缺陷和缺陷的影响程度上。内部控制缺陷认定标准的重要性不言而喻,但目前我国对内部控制缺陷认定标准并没有形成科学的体系。2008 年财政部、证监会、审计署、银监会、保监会五部委颁布的《企业内部控制基本规范》提出"企业应当制定内部控制缺陷认定标准",但并没有确立制定的规范要求;2010 年出台的配套指引中的评价指引要求:"内部控制评价工作组应当根据现场测试获取的证据,对内部控制缺陷进行初步的认定,并按其影响程度分为重大缺陷、重要缺陷和一般缺陷。"该指引对重大缺陷、重要缺陷和一般缺陷进行了概念上的描述,但也就是性质上一般性的描述,依然不能称之为标准。2011 年至 2014 年,我国上市公司内部控制认定标准相关政策进入分批实施阶段;2014 年中国证监会联合财政部发布《公开发行证券的公司信息披露编报规则第 21 号——年度内部控制评价报告的一般规定》,其规定:"公司应当区分财务报告内部控制和非财务报告内部控制,分别披露重大缺陷、重要缺陷和一般缺陷的认定标准。"2015 年之后内部控制缺陷认定标准

进入强制实施阶段。

根据迪博数据库资料整理的 2015—2021 年上市公司内部控制缺陷认定标准披露情况（见表 5.9）表明：缺陷认定标准披露主要来自内部控制评价报告，小部分来自年报和其他披露信息，从数量上看总体呈上升趋势，规范性和可用性也在不断提升。披露标准的上市公司大都能够同时披露财报缺陷认定标准和非财报缺陷认定标准，并结合定量和定性两方面标准进行评价。内部控制缺陷认定标准与内部控制质量有着必然的关系，是内部控制建设过程中必不可少的环节。对企业规范进行内部控制管理，在加强风险防范的同时，也是财务报告信息真实性的基础保障。

表 5.9 2015—2021 年内部控制缺陷标准披露情况

单位：家

年度	披露缺陷认定标准		认定标准是否规范可用		是否披露财报缺陷定量认定标准		是否披露财报缺陷定性标准		是否披露非财报缺陷定量标准		是否披露非财报缺陷定性标准	
	是	否	是	否	是	否	是	否	是	否	是	否
2021	4436	9	4231	205	4423	13	4426	10	4384	52	4426	10
2020	3979	40	3908	71	3966	13	3966	13	3925	54	3970	9
2019	3624	44	3599	25	3609	15	3596	28	3554	70	3605	19
2018	3462	0	3462	0	3442	20	3432	30	3399	63	3431	31
2017	3224	26	3051	173	3210	14	3209	15	3170	54	3216	8
2016	2833	52	2511	322	2814	19	2808	25	2768	65	2811	22
2015	2622	7	2497	125	2606	16	2579	43	2559	63	2581	41

5.4.3 内部控制缺陷涉及的主要领域分析

内部控制缺陷涉及的领域说明企业在这些方面存在薄弱环节，是企业风险的高发区域。分析 2015 年至 2021 年上市公司内部控制缺陷最为集中的领域（见表 5.10），主要有：资金活动、资产管理、采购业务、销售业务、财务报告、合同管理、组织架构、工程项目、关联交易、人力资源、信息披露、担保业务、流程控制等，其中资金活动和资产管理内部控制缺陷居于内部控制缺陷的前两位。上市公司在资金活动方面存在大股东、实控人以及关联方对非经营性资金占用现象比较严重,应收款回收不利,对外投资管理不善等多项问题,在资产管理方面,如存货核算、资产盘点、资产处置等存在缺陷。

表 5.10　2015—2021 年内部控制缺陷涉及主要领域

单位:个

2021 领域	数量	2020 领域	数量	2019 领域	数量	2018 领域	数量	2017 领域	数量	2016 领域	数量	2015 领域	数量
资金活动	175	资金活动	247	资金活动	269	资金活动	252	资金活动	171	资金活动	20	资金活动	18
资产管理	121	资产管理	116	资产管理	143	流程管理	250	资产管理	130	财务报告	11	信息披露	13
采购业务	80	采购业务	96	采购业务	92	财务报告	117	财务报告	108	社会责任	5	关联交易	12
销售业务	69	销售业务	81	销售业务	87	资产管理	113	销售业务	93	信息披露	3	财务报告	11
财务报告	63	组织架构	72	财务报告	87	制度管理	103	采购业务	71	工程项目	3	销售业务	9
合同管理	58	人力资源	65	组织架构	85	组织架构	95	合同管理	60	关联交易	3	组织架构	9
组织架构	50	工程项目	61	人力资源	80	人力资源	92	制度管理	55	资产管理	2	合同管理	4
工程项目	46	财务报告	53	合同管理	73	销售业务	84	组织架构	49	销售业务	2	采购业务	3
关联交易	46	关联交易	51	工程项目	62	采购业务	77	信息系统	48	组织架构	2	人力资源	3
人力资源	42	担保业务	41	担保业务	50	信息披露	77	人力资源	46	担保业务/全面预算	2	资产管理	2

5.4.4 内部控制缺陷整改情况分析

内部控制信息强制披露有利于上市公司主动维护内部控制运行的有效性,在内部控制缺陷发生后,更加主动地致力于内部控制缺陷的整改,修复内部控制缺陷。上市公司通过内部控制评价报告的披露过程主动发现和分析自身内部控制的缺陷,当缺陷发生时,积极采取整改措施修复内部控制缺陷,这样不仅修复进程加快了,也有利于上市公司内部控制整体质量的提升、公司治理和财务信息披露质量的提高。

表 5.11　2015—2021 年内部控制缺陷整改情况

重大、重要缺陷整改情况		2021 数量/家	2021 比例/%	2020 数量/家	2020 比例/%	2019 数量/家	2019 比例/%	2018 数量/家	2018 比例/%	2017 数量/家	2017 比例/%	2016 数量/家	2016 比例/%	2015 数量/家	2015 比例/%
整改	有效	102	47.66	126	37.50	103	26.96	118	29.21	89	39.38	51	44.35	75	47.17
整改	未完成整改	39	18.22	133	39.58	105	27.49	75	18.56	100	44.25	34	29.56	54	33.96
整改	未披露整改结果	54	25.23	30	8.93	105	27.49	112	27.72	7	3.10	20	17.39	16	10.06
未整改		19	8.88	47	13.99	69	18.06	99	24.50	30	13.27	10	8.70	14	8.81

第6章 管理层权力对上市公司内部控制缺陷披露的影响

6.1 管理层权力与内部控制质量研究

6.1.1 权力保障和权力超越

管理层是上市公司内部控制制度的建立者和执行者,管理层特别是总经理(CEO)的特征会直接影响到公司战略的选择、战略的执行,以及最终的绩效。内部控制是一种制度的安排,在一定程度上可以解决公司内部各层级之间的代理问题,从而约束管理层的权力,保障权力实施的效果。管理层权力的合理配置能够提高内部控制的质量,然而如何量化管理层权力,并建立其与内部控制质量之间的合理配置关系,是需要我们深入研究的问题。

6.1.1.1 理性人和社会人

理性人与经济学的发展是密不可分的,经济学认为人不仅是理性的,也是经济人,应当追求个人利益最大化。亚当·斯密赋予经济人两个特质:自利和理性。马斯洛的需求层次理论发展了理性经济人的理论,认为经济人需求偏好是复杂的,追求利益的目标是一个复杂的多元效用函数。西蒙认为完全理性是有缺陷的,在不确定的外部环境、信息的不完全性和人认知能力的有限性这三种情况的共同影响下完全的理性是不可能的,经济人是有限理性的经济人。基于有限理性经济人的假设,形成了契约经济学,契约经济学理论强调了信息不对称、信息成本和交易成本,研了委托代理的道德风险和逆向选择。

"社会人"假设是西方现代管理学关于人性假设的一种,它是梅奥等人根据霍桑实验的结果提出来的。这一假设认为:人们最重视的是工作中与周围人的关系,如得到的尊重和友好相处,物质利益是次要的。管理者得到员工和社会尊重的需求比经济上的激励更加重要。Davis等(1997)从人性假设出发,将"社会人"的假设与高管行为相结合,提出了现代管家理论。

对于管理层权力的理论分析,有两个截然不同的观点:一是基于"理性人"假设,认为管理层会更多地从自身利益出发来管理企业,两权分离产生的"不完全契约"使得上市公司的高管存在道德风险和逆向选择的可能性,管理层由于不完全契约而掌握剩余控制权,如果加大上市公司高管的权力,其完全有可能为了自身的利益而制造内部控制缺陷,甚至凌驾于内部控制之上,从而导致内部控制失效,这也就是"权力超越说"。依据"权力超越说",若管理层权力过于集中,例如上市公司的CEO兼任董事长,这样产生机会主义行为的可能性就会增大,也容易形成管理层自我监管的状态,从而削弱公司治理效果,导致内部控制制度形同虚设(Urban,2019)。二是基于"社会人"假设,认为为了获得社会的尊重和认可,实现自我价值,上市公司管理层会出现"管家"的倾向,以追求企业价值最大化为目标,主动维护利益相关者的利益,这是权力保障的体现(胡明霞 等,2015)。管理层权力究竟能对内部控制质量产生怎样的影响,是"权力保障"还是"权力超越",本章将通过实证的方式进行研究。

6.1.1.2 研究假设

内部控制是企业为了完成控制目标由董事会、监事会、经理层建立,并由全体员工实施的,企业董事会、监事会和经理层在控制制度的建立、实施和监督中起到重要作用。以CEO为核心的高级管理人员的权力直接影响上市公司内部控制的质量。根据前文的"理性人"和"社会人"的两个理论前提(如图6.1所示),这里首先提出两个对立的假设。

假设6-1a:管理层权力越大,上市公司内部控制质量越低。

假设6-1b:管理层权力越大,上市公司内部控制质量越高。

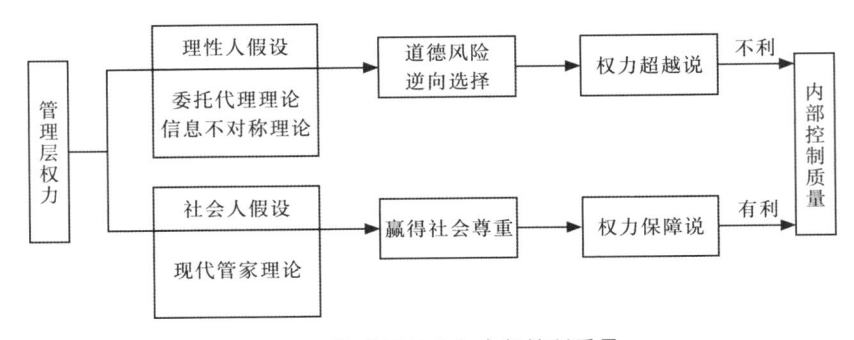

图 6.1　管理层权力与内部控制质量

内部控制缺陷是衡量内部控制质量的负面指标,因此提出第二个假设:

假设 6-2:内部控制质量水平越低,内部控制缺陷总量越大。

6.1.2 指标设计

6.1.2.1 管理层权力的衡量指标

Finkestein(1992)将企业高管的权力划分为结构权力、所有权权力、专家权力及声誉权力 4 个维度,本章也从这四个维度对管理层权力进行量化研究(指标及解释见表 6.1)。

1.结构权力

管理者在组织结构中所处的位置决定了他对其他成员的控制力,其所处的位置越高,越能有效处理公司内部的不确定性,包含对所有者、董事会、雇员的关系。当上市公司的 CEO 兼任公司董事长或董事时,CEO 的结构权力会增大,因此,在衡量结构权力时大部分研究都以此作为衡量指标:

(1)CEO 兼任董事;

(2)CEO 兼任董事长。

2.所有权权力

所有权权力是指企业的管理者同时也是股东,持有公司的股权,能够通过所有者和管理者的双重身份对上市公司进行管理。所有权权力指标可以用 CEO 持股比例来衡量，CEO 持股比例越高，董事会、监事会对管理层的约束和监督能力就越低，管理层的权力就越大。此外，若上市公司股权较分散，小股东较多，则小股东更具有"搭便车"的可能性，这样会削弱股东大会对管理层的监督力度，使管理层的权力越来越大。衡量所有权权力可以运用以下指标：

（1）CEO 持股比例；

（2）股权分散度：前十大股东持股比例的赫芬达尔指数。

3.专家权力

专家权力指的是管理者在某行业或某领域所拥有的较高的专业能力，可以用 CEO 的职称、学历等指标进行衡量。另外，任职时间长的 CEO，能够更加熟练地获取信息和资源，从而获得更大的权力。因此，在衡量专家权力时可以运用以下指标：

（1）CEO 的任职时间；

（2）CEO 的职称；

（3）CEO 的学历。

4.声誉权力

声誉权力指的是管理者在相关行业或领域的地位，如果一个 CEO 在不同的公司或其他社会组织有兼职，说明其在所在行业或领域的社会地位较高，具有更高的声誉，社会影响力较大，因此在处理外部环境的不确定性时具有更强的能力。可以以上市公司 CEO 的兼职情况作为衡量声誉权力的指标。

表 6.1　管理层权力衡量指标及解释

管理层权力维度	指标及其符号	指标解释
结构权力	结构权力（Strcpower）	董事长或副董事长取 2，内部董事取 1，无取 0
所有权权力	CEO 持股比例（Share）	持股比例是否低于行业平均水平，是取 1，否取 0
	赫芬达尔指数（HHI）	前十大股东持股比例的赫芬达尔指数

续表

管理层权力维度	指标及其符号	指标解释
专家权力	CEO任职时间（Tenure）	任职时间是否超过行业中位数，是取1，否取0
	CEO职称（Rank）	高职称取1，否取0
	CEO学历（Degree）	是否具有高学历，硕士以上学历取1，其他取0
声誉权力	外部兼职（OtherCo）	外部兼职为1，否为0
	外部兼任董事公司数量（Director_ListCO）	兼任职务为董事的上市公司总数

6.1.2.2 样本选取

本书选取了2016年至2020年A股上市公司作为样本，并对样本进行必要的筛选：①剔除金融企业；②剔除ST、*ST企业；③为消除极端值影响，对主要连续变量，将处于0%～1%和99%～100%之间的样本进行缩尾处理，最终得到11584个观测值。管理层权力相关数据由CSMAR数据库中的"公司研究"整理获得，赫芬达尔指数（HHI）依据CSMAR数据库中上市公司前十大股东的持股比例整理后计算获得；内部控制质量指标以迪博数据库的内部控制指数为替代变量。

6.1.3 管理层权力与内部控制质量相关性分析

6.1.3.1 主要变量描述性统计

从以下主要变量的描述性统计（见表6.2）中可以看出：①结构权力（Strcpower）、赫芬达尔指数（HHI）和内部控制指数三个指标的离散性较大；②结构权力（Strcpower）的均值为1.35，大部分上市公司的高管在董事会都兼任一定的职务，在数据收集过程中，我们也发现总经理（CEO）兼任董事长的上市公司占比较高。

表 6.2 主要变量描述性统计

变量	样本数	均值	标准差	最大值	最小值
结构权力（Strcpower）	11584	1.35	0.618	2	0
CEO 持股比例（Share）	11584	0.24	0.425	1	0
赫芬达尔指数（HHI）	11584	0.367595597	0.171075199	1.019494115	0
CEO 任职时间（Tenure）	11584	0.51	0.5	1	0
CEO 职称（Rank）	11584	0.31	0.464	1	0
CEO 学历（Degree）	11584	0.48	0.5	1	0
外部兼职（OtherCo）	11584	0.53	0.499	1	0
外部兼任董事公司数量（Director_ListCO）	11584	0.3	0.233	7	0
内部控制指数（ICI）	11584	626.7227	148.16808	941.31	0

6.1.3.2 Biserial 相关性检验

根据变量的性质，将 CEO 持股比例（Share）、CEO 任职时间（Tenure）、CEO 职称（Rank）、CEO 学历（Degree）、外部兼职（OtherCo）与内部控制指数（ICI）进行 Biserial 相关性检验，结果显示：CEO 持股比例、CEO 任职时间、外部兼职与内部控制指数有显著正相关关系（见表 6.3）。

表 6.3 Biserial 相关性检验

指数	系数	Share	Tenure	Rank	Degree	OtherCo	ICI
Share	皮尔逊相关性	1	0.098**	−0.040**	0.051**	0.110**	0.040**
	Sig.（双尾）		0.000	0.000	0.000	0.000	0.000

续表

指数	系数	Share	Tenure	Rank	Degree	OtherCo	ICI
Tenure	皮尔逊相关性	0.098**	1	0.094**	0.061**	0.111**	0.037**
	Sig.(双尾)	0.000		0.000	0.000	0.000	0.000
Rank	皮尔逊相关性	−0.040**	0.094**	1	0.178**	0.006	0.003
	Sig.(双尾)	0.000	0.000		0.000	0.488	0.754
Degree	皮尔逊相关性	0.051**	0.061**	0.178**	1	0.072**	−0.003
	Sig.(双尾)	0.000	0.000	0.000		0.000	0.776
OtherCo	皮尔逊相关性	0.110**	0.111**	0.006	0.072**	1	0.051**
	Sig.(双尾)	0.000	0.000	0.488	0.000		0.000
ICI	皮尔逊相关性	0.040**	0.037**	0.003	−0.003	0.051**	1
	Sig.(双尾)	0.000	0.000	0.754	0.776	0.000	

注:在0.01级别(双尾检测),相关性显著(**)。

6.1.3.3 结构权力与内部控制指数 eta 相关性检验

表6.4 ANOVA检验

来源		平方和	自由度	均方	F	显著性
内部控制指数×结构权力	组间(组合)	989228.664	2	4946142.332	22.614	0.000
	组内	253301394.4	11581	21872.152		
	总计	254290623.1	11583			

通过 ANOVA 检验(见表6.4),可以发现内控指数与结构权力存在显著相关性。进一步进行 eta 相关性检验,得到 eta=0.062,eta2=0.04。相关性检验结果表明:结构权力与内部控制指数存在相关性,但相关程度较弱。

6.1.3.4 person 相关性检验

将赫芬达尔指数、外部兼任董事公司数量与内部控制指数进行 person 相关性检验(见表6.5)。

表 6.5　person 相关性检验

指数	系数	ICI	HHI	Director_ListCO
ICI	皮尔逊相关性	1	0.137**	0.017
	Sig.(双尾)		0.000	0.068
HHI	皮尔逊相关性	0.137**	1	−0.007
	Sig.(双尾)	0.000		0.462
Director_ListCO	皮尔逊相关性	0.017	−0.007	1
	Sig.(双尾)	0.068	0.462	

注：在 0.01 级别(双尾检测)，相关性显著(**)。

检验结果表明：赫芬达尔指数与内部控制指数具有显著正相关性。外部兼任董事公司数量与内部控制指数不存在相关性。

6.1.3.5 "权力保障"效应更加显著

通过将上市公司管理者权力与内部控制质量(内部控制指数)进行相关性分析，可以发现：管理者权力与内部控制质量之间存在相关性，且为正相关，其中 CEO 持股比例、CEO 任职时间、外部兼职和赫芬达尔指数均与内部控制指数存在显著正相关关系，结构权力与内部控制指数存在相关性，但相关程度较弱，管理层权力的四个维度中有三个维度都呈现与内部控制质量的正相关关系。分析的结果表明：由 CEO 持股比例、赫芬达尔指数(HHI)构成的所有权权力维度与内部控制质量有显著正相关关系，凸显了管理层的"管家"属性；CEO 任职时间长，有利于内部控制目标的确定，并在其任职期间一以贯之地执行，使得内部控制效果得以呈现；外部兼职使上市公司管理层社会地位得以提升，同时也促使其对自身行为施加更强的约束，从而有利于 CEO 加强公司的内部控制建设；结构权力与内部控制指数存在弱相关性，结构权力的平均值为 1.35，也就是说我国上市公司总经理(CEO)兼任董事长是普遍现象，从而导致该指标相关性检验效果不佳。

6.2 管理层权力视角下的内部控制缺陷影响因素分析

内部控制缺陷是企业风险形成并导致经营失败的重要成因,21世纪初美国和我国爆发的一系列企业财务舞弊丑闻都将矛头指向了内部控制。继2002年美国国会颁布了《萨班斯法案》后,2008年国家五部委联合颁布了《企业内部控制基本规范》,2008年以来,我国披露内部控制自我评价报告的上市公司从655家(43.75%)发展到2022年的4467家(93.90%),2022年披露内部控制缺陷认定标准的上市公司有4436家(99.30%),其中483家披露了内部控制缺陷,占披露自我评价报告公司的10.81%。内部控制自我评价报告成为与上市公司财务报告一样重要的上市公司经营管理状况判断依据。随着监管机构对上市公司内部控制信息披露重视程度的不断提高,我国上市公司内部控制缺陷披露的质量也在不断提升,但上市公司管理层存在较强的回避负面内部控制信息披露的意愿(崔志娟,2011),内部控制缺陷的披露存在同质性问题,避重就轻的现象仍普遍存在。

6.2.1 研究设计

6.2.1.1 内部控制缺陷披露的影响因素

对内部控制缺陷披露影响因素的分析,国内外学者主要从企业内部和外部两个方面展开,立足于从上市公司内部影响因素分析内部控制缺陷及其披露情况。大部分研究者认为公司规模对内部控制质量有影响,但是正相关还是负相关却各执一词。一部分观点认为公司规模越大,内部控制就会越健全,内部控制缺陷就越少,控制信息质量也就越高,内部控制具有一定的规模效应(Kinney等,1989;Defond等,1991;Krishnan,2005;Doyle等,2007b);而另一部分的观点认为,公司规模越大,子公司越多,业务量大且复杂,内部控制评价的范围广,内部控制缺陷出现和披露的概率就越大(冯均科 等,2016)。Bryan 等(2005)以《萨班斯法案》颁布后的上市公司的财务数据作为研究对象,认为披露内部控制重大缺陷的公司具备类似的特征,即公司规模普遍低于行业平均水平,经营状况不尽理想,且经营风险也较大。后续 Doyle 等(2007b)通过选取披露内部控制重大缺陷的公司进行分析后认为,获利能力较弱、规模相对较小,且多数处于快速成长阶段的公司,其内部控制质量差,出现重大缺陷的概率也更大。Ge 等人(2005)的研究发现,公司业务重组、会计核算方法或会计政策的变更可能会导致公司内部控制出现较大的缺陷,在重组期间难免会出现会计核算不一致或不对的情况。另外,为了应对企业重组事宜,重组后的公司在制定新的会计制度和准则时可能会出现不同程度的缺陷和不足,这也为内部控制缺陷的出现创造了可乘之机。公司在变更会计计量政策时也会出现差异,也容易出现内部控制缺陷。田高良等(2010)研究了企业内部控制缺陷存在的经济特征因素以及管理层察觉和披露内部控制缺陷的动机。研究认为,相对于没有披露内部控制缺陷的公司,存在并披露内部控制缺陷的公司,其经营规模小、上市年限短、经营更复杂。另外,由于代理成本的存在,发生审计师变更和财务报告重述公司的管理层更可能披露内部控制缺陷。张继德等(2013)研究发现,发展阶段比较成熟的企业内部控制更加有效。根据上述的文献研究,我们对 6.1.1.2 中的"内部控制质量水平越低,内部控制质量缺陷总量越大"这个假设做进一步研究,提出内部控制缺陷影响因素的如下假设:

假设 6-3a:规模越小的上市公司,出现内部控制缺陷的可能性越大,缺陷数量越多;

假设 6-3b:规模越大的上市公司,出现内部控制缺陷的可能性越大,缺陷数量越多;

假设 6-4:越是处在快速成长阶段的上市公司,出现内部控制缺陷的可能性越大,缺陷数量越多;

假设 6-5:财务状况越好的上市公司,出现内部控制缺陷的可能性越小,缺陷数量越少;

假设 6-6:越是处于并购重组时期的上市公司,出现内部控制缺陷的可能性越大,缺陷数量越多。

6.2.1.2 管理层权力与内部控制缺陷披露关系

对管理层权力的研究始于管理层权力与高管薪酬关系,之后也有一些学者关注管理层权力与内部控制质量的关系。如 Deumes 等(2008)认为,企业中前十大股东的持股分布、管理层持股占比等因素都会对企业对外报告内控信息产生一定程度的影响。崔志娟(2011)认为,内部控制信息披露是否能够真正揭示内部控制质量,取决于高管层的"动机选择"行为。池国华等(2018)认为为了控制内部控制信息披露质量,必须强化大股东的权力制约和内部人的权力制衡。在管理层特征方面,张先治等(2010)认为高管持股比例和高管薪酬比例会正向影响企业的内部控制质量。刘长奎等(2015)的实证研究表明管理层规模越大,持股比例越高,企业的内部控制质量越高。彭忆等(2016)研究发现,管理层股权激励对企业的内部控制质量存在显著正向作用。根据上述的文献研究,我们可以发现,不少的理论研究者认为管理层权力对内部控制信息是能够产生影响的。本章采用 Finkestein(1992)提出的管理层权力的四个维度,即结构权力、所有权权力、专家权力和声誉权力,来研究管理层权力是否会对内部控制缺陷披露起到调节作用,为此,提出以下两个对立的假设:

假设 6-7:管理层权力抑制内部控制缺陷披露数量;

假设 6-8:管理层权力促进内部控制缺陷披露数量。

6.2.1.3 样本选择与变量定义

本小节选取了 2016 年至 2019 年 A 股上市公司作为样本,并按以下程序筛选样本:①剔除金融企业;②剔除 ST、*ST 企业;③为消除极端值影响,对于主要连续变量,将处于 0%~1% 和 99%~100% 之间的样本进行缩尾处理,最终得到 1672 个观测值。内部控制缺陷的数据来自迪博数据库,其余数据取自于 CSMAR 数据库和 Resset 数据库(变量设计具体见表 6.6)。

1.被解释变量

被解释变量为内部控制缺陷,内部控制缺陷根据其影响程度可分为一般缺陷(ICW)、重要缺陷(ICSW)、重大缺陷(ICMW),被解释变量采用迪博数据库中上市公司内部控制缺陷数量,缺陷总量(ALL)＝ICW＋ICSW＋ICMW。

2.解释变量

解释变量为影响上市公司内部控制信息的四个内部因素,其中,公司规模(Size)以上市公司总资产的自然对数作为衡量指标;衡量公司成长性(Growth)的指标为最常用的本年度营业收入与上年度营业收入的增长比率;以公司资产负债率(Lev)和资产收益率(ROA)两个指标来反映公司的财务状况;并购重组(M&R)数据来源于 CSMAR 数据库,当年处于并购重组状态,则取 1,否则取 0。

3.调节变量

管理层权力泛指管理层对公司体系的影响能力,包含对决策权、监督权以及执行权的影响能力。Finkestein(1992)将企业高管的权力划分为结构权力、所有权权力、专家权力及声誉权力 4 个维度,指标含义具体可见 6.1.2。

4.控制变量

(1)所有权属性(Stateown)。所有权性质不同,对管理层权力内部控制有效性也会产生不同的影响,在此将所有权属性作为一个控制变量进行研究,上市公司所有权属性即是否为国资控股企业,是取 1,否取 0。

(2)年份。按样本跨越的年度设置为哑变量。

(3)证监会行业。按证监会设置的行业分类标准划分,并设置哑变量。

表 6.6　变量设计

分类	变量名称及符号	定义
（被解释变量）内部控制缺陷衡量指标	一般缺陷（ICW）	迪博数据库中上市公司内部控制一般缺陷数量
	重要缺陷（ICSW）	迪博数据库中上市公司内部控制重要缺陷数量
	重大缺陷（ICMW）	迪博数据库中上市公司内部控制重大缺陷数量
	缺陷总数（ALL）	ICW＋ICSW＋ICMW

续表

分类		变量名称及符号	定义
（调节变量）管理层权力	结构权力	结构权力（Strcpower）	董事长或副董事长取2，内部董事取1，无取0
	所有权权力	CEO持股比例（Share）	持股比例是否低于行业平均水平，是取1，否取0
		赫芬达尔指数（HHI）	前十大股东持股比例的赫芬达尔指数
	专家权力	CEO任职时间（Tenure）	任职时间是否超过行业中位数，是取1，否取0
		CEO职称（Rank）	高职称取1，否取0
		CEO学历（Degree）	是否具有高学历，硕士以上学历取1，其他取0
	声誉权力	外部兼职（OtherCo）	外部兼职为1，否为0
		外部兼任董事公司数量（Director_ListCO）	兼任职务为董事的上市公司总数
（解释变量）内部控制缺陷影响因素		公司规模（Size）	总资产的自然对数
		成长性（Growth）	（营业收入本年本期金额－营业收入上年同期金额）/（营业收入上年同期金额）
		资产负债率（Lev）	公司期末总负债/期末总资产
		公司业绩（ROA）	期末净利润/期末总资产
		并购重组（M&R）	若公司当年发生并购重组取1，否取0
控制变量		所有权属性（Stateowned）	是否为国资控股企业，取1，否取0
		年份（Year）	设置3个哑变量
		证监会行业（Industry）	设置65个哑变量

6.2.2 研究过程

6.2.2.1 主要变量描述性统计

表 6.7 主要变量描述性统计

变量	样本数	均值	标准差	最小值	最大值
Size	1,672	22.48	1.25	18.39	27.77
Growth	1,672	0.17	0.48	−0.71	3.05
Lev	1,672	0.47	0.21	0.07	1.00
ROA	1,672	0.02	0.12	−1.58	0.47
M&R	1,672	0.13	0.33	0.00	1.00
Stateowned	1,672	0.11	0.32	0.00	1.00
Strcpower	1,672	1.25	0.61	0.00	2.00
Share	1,672	0.14	0.35	0.00	1.00
HHI	1,672	0.35	0.17	0.00	0.89
Tenure	1,672	0.50	0.50	0.00	1.00
Rank	1,672	0.33	0.47	0.00	1.00
Degree	1,672	0.44	0.50	0.00	1.00
OtherCo	1,672	0.48	0.50	0.00	1.00
Director_ListCO	1,672	0.02	0.16	0.00	2.00
ICW	1,672	4.85	10.70	0.00	79.00
ICSW	1,672	0.12	0.47	0.00	6.00
ICMW	1,672	0.16	0.70	0.00	8.00
ALL	1,672	5.15	10.71	1.00	80.00

1.内部控制缺陷影响因素描述性统计说明

根据表 6.7 的描述性统计,内部控制缺陷影响因素中的公司规模(Size)均值是 22.48,标准差为 1.25,说明上市公司的规模差异大,各公司的规模与均值之间偏离较大,这与我国上市公司的基本情况是一致的;公司业绩(ROA)均值为 0.02,标准差为 0.12,在各个指标中最低,说明上市公司的公司业绩与均值偏离最小,指标的稳定性比较强,另一个代表公司财务状况的指标资产负债率(Lev)均值为 0.47,标准差为 0.21,说明上市公司财务状况指标较为接近平均值;其余两个指标[成长性(Growth)、并购重组(M&R)],标准差为 0.48 和 0.33,较为接近均值 0.17 和 0.13。

2.管理层权力指标描述性统计说明

根据表 6.7 的描述性统计分析,上市公司结构性权力(Strcpower)均值为 1.25,说明上市公司两职合一的现象非常普遍,总经理兼任董事长或内部董事的情况普遍存在。CEO 持股比例(Share)和赫芬达尔指数(HHI)都是反映所有权权力的指标,从这两个指标的情况看,上市公司 CEO 持股比例不大,但各个公司情况并不均衡,上市公司前十大股东持股比例高,且已成为普遍现象,也就是说我国上市公司股权集中度比较高。上市公司的 CEO 任职年限较长,高学历和高职称者所占的比例并不大,衡量管理层专家权力的三个指标,标准差值都较大,说明各个上市公司的情况差异性大。上市公司 CEO 外部兼职的占比比较大,近一半 CEO 都有外部兼职,但在多家公司兼任高管的 CEO 并不多,总的来说,上市公司的 CEO 的声誉权力值比较大。

3.内部控制缺陷指标描述性统计说明

一般缺陷(ICW)和缺陷总数(ALL)两个指标的平均值和标准差基本相同,这说明我国上市公司内部控制缺陷披露最为主要的是一般缺陷,占缺陷问题的比例高。这两个指标的标准差都比较大,说明上市公司内部控制缺陷披露的数量差异很大,有些公司披露的数量大,而有些公司未披露内部控制缺陷,重大缺陷(ICMW)和重要缺陷(ICSW)在披露的总缺陷中占比较少,对总缺陷指标的影响不太大,但对内部控制质量的影响很大。其中重要缺陷披露的数量比重大缺陷少,两个指标的标准差差异不太大,也就是说披露重大缺陷和重要缺陷的上市公司和缺陷数量基本接近均值。

6.2.2.2 内部控制缺陷与其影响因素回归分析

我们将表 6.8 中的被解释变量(内部控制缺陷的四个指标)分别与内

部控制缺陷影响因素解释的变量和控制变量建立模型,进行初始回归分析,分析内部控制缺陷与其影响因素之间的关系。

$$ICW_{it} = \beta_0 + \beta_1 Size_{it} + \beta_2 Growth_{it} + \beta_3 Lev_{it} + \beta_4 ROA_{it} + \beta_j \sum_{j=5}^{n} Control_{it} + \varepsilon$$

$$ICSW_{it} = \beta_0 + \beta_1 Size_{it} + \beta_2 Growth_{it} + \beta_3 Lev_{it} + \beta_4 ROA_{it} + \beta_j \sum_{j=5}^{n} Control_{it} + \varepsilon$$

$$ICMW_{it} = \beta_0 + \beta_1 Size_{it} + \beta_2 Growth_{it} + \beta_3 Lev_{it} + \beta_4 ROA_{it} + \beta_j \sum_{j=5}^{n} Control_{it} + \varepsilon$$

$$ALL_{it} = \beta_0 + \beta_1 Size_{it} + \beta_2 Growth_{it} + \beta_3 Lev_{it} + \beta_4 ROA_{it} + \beta_j \sum_{j=5}^{n} Control_{it} + \varepsilon$$

表 6.8 初始回归结果

变量	ICW	ICSW	ICMW	ALL
Size	1.322*** (−0.241)	−0.00813 (−0.0113)	−0.0606*** (−0.0154)	1.261*** (−0.242)
Growth	0.00472 (−0.538)	−0.0444* (−0.0252)	0.0394 (−0.0343)	−0.0116 (−0.539)
Lev	1.531 (−1.479)	0.103 (−0.0692)	0.325*** (−0.0942)	1.957 (−1.482)
ROA	3.262 (−2.484)	−0.0978 (−0.116)	−2.253*** (−0.158)	0.879 (−2.49)
M&R	−1.280* (−0.759)	−0.0145 (−0.0355)	−0.0176 (−0.0484)	−1.317* (−0.761)
Stateowned	0.19 (−0.806)	−0.113*** (−0.0377)	−0.0816 (−0.0513)	0.00842 (−0.807)
年份/行业/所有权属性	控制	控制	控制	控制
_cons	−23.71*** (−5.774)	0.243 (−0.27)	1.101*** (−0.368)	−22.53*** (−5.785)
N	1672	1672	1672	1672
R-sq	0.189	0.086	0.223	0.189
adj.R-sq	0.152	0.043	0.187	0.151

注:***、**、*分别为在1%、5%、10%水平上显著,表中数据为各自变量回归系数,括号内为标准误差。

根据表6.8回归结果进行分析,可以得出以下几个结论:

其一,规模(Size)与一般缺陷(ICW)、缺陷总量(ALL)呈显著正相关,与重大缺陷(ICMW)呈显著负相关,这个结论基本上验证了假设6-3b,

可见我国上市公司内部控制缺陷与上市公司规模呈负相关关系,规模越大,业务越复杂,出现内部控制缺陷的概率越大。

其二,重要缺陷(ICSW)与所有权属性(Stateowned)负相关,上市公司的内部控制重要缺陷与所有权属性呈负相关关系说明国有上市公司重要缺陷较少。

其三,重大缺陷(ICMW)与财务状况的两个指标呈显著相关性,与资产负债率(Lev)显著正相关,与公司业绩(ROA)显著负相关,这一结论验证了假设6-5。

其四,一般缺陷(ICW)和重大缺陷(ICMW)与并购重组(M&R)呈弱相关关系。

6.2.2.3 管理层权力对于一般缺陷数量的调节作用回归分析

1.研究思路和回归模型

根据初始回归情况分析可以发现,规模(Size)与 ICW 显著正相关。因此可以将规模(Size)作为解释变量,一般缺陷数量(ICW)作为被解释变量,其余解释变量均作为控制变量,管理层权力作为调节变量,进行管理层权力对公司规模与一般缺陷数量(ICW)关系影响的检验,构建(1)—(3)的回归模型。

$$ICW_{it} = \beta_0 + \beta_1 Size_{it} + \beta_j \sum_{j=2}^{n} Control_{it} + \varepsilon \quad (1)$$

$$ICW_{it} = c_0 + c_1 Size_{it} + c_2 Power_{it} + c_j \sum_{j=3}^{n} Control_{it} + \varepsilon \quad (2)$$

$$ICW_{it} = d_0 + d_1 Size_{it} + d_2 Power_{it} + d_3 Power_{it} \times Size_{it} + d_j \sum_{j=4}^{n} Control_{it} + \varepsilon \quad (3)$$

2.回归结果(见表6.9,表6.10)说明

根据表6.9、表6.10的回归情况,关于管理层权力对一般缺陷的调节作用,可以得到以下结论:

第 6 章
管理层权力对上市公司内部控制缺陷披露的影响

表 6.9 管理层权力对规模与一般缺陷数量关系的影响(1)

变量	结构权力对规模与一般缺陷数量关系的影响			CEO持股比例对规模与一般缺陷数量关系的影响			赫芬达尔指数对规模与一般缺陷数量关系的影响			CEO任职时间对规模与一般缺陷数量关系的影响		
	模型(1)	模型(2)	模型(3)	模型(1)	模型(2)	模型(3)	模型(1)	模型(2)	模型(3)	模型(1)	模型(2)	模型(3)
Size	1.322*** (0.241)	1.288*** (0.241)	1.985*** (0.482)	1.322*** (0.241)	1.341*** (0.242)	0.980*** (0.251)	1.322*** (0.241)	1.329*** (0.247)	0.790* (0.461)	1.322*** (0.241)	1.342*** (0.242)	1.693*** (0.296)
Strcpower		−0.958** (0.410)	11.15 (7.257)									
Strcpower_Size			−0.541* (0.324)									
Share					0.778 (0.749)	−67.55*** (13.96)						
Share_Size						3.109*** (0.634)						
HHI								−0.219 (1.637)	−33.28 (23.89)			
HHI_Size									1.456 (1.050)			
Tenure											−0.656 (0.494)	17.80** (9.008)

123

续表

变量	结构权力对规模与一般缺陷数量关系的影响			CEO持股比例对规模与一般缺陷数量关系的影响			赫芬达尔指数对规模与一般缺陷数量关系的影响			CEO任职时间对规模与一般缺陷数量关系的影响		
	模型(1)	模型(2)	模型(3)	模型(1)	模型(2)	模型(3)	模型(1)	模型(2)	模型(3)	模型(1)	模型(2)	模型(3)
Tenure_Size												−0.821** (0.400)
_cons	−23.71*** (5.774)	−21.75*** (5.826)	−37.42*** (11.04)	−23.71*** (5.774)	−24.24*** (5.796)	−15.97*** (5.997)	−23.71*** (5.774)	−23.77*** (5.788)	−11.50 (10.57)	−23.71*** (5.774)	−23.84*** (5.773)	−31.86*** (6.970)
N	1672	1672	1672	1672	1672	1672	1672	1672	1672	1672	1672	1672
R-sq	0.189	0.192	0.193	0.189	0.190	0.202	0.189	0.189	0.190	0.189	0.190	0.192
adj.R-sq	0.152	0.154	0.155	0.152	0.152	0.164	0.152	0.151	0.152	0.152	0.152	0.154
F	5.034	5.054	5.030	5.034	4.982	5.303	5.034	4.964	4.927	5.034	4.993	4.993

注：***、**、*分别为在1%、5%、10%水平上显著。表中数据为各自变量回归系数，括号内为标准误差。

第 6 章 管理层权力对上市公司内部控制缺陷披露的影响

表 6.10 管理层权力对规模与一般缺陷数量关系的影响(2)

变量	CEO职称对规模与一般缺陷数量关系的影响 模型(1)	模型(2)	模型(3)	CEO学历对规模与一般缺陷数量关系的影响 模型(1)	模型(2)	模型(3)	外部兼职对规模与一般缺陷数量关系的影响 模型(1)	模型(2)	模型(3)	外部兼任董事公司数量对规模与一般缺陷数量关系的影响 模型(1)	模型(2)	模型(3)
Size	1.322*** (0.241)	1.394*** (0.242)	1.444*** (0.295)	1.322*** (0.241)	1.327*** (0.242)	0.987*** (0.293)	1.322*** (0.241)	1.311*** (0.242)	1.298*** (0.315)	1.322*** (0.241)	1.327*** (0.241)	1.274*** (0.242)
Rank		−1.509*** (0.550)	1.280 (9.413)									
Rank_Size			−0.124 (0.416)									
Degree					−0.289 (0.510)	−18.95** (9.170)						
Degree_Size						0.830** (0.407)						
OtherCo								0.330 (0.511)	−0.270 (9.123)			
OtherCo_Size									0.0268 (0.406)			
Director_ListCO											3.054* (1.598)	−47.74* (25.81)

续表

变量	CEO职称对规模与一般缺陷数量关系的影响 模型(1)	CEO职称对规模与一般缺陷数量关系的影响 模型(2)	CEO职称对规模与一般缺陷数量关系的影响 模型(3)	CEO学历对规模与一般缺陷数量关系的影响 模型(1)	CEO学历对规模与一般缺陷数量关系的影响 模型(2)	CEO学历对规模与一般缺陷数量关系的影响 模型(3)	外部兼职对规模与一般缺陷数量关系的影响 模型(1)	外部兼职对规模与一般缺陷数量关系的影响 模型(2)	外部兼职对规模与一般缺陷数量关系的影响 模型(3)	外部兼任董事公司数量对规模与一般缺陷数量关系的影响 模型(1)	外部兼任董事公司数量对规模与一般缺陷数量关系的影响 模型(2)	外部兼任董事公司数量对规模与一般缺陷数量关系的影响 模型(3)
Director_ListCO_Size												2.278** (1.155)
_cons	−23.71*** (5.774)	−24.05*** (5.763)	−25.19*** (6.914)	−23.71*** (5.774)	−23.60*** (5.778)	−15.82** (6.921)	−23.71*** (5.774)	−23.58*** (5.778)	−23.28*** (7.349)	−23.71*** (5.774)	−23.87*** (5.769)	−22.64*** (5.798)
N	1672	1672	1672	1672	1672	1672	1672	1672	1672	1672	1672	1672
R-sq	0.189	0.193	0.193	0.189	0.189	0.191	0.189	0.189	0.189	0.189	0.191	0.193
adj.R-sq	0.152	0.155	0.155	0.152	0.151	0.153	0.152	0.151	0.151	0.152	0.153	0.155
F	5.034	5.088	5.019	5.034	4.969	4.968	5.034	4.971	4.902	5.034	5.024	5.018

注：***，**，* 分别为在1%，5%，10%水平上显著，表中数据为各自变量回归系数，括号内为标准误差。

(1)结构权力的调节作用。模型(2)结构权力系数显著为负,模型(3)分析结果中结构权力系数略显著为负,说明结构权力对一般缺陷(ICW)具有抑制作用,对规模与一般缺陷数量关系具有一定的调节作用。

(2)所有权权力的调节作用。在模型(3)中,Share_Size 系数显著为正,说明当 CEO 持股比例低于行业平均水平时,对于规模与一般缺陷数量关系的正向调节作用更强。也就是说,规模大、经营复杂的上市公司,如果 CEO 的持股比例高于行业平均水平,也就代表其持股比例较高,可以对一般缺陷的数量产生抑制作用,体现现代管理理论中所提出的管家效应。赫芬达尔指数影响不显著。

(3)专家权力的调节作用。模型(3)中 Tenure_Size 系数显著为负,说明 CEO 任职时间对于规模与一般缺陷数量的关系具有负向抑制作用;模型(2)中 CEO 职称系数显著为负,说明 CEO 职称对于一般缺陷数量具有抑制作用;模型(3)中 Degree_Size 系数显著为正,说明 CEO 学历对于规模与一般缺陷数量的关系具有正向强化作用。

(4)声誉权力的调节作用。外部兼职对规模与一般缺陷数量关系的影响不显著。模型(2)中外部兼任董事公司数量系数对于一般缺陷数量的影响略显著为正,但是在模型(3)中 Director_ListCO_Size 系数显著为正。这说明外部兼任董事公司数量指标自身对一般缺陷并没有显著影响,但对于规模与一般缺陷数量的关系具有正向强化作用。

6.2.2.4 管理层权力对缺陷总数量调节作用的回归分析

1.研究思路和回归模型

根据表 6.8 中的回归结果可以得知,规模(Size)与缺陷总量(ALL)呈显著正相关。因此,根据模型(4)~(6),可以将规模(Size)作为解释变量,其余解释变量均作为控制变量,管理层权力作为调节变量,缺陷总数量(ALL)作为被解释变量,进行管理层权力对公司规模与缺陷总量关系影响的检验。

$$\mathrm{ALL}_{it} = \beta_0 + \beta_1 \mathrm{Size}_{it} + \beta_j \sum_{j=2}^{n} \mathrm{Control}_{it} + \varepsilon \tag{4}$$

$$\mathrm{ALL}_{it} = c_0 + c_1 \mathrm{Size}_{it} + c_2 \mathrm{Power}_{it} + c_j \sum_{j=3}^{n} \mathrm{Control}_{it} + \varepsilon \tag{5}$$

$$\text{ALL}_{it} = d_0 + d_1 \text{Size}_{it} + d_2 \text{Power}_{it} + d_3 \text{Power}_{it} \times \text{Size}_{it} +$$
$$d_j \sum_{j=4}^{n} \text{Control}_{it} + \varepsilon \tag{6}$$

2.回归结果(表 6.11,6.12)说明

根据表 6.11 和表 6.12 的回归分析结果,可知管理层权力对内部控制缺陷总量具有以下影响。

(1)结构权力对缺陷总量的调节作用。从结构权力对规模与缺陷总数量关系的影响看,模型(5)中结构权力系数显著为负,模型(6)中 Strcpower_Size 系数不显著,说明结构权力对于缺陷总数量具有抑制作用,但是对于规模与缺陷总数量关系的调节作用不显著。

(2)所有权权力对缺陷总量的调节作用。从 CEO 持股比例对规模与缺陷总数量关系的影响看,模型(5)中 CEO 持股比例对于缺陷总数量的影响不显著,但是在模型(6)中 Share_Size 系数显著为正。这说明当 CEO 持股比例低于行业平均水平时,对于规模与缺陷总数量的正向调节作用更强。赫芬达尔指数对规模与缺陷总数量关系的影响不显著。

(3)专家权力对缺陷总量的调节作用。从 CEO 任职时间对规模与缺陷总数量关系的影响看,模型(6)中 Tenure_Size 系数略微显著,CEO 任职时间对规模与缺陷总数量关系略微有负向调节作用;从 CEO 职称对规模与缺陷总数量关系的影响看,模型(5)中 CEO 职称系数显著为负,模型(6)中 Rank_Size 系数不显著,说明 CEO 职称对于缺陷总数量具有抑制作用,但是对规模与缺陷总数量的关系无影响;从 CEO 学历对规模与缺陷总数量关系的影响看,模型(5)中 CEO 学历对于一般缺陷数量的影响不显著,模型(6)中 Degree_Size 系数略微显著,说明 CEO 学历对于规模与缺陷总数量略微有正向强化作用。

(4)声誉权力对缺陷总量的调节作用。外部兼职对规模与缺陷总数量的关系影响不显著;从外部兼任董事公司数量对规模与缺陷总数量关系的影响看,模型(5)中外部兼任董事公司数量对于缺陷总数量的调节作用略微显著,但是在模型(6)中 Director_ListCO_Size 系数显著为正,说明外部兼任董事公司数量对于规模与缺陷总数量的关系具有正向强化作用。

第 6 章
管理层权力对上市公司内部控制缺陷披露的影响

表 6.11 管理层权力对规模与缺陷总数量关系的影响（1）

变量	结构权力对规模与缺陷总数量关系的影响 模型(4)	模型(5)	模型(6)	CEO 持股比例对规模与缺陷总数量关系的影响 模型(4)	模型(5)	模型(6)	赫芬达尔指数对规模与缺陷总数量关系的影响 模型(4)	模型(5)	模型(6)	CEO 任职时间对规模与缺陷总数量关系的影响 模型(4)	模型(5)	模型(6)
Size	1.261*** (0.242)	1.222*** (0.242)	1.833*** (0.483)	1.261*** (0.242)	1.278*** (0.243)	0.912*** (0.252)	1.261*** (0.242)	1.275*** (0.247)	0.685 (0.461)	1.261*** (0.242)	1.284*** (0.242)	1.619*** (0.297)
Strcpower		−1.088*** (0.410)	9.515 (7.270)									
Strcpower_Size			−0.473 (0.324)									
Share					0.674 (0.751)	−68.52*** (13.99)						
Share_Size						3.148*** (0.635)						
HHI								−0.446 (1.640)	−36.60 (23.93)			
HHI_Size									1.592 (1.052)			
Tenure											−0.746 (0.495)	16.85* (9.026)

续表

变量	结构权力对规模与缺陷总数量关系的影响			CEO持股比例对规模与缺陷总数量关系的影响			赫芬达尔指数对规模与缺陷总数量关系的影响			CEO任职时间对规模与缺陷总数量关系的影响		
	模型(4)	模型(5)	模型(6)	模型(4)	模型(5)	模型(6)	模型(4)	模型(5)	模型(6)	模型(4)	模型(5)	模型(6)
Tenure_Size												−0.783* (0.401)
_cons	−22.53*** (5.785)	−20.31*** (5.835)	−34.03*** (11.06)	−22.53*** (5.785)	−22.99*** (5.808)	−14.61** (6.008)	−22.53*** (5.785)	−22.64*** (5.800)	−9.227 (10.59)	−22.53*** (5.785)	−22.67*** (5.784)	−30.33*** (6.983)
N	1672	1672	1672	1672	1672	1672	1672	1672	1672	1672	1672	1672
R-sq	0.189	0.192	0.193	0.189	0.189	0.201	0.189	0.189	0.190	0.189	0.190	0.192
adj.R-sq	0.151	0.154	0.155	0.151	0.151	0.163	0.151	0.150	0.151	0.151	0.152	0.153
F	5.015	5.061	5.026	5.015	4.958	5.288	5.015	4.946	4.915	5.015	4.983	4.976

注：***，**，* 分别为在1%、5%、10%水平上显著，表中数据为各自变量回归系数，括号内为标准误差。

第 6 章
管理层权力对上市公司内部控制缺陷披露的影响

表 6.12 管理层权力对规模与缺陷总数量关系的影响（2）

变量	CEO 职称对规模与缺陷总数量关系的影响			CEO 学历对规模与缺陷总数量关系的影响			外部兼职对规模与缺陷总数量关系的影响			外部兼任董事公司数量对规模与缺陷总数量关系的影响		
	模型(4)	模型(5)	模型(6)	模型(4)	模型(5)	模型(6)	模型(4)	模型(5)	模型(6)	模型(4)	模型(5)	模型(6)
Size	1.261*** (0.242)	1.333*** (0.243)	1.388*** (0.295)	1.261*** (0.242)	1.265*** (0.242)	0.937*** (0.294)	1.261*** (0.242)	1.249*** (0.243)	1.221*** (0.315)	1.261*** (0.242)	1.266*** (0.242)	1.210*** (0.243)
Rank		−1.516*** (0.552)	1.562 (9.432)									
Rank_Size			−0.136 (0.417)									
Degree					−0.225 (0.511)	−18.19** (9.190)						
Degree_Size						0.799* (0.408)						
OtherCo								0.358 (0.512)	−0.910 (9.141)			
OtherCo_Size									0.0565 (0.406)			
Director_ListCO											2.918* (1.602)	−50.58* (25.86)

131

续表

变量	CEO职称对规模与缺陷总数量关系的影响			CEO学历对规模与缺陷总数量关系的影响			外部兼职对规模与缺陷总数量关系的影响			外部兼任董事公司数量对规模与缺陷总数量关系的影响		
	模型(4)	模型(5)	模型(6)	模型(4)	模型(5)	模型(6)	模型(4)	模型(5)	模型(6)	模型(4)	模型(5)	模型(6)
Director_ListCO_Size												2.399** (1.157)
_cons	−22.53*** (5.785)	−22.87*** (5.775)	−24.13*** (6.928)	−22.53*** (5.785)	−22.45*** (5.790)	−14.95** (6.936)	−22.53*** (5.785)	−22.39*** (5.790)	−21.76*** (7.364)	−22.53*** (5.785)	−22.68*** (5.782)	−21.38*** (5.810)
N	1672	1672	1672	1672	1672	1672	1672	1672	1672	1672	1672	1672
R-sq	0.189	0.192	0.192	0.189	0.189	0.191	0.189	0.189	0.189	0.189	0.190	0.192
adj.R-sq	0.151	0.154	0.154	0.151	0.151	0.152	0.151	0.151	0.150	0.151	0.152	0.154
F	5.015	5.069	5.001	5.015	4.948	4.942	5.015	4.953	4.885	5.015	5.000	5.001

注：***，**，*分别为在1%，5%，10%水平上显著，表中数据为各自变量回归系数，括号内为标准误差。

6.2.2.5 管理层权力对于重大缺陷数量的调节作用回归分析

1.研究思路和回归模型

根据表 6.8 中的回归结果进行分析,可以发现,规模(Size)、公司业绩(ROA)与重大缺陷(ICMW)显著负相关,资产负债率(Lev)与重大缺陷(ICMW)显著正相关。因此,根据模型(7)~(9),我们将规模(Size)、公司业绩(ROA)、资产负债率(Lev)作为解释变量,重大缺陷(ICMW)作为被解释变量,其余解释变量均作为控制变量,管理层权力作为调节变量,进行管理层权力对规模(Size)、公司业绩(ROA)、资产负债率(Lev)与重大缺陷(ICMW)关系调节作用的检验。

$$\text{ICMW}_{it} = \beta_0 + \beta_1 \text{Size}_{it} + \beta_2 \text{Lev}_{it} + \beta_3 \text{ROA}_{it} + \beta_j \sum_{j=4}^{n} \text{Control}_{it} + \varepsilon \quad (7)$$

$$\text{ICMW}_{it} = c_0 + c_1 \text{Size}_{it} + c_2 \text{Lev}_{it} + c_3 \text{ROA}_{it} + c_4 \text{Power}_{it} + c_j \sum_{j=5}^{n} \text{Control}_{it} + \varepsilon \quad (8)$$

$$\text{ICMW}_{it} = d_0 + d_1 \text{Size}_{it} + d_2 \text{Lev}_{it} + d_3 \text{ROA}_{it} + d_4 \text{Power}_{it} + d_5 \text{Power}_{it} \times \text{Size}_{it} + d_6 \text{Power}_{it} \times \text{Lev}_{it} + d_7 \text{Power}_{it} \times \text{ROA}_{it} + d_j \sum_{j=8}^{n} \text{Control}_{it} + \varepsilon \quad (9)$$

2.回归结果(表 6.13、表 6.14)说明

根据表 6.13 和表 6.14 的回归分析结果,可以看出管理层权力对重大缺陷的影响情况。

(1)结构权力对重大缺陷的调节作用。从结构权力对规模、公司业绩、资产负债率与重大缺陷数量关系的影响看,模型(8)中结构权力系数显著为负,模型(9)中 Strcpower_ROA 系数显著为正,说明结构权力对于重大缺陷数量具有抑制作用。但是随着结构权力的增大,公司业绩对于重大缺陷的抑制作用会降低。

(2)所有权权力对重大缺陷的调节作用。从 CEO 持股比例对规模、公司业绩、资产负债率与重大缺陷数量关系的影响看,模型(8)中 CEO 持股比例对于重大缺陷数量系数的影响不显著,模型(9)中 Share_Lev 系数显著为正。这说明随着 Share 取 1,即 CEO 持股比例小于平均水平时,资

表 6.13　管理层权力对规模、公司业绩、资产负债与重大缺陷数量关系的影响(1)

变量	结构权力对规模、公司业绩、资产负债率与重大缺陷数量关系的影响			CEO 持股比例对规模、公司业绩、资产负债率与重大缺陷数量关系的影响			赫芬达尔指数对规模、公司业绩、资产负债率与重大缺陷数量关系的影响			CEO 任职时间对规模、公司业绩、资产负债率与重大缺陷数量关系的影响		
	模型(7)	模型(8)	模型(9)	模型(7)	模型(8)	模型(9)	模型(7)	模型(8)	模型(9)	模型(7)	模型(8)	模型(9)
Size	−0.0606*** (0.0154)	−0.0634*** (0.0154)	−0.115*** (0.0327)	−0.0606*** (0.0154)	−0.0616*** (0.0154)	−0.0515*** (0.0163)	−0.0606*** (0.0154)	−0.0601*** (0.0157)	−0.102*** (0.0311)	−0.0606*** (0.0154)	−0.0589*** (0.0154)	−0.0685*** (0.0199)
Lev	0.325*** (0.0942)	0.328*** (0.0940)	0.575*** (0.196)	0.325*** (0.0942)	0.319*** (0.0945)	0.227** (0.101)	0.325*** (0.0942)	0.324*** (0.0946)	0.855*** (0.204)	0.325*** (0.0942)	0.322*** (0.0941)	0.402*** (0.127)
ROA	−2.253*** (0.158)	−2.254*** (0.158)	−3.547*** (0.305)	−2.253*** (0.158)	−2.260*** (0.158)	−2.319*** (0.178)	−2.253*** (0.158)	−2.252*** (0.158)	−2.777*** (0.345)	−2.253*** (0.158)	−2.253*** (0.158)	−2.454*** (0.195)
Strpower		−0.0763*** (0.0261)	−0.933* (0.484)									
Strpower_Size			0.0422* (0.0227)									
Strpower_Lev			−0.230* (0.140)									
Strpower_ROA			1.028*** (0.204)									

续表

变量	结构权力对规模、公司业绩、资产负债率与重大缺陷数量关系的影响			CEO持股比例对规模、公司业绩、资产负债率与重大缺陷数量关系的影响			赫芬达尔指数对规模、公司业绩、资产负债率与重大缺陷数量关系的影响			CEO任职时间对规模、公司业绩、资产负债率与重大缺陷数量关系的影响		
	模型(7)	模型(8)	模型(9)	模型(7)	模型(8)	模型(9)	模型(7)	模型(8)	模型(9)	模型(7)	模型(8)	模型(9)
Share					−0.0418 (0.0477)	1.879* (0.986)						
Share_Size						−0.102** (0.0472)						
Share_Lev						0.800*** (0.281)						
Share_ROA						0.412 (0.369)						
HHI								−0.0150 (0.104)	−2.479 (1.599)			
HHI_Size									0.139* (0.0751)			
HHI_Lev									−1.655*** (0.558)			
HHI_ROA									2.043* (1.067)			

续表

变量	结构权力对规模、公司业绩、资产负债率与重大缺陷数量关系的影响			CEO持股比例对规模、公司业绩、资产负债率与重大缺陷数量关系的影响			赫芬达尔指数对规模、公司业绩、资产负债率与重大缺陷数量关系的影响			CEO任职时间对规模、公司业绩、资产负债率与重大缺陷数量关系的影响		
	模型(7)	模型(8)	模型(9)	模型(7)	模型(8)	模型(9)	模型(7)	模型(8)	模型(9)	模型(7)	模型(8)	模型(9)
Tenure											−0.0576* (0.0314)	−0.489 (0.617)
Tenure_Size												0.0220 (0.0290)
Tenure_Lev												−0.162 (0.178)
Tenure_ROA												0.611** (0.311)
_cons	1.101*** (0.368)	1.257*** (0.371)	2.345*** (0.719)	1.101*** (0.368)	1.129*** (0.369)	0.956** (0.385)	1.101*** (0.368)	1.098*** (0.369)	1.866*** (0.691)	1.101*** (0.368)	1.090*** (0.367)	1.296*** (0.453)
N	1672	1672	1672	1672	1672	1672	1672	1672	1672	1672	1672	1672
R-sq	0.223	0.227	0.250	0.223	0.223	0.227	0.223	0.223	0.233	0.223	0.224	0.228
adj.R-sq	0.187	0.191	0.213	0.187	0.187	0.190	0.187	0.186	0.196	0.187	0.188	0.190
F	6.187	6.248	6.791	6.187	6.114	6.013	6.187	6.101	6.213	6.187	6.158	6.039

注：***、**、*分别为在1%、5%、10%水平上显著，表中数据为各自变量回归系数，括号内为标准误差。

第6章 管理层权力对上市公司内部控制缺陷披露的影响

表6.14 管理层权力对规模、公司业绩、资产负债率与重大缺陷数量关系的影响(2)

<table>
<tr>
<th rowspan="2">变量</th>
<th colspan="3">CEO职称对规模、公司业绩、资产负债率与重大缺陷数量关系的影响</th>
<th colspan="3">CEO学历对规模、公司业绩、资产负债率与重大缺陷数量关系的影响</th>
<th colspan="3">外部兼职对规模、公司业绩、资产负债率与重大缺陷数量关系的影响</th>
<th colspan="3">外部兼任董事公司数量对规模、公司业绩、资产负债率与重大缺陷数量关系的影响</th>
</tr>
<tr>
<th>模型(7)</th><th>模型(8)</th><th>模型(9)</th>
<th>模型(7)</th><th>模型(8)</th><th>模型(9)</th>
<th>模型(7)</th><th>模型(8)</th><th>模型(9)</th>
<th>模型(7)</th><th>模型(8)</th><th>模型(9)</th>
</tr>
<tr>
<td>Size</td>
<td>−0.0606***
(0.0154)</td>
<td>−0.0601***
(0.0155)</td>
<td>−0.0456**
(0.0194)</td>
<td>−0.0606***
(0.0154)</td>
<td>−0.0607***
(0.0154)</td>
<td>−0.0602***
(0.0197)</td>
<td>−0.0606***
(0.0154)</td>
<td>−0.0605***
(0.0154)</td>
<td>−0.0685***
(0.0209)</td>
<td>−0.0606***
(0.0154)</td>
<td>−0.0608***
(0.0154)</td>
<td>−0.0636***
(0.0155)</td>
</tr>
<tr>
<td>Lev</td>
<td>0.325***
(0.0942)</td>
<td>0.325***
(0.0942)</td>
<td>0.205*
(0.111)</td>
<td>0.325***
(0.0942)</td>
<td>0.326***
(0.0943)</td>
<td>0.446***
(0.123)</td>
<td>0.325***
(0.0942)</td>
<td>0.325***
(0.0945)</td>
<td>0.209*
(0.126)</td>
<td>0.325***
(0.0942)</td>
<td>0.323***
(0.0942)</td>
<td>0.337***
(0.0960)</td>
</tr>
<tr>
<td>ROA</td>
<td>−2.253***
(0.158)</td>
<td>−2.255***
(0.158)</td>
<td>−2.387***
(0.211)</td>
<td>−2.253***
(0.158)</td>
<td>−2.250***
(0.159)</td>
<td>−1.068***
(0.288)</td>
<td>−2.253***
(0.158)</td>
<td>−2.253***
(0.158)</td>
<td>−2.926***
(0.215)</td>
<td>−2.253***
(0.158)</td>
<td>−2.258***
(0.158)</td>
<td>−2.283***
(0.159)</td>
</tr>
<tr>
<td>Rank</td>
<td></td>
<td>−0.0104
(0.0351)</td>
<td>0.770
(0.646)</td>
<td></td><td></td><td></td><td></td><td></td><td></td><td></td><td></td><td></td>
</tr>
<tr>
<td>Rank_Size</td>
<td></td><td></td>
<td>−0.0432
(0.0304)</td>
<td></td><td></td><td></td><td></td><td></td><td></td><td></td><td></td><td></td>
</tr>
<tr>
<td>Rank_Lev</td>
<td></td><td></td>
<td>0.398**
(0.200)</td>
<td></td><td></td><td></td><td></td><td></td><td></td><td></td><td></td><td></td>
</tr>
<tr>
<td>Rank_ROA</td>
<td></td><td></td>
<td>0.359
(0.306)</td>
<td></td><td></td><td></td><td></td><td></td><td></td><td></td><td></td><td></td>
</tr>
</table>

续表

变量	CEO职称对规模、公司业绩、资产负债率与重大缺陷数量关系的影响			CEO学历对规模、公司业绩、资产负债率与重大缺陷数量关系的影响			外部兼职对规模、公司业绩、资产负债率与重大缺陷数量关系的影响			外部兼任董事公司数量对规模、公司业绩、资产负债率与重大缺陷数量关系的影响		
	模型(7)	模型(8)	模型(9)	模型(7)	模型(8)	模型(9)	模型(7)	模型(8)	模型(9)	模型(7)	模型(8)	模型(9)
Degree					0.00671 (0.0325)	0.561 (0.626)						
Degree_Size						−0.0200 (0.0295)						
Degree_Lev						−0.147 (0.184)						
Degree_ROA						−1.600*** (0.333)						
OtherCo								−0.00259 (0.0326)	−0.525 (0.623)			
OtherCo_Size									0.0179 (0.0294)			
OtherCo_Lev									0.201 (0.183)			
OtherCo_ROA									1.388*** (0.300)			

续表

变量	CEO职称规模,公司业绩,资产负债率与重大缺陷数量关系的影响			CEO学历对规模,公司业绩,资产负债率与重大缺陷数量关系的影响			外部兼职对规模,公司业绩,资产负债率与重大缺陷数量关系的影响			外部兼任董事公司数量对规模,公司业绩,资产负债率与重大缺陷数量关系的影响		
	模型(7)	模型(8)	模型(9)	模型(7)	模型(8)	模型(9)	模型(7)	模型(8)	模型(9)	模型(7)	模型(8)	模型(9)
Director_ListCO											−0.0852 (0.102)	−2.699 (1.957)
Director_ListCO_Size												0.123 (0.0936)
Director_ListCO_Lev												−0.394 (0.539)
Director_ListCO_ROA												1.860 (1.245)
_cons	1.101*** (0.368)	1.099*** (0.368)	0.796* (0.450)	1.101*** (0.368)	1.098*** (0.368)	0.974** (0.450)	1.101*** (0.368)	1.100*** (0.368)	1.340*** (0.476)	1.101*** (0.368)	1.105*** (0.368)	1.158*** (0.370)
N	1672	1672	1672	1672	1672	1672	1672	1672	1672	1672	1672	1672
R-sq	0.223	0.223	0.225	0.223	0.223	0.236	0.223	0.223	0.235	0.223	0.223	0.226
adj.R-sq	0.187	0.186	0.187	0.187	0.186	0.199	0.187	0.186	0.198	0.187	0.187	0.188
F	6.187	6.102	5.928	6.187	6.101	6.317	6.187	6.101	6.273	6.187	6.112	5.968

注:***,**,*分别为在1%,5%,10%水平上显著;表中数据为各自变量回归系数,括号内为标准误差。

产负债率对于重大缺陷的正向作用会增强。从赫芬达尔指数对规模、公司业绩、资产负债率与重大缺陷数量关系的影响看,模型(8)中赫芬达尔指数对于重大缺陷数量的影响不显著,模型(9)中 HHI_Lev 系数显著为负。这说明随着赫芬达尔指数的增加,资产负债率对于重大缺陷的正向作用会被削弱。

(3)专家权力对重大缺陷的调节作用。从 CEO 任职时间对规模、公司业绩、资产负债率与重大缺陷数量关系的影响看,模型(8)中 Tenure_ROA 系数较显著为正,说明随着 CEO 任职时间的增加,公司业绩对重大缺陷数量的抑制作用会削弱;从 CEO 职称对规模、公司业绩、资产负债率与重大缺陷数量关系的影响看,模型(8)中 CEO 职称系数不显著,模型(9)中 Rank_Lev 系数显著为正,说明 CEO 职称的提升,对于资产负债率与重大缺陷数量关系有正向促进作用;从 CEO 学历对规模、公司业绩、资产负债率与重大缺陷数量关系的影响看,模型(8)中 CEO 学历系数不显著,模型(9)中 Degree_ROA 系数显著为负,说明随着 CEO 学历的提升,公司业绩对于重大缺陷数量的抑制作用会进一步加强。

(4)声誉权力对重大缺陷的调节作用。从外部兼职对规模、公司业绩、资产负债率与重大缺陷数量关系的影响看,模型(9)中 OtherCo_ROA 系数显著为正。这说明 CEO 有外部兼职的情况,会降低公司业绩对于重大缺陷的抑制作用;外部兼任董事公司数量对规模、公司业绩、资产负债率与重大缺陷数量关系的影响均不显著。

6.2.2.6 稳健性检验

为了得到更加稳健的研究结果,我们进行了解释变量的滞后性检验。为控制内生性问题,将解释变量的滞后项纳入基本回归模型中进行回归,控制内生性后,一般缺陷数量(ICW)、总缺陷数量(ALL)和重大缺陷数量(ICMW)与主测试结果相同。[从内部控制缺陷披露的影响指标与内部控制数量之间关系的分析结果来看,影响因素特别是规模(Size)与一般缺陷(ICW)、重大缺陷(ICMW)和缺陷总数(ALL)指标都存在显著正相关,而与重要缺陷(ICSW)的相关性不显著。因此在稳健性检验中不包含重要缺陷(ICSW)的检验。]

6.2.3 结论

6.2.3.1 内部控制缺陷的影响因素

以我国上市公司数据为基础,分析内部控制缺陷披露的影响因素,并探讨管理层权力在其中存在着怎样的调节作用,研究发现:

第一,上市公司规模对内部控制缺陷的影响程度最为显著。上市公司的规模越大,其经营业务就越复杂,所涉及的内部控制缺陷的范围和内容也就越更多,相较于规模小的上市公司出现内部控制缺陷和内部控制缺陷披露的概率就更大,因此相对而言内部控制缺陷披露的数量就更多。

第二,上市公司财务状况对内部控制重大缺陷的影响程度较大,其中资产负债率(Lev)与重大缺陷呈正相关关系,资产收益率(ROA)与重大缺陷呈负相关关系。这也验证了本章的假设 6-5。

6.2.3.2 管理层权力的调节作用

我们在本节的内部控制缺陷影响因素和内部控制缺陷数量相关性分析中发现,缺陷影响因素与重要缺陷的相关性不显著。因此,在分析管理层权力的调节作用时便将重要缺陷排除在外,分别分析了管理层权力对一般缺陷、重大缺陷和缺陷总量的调节作用,具体分析结果如下:

第一,结构权力对内部控制一般缺陷、重大缺陷以及缺陷总量都具有一定抑制作用,对一般缺陷和缺陷总量以及缺陷影响因素关系的调节作用不明显。但是随着结构权力的增大,公司业绩对于重大缺陷的抑制作用会削弱,结构权力此时的调节作用显著。

第二,当 CEO 持股比例低于行业平均水平时,对内部控制缺陷数量会产生调增作用,会增强规模对缺陷数量的正向关系,导致内部控制缺陷数量增加。随着赫芬达尔指数的增加,也就是前十大股东的股权集中度的增大,资产负债率对于重大缺陷的正向作用会被削弱。

第三,CEO 的任职时间和职称均会对内部控制缺陷产生抑制作用,同时也对缺陷及其影响因素之间关系有一定的负向抑制作用。也就是说，CEO专家权力的增强有利于公司内部控制质量的提升，减少内部控制缺陷，但随着CEO任职时间的增加，公司业绩对重大缺陷数量的抑制作用会减少，随着CEO学历的提升，公司财务状况对重大缺陷的影响也会增强。

第四，外部兼任董事公司数量对于规模与缺陷总数量的关系具有正向强化作用，当CEO有外部兼职时，公司业绩对于重大缺陷的抑制作用会降低。

内部控制缺陷四方面的内部影响因素是相互关联的。从本章的研究中可以看到，我国目前的公司治理还跟不上公司规模扩大的进程，因此公司规模增大而导致的经营业务、财务状况复杂化不能通过必要的公司治理得到有效控制，从而使得内部控制缺陷随着规模增大而增加，这是需引起重视的一个问题。上市公司应在扩大规模的同时加强公司的治理能力，提高内部控制的规模效益，使公司规模与内部控制质量形成正相关关系。管理层权力不仅会对内部控制质量产生直接影响，而且会调节内部控制缺陷与内部控制缺陷影响因素之间的关系，通过本章的研究可以得到这样的启示：

第一，上市公司总经理尽可能不要兼任本公司的董事长，否则会使得总经理的结构权力增大，降低了公司治理的效率，也会增加内部控制缺陷出现的概率。上市公司监管部门也应将总经理兼任董事长的上市公司作为监控的重点。

第二，适度增大CEO或总经理的持股比例，或扩大前十大股东的股权集中度，这些有利于强化内部控制，提高内部控制的质量。

第三，CEO或总经理的任职时间长短应适度。上市公司管理层任职时间长有利于管理层的管理政策、公司战略得以一以贯之地执行，从而有效地限制内部控制缺陷数量。但管理层任职时间过长，舞弊和腐败行为产生的概率也会增加，从而使得内部控制重大缺陷产生的概率增加。CEO或总经理的学历和职称是能够反映其管理能力的，在一定程度上会影响内部控制质量。

第四，管理层的外部兼职应适度。过度的外部兼职会影响上市公司内部控制质量。

6.3 管理层权力调节能力分析

由于国有上市公司和民营上市公司在管理层权力形成的制度背景和现实背景方面都存在差异,管理层权力在四个不同维度的表现也不尽相同,因此对内部控制缺陷及其披露的影响程度也有较大的差异。为了进一步研究管理层权力对内部控制缺陷披露影响因素的调节能力,验证不同所有制性质上市公司管理层权力对内部控制缺陷披露影响因素调节作用的不同,本书将上市公司分为国有上市公司和非国有上市公司两种,以2016—2019年的相关数据分析国有上市公司和非国有上市公司管理层权力对内部控制缺陷披露影响因素的调节能力。如何判断是国有上市公司还是非国有上市公司,学界基本上以国有控股作为判定标准。国有控股又分为国有绝对控股、国有相对控股(还可以进一步分为强相对控股和弱相对控股)、国有参股,本书则以国有绝对控股、强相对控股作为标准,国有弱相对控股和国有参股上市公司归类为非国有上市公司。

6.3.1 国有上市公司管理层权力视角下内部控制影响因素分析

国有上市公司管理层权力有着明显的中国特色,政府干预较多,在公司治理中加入党委的管理。除了原有的董事、监事和高管的管理体制外,还加入纪检监督。在管理过程中推进"三重一大"的制度,该制度在一定程度上对国有上市公司管理层权力具有约束作用。我国国有上市公司往往有发起单位,这个发起单位就是上市公司的控股母公司。上市公司管理层的核心,如总经理、财务总监等基本上由控股母公司任命,他们与母公司之间存在着紧密的关系,大部分还在母公司任职,或在母公司的其他子公司任职,在结构权力方面有其特殊性。

6.3.1.1 国有上市公司管理层权力对内部控制缺陷的直接影响

我国国有上市公司产权属于国家所有,这种特殊的产权制度导致了多重的产权代理关系,使得委托代理理论在国有上市公司的应用显得更加复杂。国有上市公司的管理机构,也就是各级的国资管理部门是行政机关,其代表全体人民行使所有者的权力。但国资管理部门并没有剩余索取权,国资管理部门代理股东的权力,将管理权交与国有上市公司的管理层,形成了委托代理关系,并且行使监督权。在我国上市公司中,这种管理权的委托有时还更复杂,也就是国资管理部门将管理权授予的是国有上市公司的控股母公司,而国有上市公司的管理权则是其控股母公司授予的,这里又多了一层委托代理关系。是直接委托还是通过国有控股母公司进行委托,其实际委托人都是国资管理部门,国资管理部门非人格化的特点,会使得国有上市公司的管理层具有实际的控制权和支配权。此外,目前我国各个要素市场并不完善,资本市场的监督机制还没有完全发挥其应有的作用,经理人市场发展较为缓慢,国有上市公司的管理层采用的都是任命制,而不是从经理人市场选用的。在这些内外环境的共同作用下,国有上市公司管理层权力对内部控制缺陷直接产生作用。根据现代管家理论,国有上市公司高管由于被赋予了充分的权力,具有管家的心态,能够调动工作的积极性和主动性,在职业发展方面得到满足,因此,我们提出假设 6-9:国有上市公司管理层权力能够正面促进内部控制质量,减少内部控制缺陷。不过,如果根据委托代理理论,那么管理层的努力则是为了实现自身利益的最大化,由于信息不对称,国有上市公司的管理层可以通过各种"偷懒"和利用制度的缺陷来提高自身的效用、管理层的权力越大,越有可能忽视股东的权益,也会对风险更加漠视。因此我们又提出假设 6-10:国有上市公司管理层权力越大,越有可能隐瞒内部控制缺陷的披露。

6.3.1.2 国有上市公司管理层权力对内部控制缺陷披露影响因素的调节作用

前文提及的内部控制披露影响因素包含了公司的规模、成长性、财务状况以及公司的并购重组情况,国有上市公司的管理层权力对内部控制缺陷披露影响因素具有显著调节作用。国有上市公司的高管是其控股集团公司任命的,大部分同时兼任集团公司的职务,特别是 CEO 两职兼任的现象也比较普遍,结构权力较大。由于国有上市公司的特性,在分析管理层时还要结合其董事会的治理情况,特别是关于董事会结构治理的分析来进行。根据《中国上市公司治理分类指数报告》(见表 6.15),2021 年我国国有绝对控股公司的董事会结构指数[①]是 54.7998,国有强相对控股公司的董事会结构指数是 53.4148,这两个指数均不合格,且都属于在董事会治理分项指数中最低的一项。相关指数说明我国国有上市公司在董事会的结构上存在两职合一、外部董事占比较低、缺少中小股东代表等问题,这些都会直接影响管理层的权力。

表 6.15　2016—2021 年董事会结构指数

分类	2016	2017	2018	2019	2020	2021
国有绝对控股公司	42.8285	41.3879	42.5491	46.1908	47.5128	54.7998
国有强相对控股公司	42.9489	40.9798	41.8266	46.1572	45.8437	53.4148

资料来源:高明华 等,2022:239

公司治理层是通过契约进行规范的,而且这种契约是建立在利益主体法律地位平等的基础之上的。董事会是一个会议机构,每一个董事的权力都是平等的,董事长仅仅是"召集人"和"发言人",向总经理授权的应该是董事会而不是董事长,而在我国,一般都将董事长视为公司的"一把手",将董事长与总经理两职合一。在具体实践中有些国有上市公司的董事长并不在本企业领取薪酬,而是在股东单位领取。在其他单位还有兼职工作的董事长,很难在公司的经营管理上投入太多的时间和精力,因此本书在对国有上市公司管理层权力的研究中仍以公司的总经理为研究对象。公司总经理的学历、工作经历,任职时间、外部兼职、持

---

① 董事会结构指数主要从外部董事比例,有无外部非独立董事,两职是否合一,董事长是否来自大股东单位,有无小股东代表,有无职工董事,董事学历,年龄等于或超过 60 岁的董事比例,是否设置审计薪酬、提名和合规委员会等方面来展开评价。

股比例等均会影响公司总经理及其管理团队的能力,影响管理层的权力,对内部控制缺陷披露的影响因素具有调节作用,基于此,提出以下四个假设:

假设 6-11:结构权力对内部控制缺陷披露影响因素具有调节作用;

假设 6-12:所有权权力对内部控制缺陷披露影响因素具有调节作用;

假设 6-13:专家权力对内部控制缺陷披露影响因素具有调节作用;

假设 6-14:声誉权力对内部控制缺陷披露影响因素具有调节作用。

6.3.1.3 国有上市公司管理层权力视角下内部控制缺陷披露影响因素研究过程

1.样本选择

本书选取了 2016 年至 2019 年 A 股国有上市公司作为样本,并按以下程序筛选样本:①剔除金融企业;②剔除 ST、*ST 企业;③为消除极端值影响,对主要连续变量,将处于 0%~1% 和 99%~1100% 之间样本进行缩尾处理,最终得到 191 个观测值。

2.变量设计(与 6.6 基本相同)

表 6.16 相关变量

分类	变量名称及符号	定义
(被解释变量) 内部控制缺陷 衡量指标	一般缺陷 (ICW)	迪博数据库中上市公司内部控制一般缺陷数量
	重要缺陷 (ICSW)	迪博数据库中上市公司内部控制重要缺陷数量
	重大缺陷 (ICMW)	迪博数据库中上市公司内部控制重大缺陷数量
	缺陷总数 (ALL)	ICW+ICSW+ICMW

续表

分类		变量名称及符号	定义
（调节变量）管理层权力	结构权力	结构权力（Strcpower）	董事长或副董事长取2，内部董事取1，无取0
	所有权权力	CEO持股比例（Share）	持股比例是否低于行业平均水平，是取1，否取0
		赫芬达尔指数（HHI）	前十大股东持股比例的赫芬达尔指数
	专家权力	CEO任职时间（Tenure）	任职时间是否超过行业中位数，是取1，否取0
		CEO职称（Rank）	高职称取1，否取0
		CEO学历（Degree）	是否具有高学历，硕士以上学历取1，其他取0
	声誉权力	外部兼职（OtherCo）	外部兼职为1，否为0
		外部兼任董事公司数量（Director_ListCO）	兼任职务为董事的上市公司总数
（解释变量）内部控制缺陷影响因素		公司规模（Size）	总资产的自然对数
		成长性（Growth）	（营业收入本年本期金额－营业收入上年同期金额）/（营业收入上年同期金额）
		资产负债率（Lev）	公司期末总负债/期末总资产
		公司业绩（ROA）	期末净利润/期末总资产
		并购重组（M&R）	若公司当年发生并购重组取1，否取0
控制变量		年份（Year）	设置3个哑变量
		证监会行业（Industry）	设置65个哑变量

3.变量描述性统计(见表 6.17)

表 6.17 描述性统计

变量名称	变量符号	样本数	均值	标准差	最小值	最大值
规模	Size	191	23.11	1.21	20.33	27.35
成长性	Growth	191	0.29	0.68	−0.69	3.05
资产负债率	Lev	191	0.50	0.19	0.07	0.89
公司业绩	ROA	191	0.04	0.05	−0.10	0.47
并购重组	M&R	191	0.11	0.31	0.00	1.00
结构权力	Strcpower	191	1.12	0.59	0.00	2.00
CEO 持股比例	Share	191	0.07	0.25	0.00	1.00
赫芬达尔指数	HHI	191	0.42	0.18	0.00	0.86
CEO 任职时间	Tenure	191	0.44	0.50	0.00	1.00
CEO 职称	Rank	191	0.42	0.49	0.00	1.00
CEO 学历	Degree	191	0.39	0.49	0.00	1.00
外部兼职	OtherCo	191	0.44	0.50	0.00	1.00
外部兼任董事公司数量	Director_ListCO	191	0.03	0.17	0.00	1.00
一般缺陷	ICW	191	7.04	13.81	0.00	79.00
重要缺陷	ICSW	191	0.04	0.21	0.00	2.00
重大缺陷	ICMW	191	0.03	0.19	0.00	2.00
缺陷总数	ALL	191	7.13	13.94	1.00	80.00

通过描述性统计分析,可以得到以下信息:从结构权力(Strcpower)来看,大部分披露内部控制缺陷的国有上市公司的总经理兼任董事,且两职合一的比例较高,CEO 持股比例较低,这与民营上市公司之间存在着显著的区别。民营上市公司的 CEO 持股比例都很高,甚至达到控股的水平。内部控制缺陷的披露主要集中于一般缺陷,缺陷总量和一般缺陷两

个指标的标准差较大,说明上市公司披露缺陷数量差距大,最少的只有 1 条,而最多的达到了 80 条。

4.初始回归

根据表 6.16 中的四个被解释变量以及解释变量和控制变量,建立以下方程:

$$ICW_{it} = \beta_0 + \beta_1 Size_{it} + \beta_2 Growth_{it} + \beta_3 Lev_{it} + \beta_4 ROA_{it} + \beta_j \sum_{j=5}^{n} Control_{it} + \varepsilon$$

$$ICSW_{it} = \beta_0 + \beta_1 Size_{it} + \beta_2 Growth_{it} + \beta_3 Lev_{it} + \beta_4 ROA_{it} + \beta_j \sum_{j=5}^{n} Control_{it} + \varepsilon$$

$$ICMW_{it} = \beta_0 + \beta_1 Size_{it} + \beta_2 Growth_{it} + \beta_3 Lev_{it} + \beta_4 ROA_{it} + \beta_j \sum_{j=5}^{n} Control_{it} + \varepsilon$$

$$ALL_{it} = \beta_0 + \beta_1 Size_{it} + \beta_2 Growth_{it} + \beta_3 Lev_{it} + \beta_4 ROA_{it} + \beta_j \sum_{j=5}^{n} Control_{it} + \varepsilon$$

表 6.18　初始回归结果

变量	ICW	ICSW	ICMW	ALL
Size	2.214** (−1.04)	0.00549 (−0.0185)	−0.0027 (−0.0106)	2.256** (−1.049)
Growth	−1.12 (−1.383)	−0.00561 (−0.0246)	0.0199 (−0.0141)	−1.116 (−1.396)
Lev	8.574 (−7.941)	−0.112 (−0.141)	−0.0351 (−0.0812)	8.657 (−8.014)
ROA	32.3 (−22.92)	−0.19 (−0.407)	0.641*** (−0.234)	33.38 (−23.13)
M&R	−1.987 (−3.133)	0.0487 (−0.0557)	−0.0173 (−0.032)	−2.026 (−3.162)
年份/行业	控制	控制	控制	控制
_cons	−52.18** (−23.56)	−0.055 (−0.419)	0.13 (−0.241)	−53.12** (−23.77)
N	191	191	191	191
R-sq	0.452	0.283	0.698	0.452
adj.R-sq	0.272	0.048	0.599	0.272

注:***、**、* 分别为在 1%、5%、10% 水平上显著,表中数据为各自变量回归系数,括号内为标准误差。

从内部控制缺陷披露的影响因素与内部控制数量之间的关系着手进行分析,可以发现规模(Size)与一般缺陷(ICW)和缺陷总量(ALL)都显著正相关,与重要缺陷(ICSW)、重大缺陷(ICMW)的相关性不显著。公司业绩(ROA)指标与内部控制重大缺陷关系存在明显的正相关关系,说明公司的财务状况和内部控制重大缺陷直接相关,这与目前我国上市公司内部控制缺陷信息披露情况是基本吻合的,我国上市公司披露的内部控制重大缺陷,往往与财务方面的问题相关。

5. 管理层权力对于一般缺陷数量的直接影响和调节作用

由表6.18初始回归结果可知,规模(Size)与ICW显著正相关。下面将规模(Size)作为解释变量,一般缺陷数量(ICW)作为被解释变量,其余解释变量均作为控制变量,管理层权力作为调节变量,进行管理层权力对公司规模与一般缺陷数量(ICW)关系影响的检验,构建(1)~(3)的回归模型。

$$\mathrm{ICW}_{it} = \beta_0 + \beta_1 \mathrm{Size}_{it} + \beta_j \sum_{j=2}^{n} \mathrm{Control}_{it} + \varepsilon \qquad (1)$$

$$\mathrm{ICW}_{it} = c_0 + c_1 \mathrm{Size}_{it} + c_2 \mathrm{Power}_{it} + c_j \sum_{j=3}^{n} \mathrm{Control}_{it} + \varepsilon \qquad (2)$$

$$\mathrm{ICW}_{it} = d_0 + d_1 \mathrm{Size}_{it} + d_2 \mathrm{Power}_{it} + d_3 \mathrm{Power}_{it} \times \mathrm{Size}_{it} + d_j \sum_{j=4}^{n} \mathrm{Control}_{it} + \varepsilon \qquad (3)$$

回归结果(见表6.19和表6.20)分析:

(1)结构权力对规模与一般缺陷数量关系的影响不显著,也就是说结构权力的调节作用表现不突出。

(2)从CEO持股比例对规模与一般缺陷数量关系的影响看,模型(2)中CEO持股比例对于一般缺陷数量的影响显著为正,在模型(3)中Share_Size系数显著为正。这说明当CEO持股比例低于行业平均水平时,一般缺陷数量更多,CEO持股情况直接影响内部控制一般缺陷数量,且更倾向于管家性质。也就是说,国有上市公司给予CEO更多的股权激励,对CEO予以正向的激励,CEO会倾向于权力保障,减少委托代理产生的风险。模型(3)中Share_Size系数显著为正则说明CEO持股比例正向加强了规模与一般缺陷数量的关系,也就是说对内部控制缺陷披露影响因素具有调节作用。

(3)从赫芬达尔指数对规模与一般缺陷数量关系的影响看,模型(2)中赫芬达尔指数对于一般缺陷数量的影响显著为负,在模型(3)中HHI_Size系数显著为负。这说明赫芬达尔指数对于一般缺陷数量具有负向作用,对于规模与一般缺陷数量的关系具有负向抑制作用。赫芬达尔指数最初是用于分析市场集中度的指标,在这里我们用于分析前十大股东的股权集中度,由分析结果可知,股权集中度对一般缺陷的数量具有抑制作用,直接影响内部控制缺陷数量及其披露,同时还会对规模这个影响因素产生调节作用。

(4)从CEO任职时间对规模与一般缺陷数量关系的影响看,模型(2)中CEO任职时间对于一般缺陷数量的影响显著为正,但是在模型(3)中Tenure_Size系数不显著。这说明CEO任职时间对于一般缺陷数量具有正向作用,但是对于规模与一般缺陷数量的关系无影响,也就是说CEO任职时间会对内部控制一般缺陷产生直接的影响,但对规模这个影响因素的调节作用并不显著。国有上市公司CEO任职时间长,在公司中能够形成一定的凝聚力,更具权威性,从管理理论的角度来说,就更具有权力保障性,能够减少内部控制缺陷,降低企业风险,而从委托代理理论的角度来说,就更有可能产生信息不对称,从而形成寻租行为,从实证分析的结果来看,国有上市公司CEO任职时间越长,产生寻租行为的可能性越大,因此,国有上市公司CEO任职时间对内部控制缺陷的数量有直接的影响。

表6.19 国有上市公司管理层权力对规模与一般缺陷数量关系的影响(1)

变量	结构权力对规模与一般缺陷数量关系的影响			CEO持股比例对规模与一般缺陷数量关系的影响			赫芬达尔指数对规模与一般缺陷数量关系的影响			CEO任职时间对规模与一般缺陷数量关系的影响		
	模型(1)	模型(2)	模型(3)	模型(1)	模型(2)	模型(3)	模型(1)	模型(2)	模型(3)	模型(1)	模型(2)	模型(3)
Size	2.214** (1.040)	2.244** (1.043)	1.154 (1.861)	2.214** (1.040)	1.685 (1.021)	0.403 (0.987)	2.214** (1.040)	2.886*** (1.059)	7.394*** (2.455)	2.214** (1.040)	1.747* (1.037)	1.373 (1.179)
Strcpower		1.300 (1.865)	−25.31 (37.64)									
Strcpower_Size			1.146 (1.619)									
Share					19.62*** (6.108)	−290.7*** (64.87)						
Share_Size						13.52*** (2.816)						
HHI								−15.81** (6.503)	192.1* (102.6)			
HHI_Size									−8.940** (4.404)			
Tenure											5.276** (2.084)	−23.39 (42.68)

续表

变量	结构权力对规模与一般缺陷数量关系的影响			CEO持股比例对规模与一般缺陷数量关系的影响			赫芬达尔指数对规模与一般缺陷数量关系的影响			CEO任职时间对规模与一般缺陷数量关系的影响		
	模型(1)	模型(2)	模型(3)	模型(1)	模型(2)	模型(3)	模型(1)	模型(2)	模型(3)	模型(1)	模型(2)	模型(3)
Tenure_Size												1.231 (1.830)
_cons	−52.18** −23.56	−54.44** −23.82	−28.71 −43.49	−52.18** −23.56	−39.30* (23.18)	−7.658 (22.55)	−52.18** −23.56	−61.27*** (23.46)	−165.1*** (56.17)	−52.18** −23.56	−44.20* (23.34)	−34.86 (27.20)
N	191	191	191	191	191	191	191	191	191	191	191	191
R-sq	0.452	0.454	0.456	0.452	0.489	0.561	0.452	0.474	0.489	0.452	0.476	0.477
adj.R-sq	0.272	0.269	0.267	0.272	0.316	0.408	0.272	0.296	0.311	0.272	0.298	0.296
F	2.51	2.459	2.41	2.51	2.832	3.676	2.51	2.665	2.752	2.51	2.684	2.628

注：***、**、* 分别为在1%、5%、10%水平上显著，表中数据为各自变量回归系数，括号内为标准误差。

表 6.20 国有上市公司管理层权力对规模与一般缺陷数量关系的影响(2)

变量	CEO 职称对规模与一般缺陷数量关系的影响			CEO 学历对规模与一般缺陷数量关系的影响			外部兼职数量对规模与一般缺陷数量关系的影响			外部兼任董事公司数量对规模与一般缺陷数量关系的影响		
	模型(1)	模型(2)	模型(3)	模型(1)	模型(2)	模型(3)	模型(1)	模型(2)	模型(3)	模型(1)	模型(2)	模型(3)
Size	2.214** (1.040)	2.175** (1.041)	2.928* (1.668)	2.214** (1.040)	2.215** (1.044)	1.734 (1.367)	2.214** (1.040)	2.111** (1.045)	3.473** (1.362)	2.214** (1.040)	2.230** (1.040)	2.415** (1.042)
Rank		−1.98 (2.213)	25.17 (46.96)									
Rank_Size			−1.16 (2.004)									
Degree					−0.0508 (2.244)	−22.72 (41.51)						
Degree_Size						0.981 (1.793)						
OtherCo								2.161 (2.190)	62.54 (39.00)			
OtherCo_Size									−2.613 (1.685)			
Director_ListCO											6.275 (6.435)	224.1 (141.1)

第 6 章
管理层权力对上市公司内部控制缺陷披露的影响

续表

变量	CEO职称对规模与一般缺陷数量关系的影响			CEO学历对规模与一般缺陷数量关系的影响			外部兼职对规模与一般缺陷数量关系的影响			外部兼任董事公司数量对规模与一般缺陷数量关系的影响		
	模型(1)	模型(2)	模型(3)	模型(1)	模型(2)	模型(3)	模型(1)	模型(2)	模型(3)	模型(1)	模型(2)	模型(3)
Director_ListCO_Size												−9.565 (6.189)
_cons	−52.18** −23.56	−50.34** (23.66)	−66.94* (37.22)	−52.18** −23.56	−52.18** (23.64)	−40.92 (31.39)	−52.18** −23.56	−51.46** (23.57)	−82.78*** (30.95)	−52.18** −23.56	−54.96** (23.73)	−60.62** (23.90)
N	191	191	191	191	191	191	191	191	191	191	191	191
R-sq	0.452	0.455	0.456	0.452	0.452	0.453	0.452	0.456	0.465	0.452	0.456	0.465
adj.R-sq	0.272	0.271	0.267	0.272	0.267	0.263	0.272	0.272	0.279	0.272	0.272	0.279
F	2.51	2.471	2.416	2.51	2.440	2.385	2.51	2.477	2.500	2.51	2.476	2.498

注：***，**，*分别为在1%，5%，10%水平上显著，表中数据为各自变量回归系数，括号内为标准误差。

6.管理层权力对于缺陷总数量的直接影响和调节作用

由表 6.18 中的回归结果可知,规模(Size)与缺陷总量(ALL)显著正相关。因此,我们根据模型(4)~(6),将规模(Size)作为解释变量,其余解释变量均作为控制变量,管理层权力作为调节变量,缺陷总数量(ALL)作为被解释变量,进行管理层权力对公司规模与缺陷总量关系影响的检验。

$$\text{ALL}_{it} = \beta_0 + \beta_1 \text{Size}_{it} + \beta_j \sum_{j=2}^{n} \text{Control}_{it} + \varepsilon \tag{4}$$

$$\text{ALL}_{it} = c_0 + c_1 \text{Size}_{it} + c_2 \text{Power}_{it} + c_j \sum_{j=3}^{n} \text{Control}_{it} + \varepsilon \tag{5}$$

$$\text{ALL}_{it} = d_0 + d_1 \text{Size}_{it} + d_2 \text{Power}_{it} + d_3 \text{Power}_{it} \times \text{Size}_{it} + d_j \sum_{j=4}^{n} \text{Control}_{it} + \varepsilon \tag{6}$$

回归结果(见表 6.21 和表 6.22)分析:

(1)结构权力对规模与缺陷总数量关系的影响不显著,两职合一对内部控制缺陷总数的直接影响不明显,且对规模与缺陷总数量关系的调节作用也不显著。

(2)从 CEO 持股比例对规模与缺陷总数量关系的影响看,模型(5)中 CEO 持股比例对于缺陷总数量的影响显著为正,在模型(6)中 Share_Size 系数显著为正。这说明当 CEO 持股比例低于行业平均水平时,缺陷总数量更多,同时正向加强了规模与缺陷总数量的关系。从缺陷总量的指标来看,其与一般缺陷的情况基本相符,主要原因是在我国上市公司披露的缺陷中一般缺陷的数量占总量的比重较大。这个部分的分析也说明我国国有上市公司的 CEO 的股权激励很重要,易激发出管理层的管家责任感,从而形成更强的权力保障。

(3)从赫芬达尔指数对规模与缺陷总数量关系的影响看,模型(4)中赫芬达尔指数对于缺陷总数量的影响显著为负,在模型(5)中 HHI_Size 系数显著为负。这说明赫芬达尔指数对于缺陷总数量具有负向作用,对于规模与缺陷总数量的关系具有负向抑制作用。股权集中度指标对内部控制缺陷总量具有直接影响,同时还会对规模这个影响因素产生调节作用。

第 6 章
管理层权力对上市公司内部控制缺陷披露的影响

表 6.21 国有上市公司管理层权力对规模与缺陷总数量关系的影响(1)

变量	结构权力对规模与缺陷总数量关系的影响		CEO持股比例对规模与缺陷总数量关系的影响		赫芬达尔指数对规模与缺陷总数量关系的影响		CEO任职时间对规模与缺陷总数量关系的影响		
	模型(4)	模型(5)	模型(6)	模型(4)	模型(5)	模型(6)	模型(4)	模型(5)	模型(6)	模型(4)	模型(5)	模型(6)
Size	2.256** (1.049)	2.287** (1.052)	1.170 (1.878)	2.256** (1.049)	1.719* (1.030)	0.414 (0.994)	2.256** (1.049)	2.947*** (1.068)	7.545*** (2.475)	2.256** (1.049)	1.782* (1.047)	1.382 (1.189)
Strcpower		1.365 (1.882)	−25.90 (37.98)									
Strcpower_Size			1.174 (1.633)									
Share					19.89*** (6.162)	−296.3*** (65.34)						
Share_Size						13.78*** (2.837)						
HHI								−16.25** (6.558)	195.9* (103.5)			
HHI_Size									−9.119** (4.440)			
Tenure											5.348** (2.103)	−25.27 (43.06)

157

续表

变量	结构权力对规模与缺陷总数量关系的影响			CEO持股比例对规模与缺陷总数量关系的影响			赫芬达尔指数对规模与缺陷总数量关系的影响			CEO任职时间对规模与缺陷关系数量关系的影响		
	模型(4)	模型(5)	模型(6)	模型(4)	模型(5)	模型(6)	模型(4)	模型(5)	模型(6)	模型(4)	模型(5)	模型(6)
Tenure_Size		−55.49** (24.04)	−29.13 (43.88)		−40.05* (23.38)	−7.824 (22.71)		−62.46*** (23.66)	−168.4*** (56.62)		−45.03* (23.55)	1.315 (1.846)
_cons	−53.12** (23.77)			−53.12** (23.77)			−53.12** (23.77)			−53.12** (23.77)		−35.05 (27.43)
N	191	191	191	191	191	191	191	191	191	191	191	191
R-sq	0.452	0.454	0.456	0.452	0.490	0.563	0.452	0.475	0.490	0.452	0.476	0.478
adj.R-sq	0.272	0.270	0.267	0.272	0.317	0.411	0.272	0.297	0.313	0.272	0.299	0.297
F	2.512	2.463	2.415	2.512	2.839	3.705	2.512	2.676	2.767	2.512	2.689	2.635

注：***、**、*分别为在1%、5%、10%水平上显著，表中数据为各自变量回归系数，括号内为标准误差。

表 6.22 国有上市公司管理层权力对规模与缺陷总数量关系的影响（2）

变量	CEO职称对规模与缺陷总数量关系的影响			CEO学历对规模与缺陷总数量关系的影响			外部兼职对规模与缺陷总数量关系的影响			外部兼任董事公司数量对规模与缺陷总数量关系的影响		
	模型(4)	模型(5)	模型(6)	模型(4)	模型(5)	模型(6)	模型(4)	模型(5)	模型(6)	模型(4)	模型(5)	模型(6)
Size	2.256** (1.049)	2.216** (1.051)	3.040* (1.683)	2.256** (1.049)	2.256** (1.054)	1.776 (1.380)	2.256** (1.049)	2.151** (1.055)	3.557** (1.374)	2.256** (1.049)	2.271** (1.050)	2.456** (1.052)
Rank		−1.997 (2.234)	27.69 (47.38)									
Rank_Size			−1.269 (2.022)									
Degree					0.00487 (2.265)	−22.63 (41.89)						
Degree_Size						0.979 (1.810)						
OtherCo								2.185 (2.210)	64.46 (39.35)			
OtherCo_Size									−2.695 (1.700)			
Director_ListCO											6.144 (6.496)	223.2 (142.5)

续表

变量	CEO职称对规模与缺陷总数量关系的影响			CEO学历对规模与缺陷总数量关系的影响			外部兼职对规模与缺陷总数量关系的影响			外部兼任董事公司数量对规模与缺陷总数量关系的影响		
	模型(4)	模型(5)	模型(6)	模型(4)	模型(5)	模型(6)	模型(4)	模型(5)	模型(6)	模型(4)	模型(5)	模型(6)
Director_ListCO_Size												−9.531 (6.249)
_cons	−53.12** (23.77)	−51.26** (23.88)	−69.42* (37.56)	−53.12** (23.77)	−53.12** (23.86)	−41.87 (31.68)	−53.12** (23.77)	−52.39** (23.79)	−84.69*** (31.23)	−53.12** (23.77)	−55.84** (23.96)	−61.47** (24.13)
N	191	191	191	191	191	191	191	191	191	191	191	191
R-sq	0.452	0.455	0.457	0.452	0.452	0.453	0.452	0.456	0.466	0.452	0.456	0.465
adj.R-sq	0.272	0.271	0.268	0.272	0.267	0.263	0.272	0.272	0.280	0.272	0.272	0.278
F	2.512	2.473	2.420	2.512	2.443	2.387	2.512	2.480	2.506	2.512	2.477	2.496

注：***、**、*分别为在1%、5%、10%水平上显著，表中数据为各自变量回归系数，括号内为标准误差。

(4)从 CEO 任职时间对规模与缺陷总数量关系的影响看,模型(4)中 CEO 任职时间对于缺陷总数量的影响显著为正,但是在模型(5)中 Tenure_Size 系数不显著。这说明 CEO 任职时间对于缺陷总数量具有正向作用,但是对于规模与缺陷总数量的关系无影响。

7.管理层权力对于重大缺陷数量的直接影响和调节作用

由表 6.18 中的回归结果可知,公司业绩(ROA)与重大缺陷(ICMW)显著正相关。因此,根据模型(7)~(9),我们将公司业绩(ROA)作为解释变量,重大缺陷(ICMW)作为被解释变量,其余解释变量均作为控制变量,管理层权力作为调节变量,进行管理层权力对公司业绩(ROA)与重大缺陷(ICMW)关系调节作用的检验。

$$\mathrm{ICMW}_{it} = \beta_0 + \beta_1 \mathrm{ROA}_{it} + \beta_j \sum_{j=2}^{n} \mathrm{Control}_{it} + \varepsilon \tag{7}$$

$$\mathrm{ICMW}_{it} = c_0 + c_1 \mathrm{ROA}_{it} + c_2 \mathrm{Power}_{it} + c_j \sum_{j=3}^{n} \mathrm{Control}_{it} + \varepsilon \tag{8}$$

$$\mathrm{ICMW}_{it} = d_0 + d_1 \mathrm{ROA}_{it} + d_2 \mathrm{Power}_{it} + d_3 \mathrm{Power}_{it} \times \mathrm{ROA}_{it} +$$
$$d_j \sum_{j=4}^{n} \mathrm{Control}_{it} + \varepsilon \tag{9}$$

回归结果(见表 6.23 和表 6.24)分析:

(1)从结构权力对公司业绩与重大缺陷数量关系的调节作用看,模型(8)中结构权力对于重大缺陷数量影响不显著,模型(9)中 Strcpower_ROA 系数显著为负。从这个实证分析结果来看,结构权力对于国有上市公司内部控制重大缺陷的直接影响并不显著,但结构权力对于公司业绩与重大缺陷数量的关系具有负向抑制作用。实证分析说明国有上市公司两职合一的情况,会对企业财务状况所带来的内部控制重大缺陷及其披露产生调节作用,还说明国有上市公司 CEO 更具有现代管家的性质,管理层权力的增加会产生权力保障作用。

(2)CEO 持股和赫芬达尔指数(所有权权力维度)对重大缺陷数量的直接影响和公司业绩与重大缺陷数量关系的调节作用不显著。这说明国有上市公司管理层权力维度中的所有权权力与内部控制重大缺陷及其影响因素的相关性不大。

表 6.23 国有上市公司管理层权力对公司业绩与重大缺陷数量关系的影响(1)

变量	结构权力对公司业绩与重大缺陷数量关系的影响			CEO 持股比例对公司业绩与重大缺陷数量关系的影响			赫芬达尔指数对公司业绩与重大缺陷数量关系的影响			CEO 任职时间对公司业绩与重大缺陷数量关系的影响		
	模型(7)	模型(8)	模型(9)	模型(7)	模型(8)	模型(9)	模型(7)	模型(8)	模型(9)	模型(7)	模型(8)	模型(9)
ROA	0.641*** (0.234)	0.702*** (0.239)	2.257*** (0.237)	0.641*** (0.234)	0.753*** (0.248)	0.763*** (0.248)	0.641*** (0.234)	0.672*** (0.235)	0.326 (0.616)	0.641*** (0.234)	0.639*** (0.236)	0.815*** (0.245)
Strcpower		0.0233 (0.0190)	0.109*** (0.0167)									
Strcpower_ROA			−2.296*** (0.224)									
Share					−0.0886 (0.0643)	−0.0174 (0.125)						
Share_ROA						−0.576 (0.870)						
HHI								−0.0878 (0.0675)	−0.116 (0.0824)			
HHI_ROA									0.724 (1.192)			

续表

变量	结构权力对公司业绩与重大缺陷数量关系的影响			CEO持股比例对公司业绩与重大缺陷数量关系的影响			滕分达尔指数对公司业绩与重大缺陷数量关系的影响			CEO任职时间对公司业绩与重大缺陷数量关系的影响		
	模型(7)	模型(8)	模型(9)	模型(7)	模型(8)	模型(9)	模型(7)	模型(8)	模型(9)	模型(7)	模型(8)	模型(9)
Tenure											−0.00308 (0.0218)	0.0234 (0.0246)
Tenure_ROA			−0.107 (0.186)									−0.951** (0.427)
_cons	0.130 (0.241)	0.0896 (0.243)		0.130 (0.241)	0.0720 (0.244)	0.114 (0.252)	0.130 (0.241)	0.0796 (0.243)	0.0806 (0.244)	0.130 (0.241)	0.125 (0.244)	0.0689 (0.242)
N	191	191	191	191	191	191	191	191	191	191	191	191
R-sq	0.698	0.701	0.828	0.698	0.702	0.703	0.698	0.701	0.702	0.698	0.698	0.708
adj.R-sq	0.599	0.600	0.769	0.599	0.601	0.599	0.599	0.600	0.599	0.599	0.596	0.607
F	7.027	6.936	13.89	7.027	6.963	6.803	7.027	6.949	6.784	7.027	6.833	6.981

注：***、**、*分别为在1%、5%、10%水平上显著，表中数据为各自变量回归系数，括号内为标准误差。

表 6.24 国有上市管理层权力对公司业绩与重大缺陷数量关系的影响(2)

变量	CEO 职称对公司业绩与重大缺陷数量关系的影响 模型(7)	模型(8)	模型(9)	CEO 学历对公司业绩与重大缺陷数量关系的影响 模型(7)	模型(8)	模型(9)	外部兼职对公司业绩与重大缺陷数量关系的影响 模型(7)	模型(8)	模型(9)	外部兼任董事公司数量对公司业绩与重大缺陷数量关系的影响 模型(7)	模型(8)	模型(9)
ROA	0.641*** (0.234)	0.613** (0.235)	0.0456 (0.448)	0.641*** (0.234)	0.591** (0.236)	0.0871 (0.460)	0.641*** (0.234)	0.656*** (0.235)	−0.482* (0.291)	0.641*** (0.234)	0.601** (0.237)	0.604** (0.238)
Rank		0.0264 (0.0226)	0.00232 (0.0277)									
Rank_ROA			0.696 (0.468)									
Degree					0.0328 (0.0228)	0.0119 (0.0280)						
Degree_ROA						0.616 (0.484)						
OtherCo								0.0191 (0.0224)	−0.0601** (0.0245)			
OtherCo_ROA									2.014*** (0.351)			

续表

变量	CEO职称对公司业绩与重大缺陷数量关系的影响		CEO学历对公司业绩与重大缺陷数量关系的影响		外部兼职对公司业绩与重大缺陷数量关系的影响		外部兼任董事公司数量对公司业绩与重大缺陷数量关系的影响	
	模型(7)	模型(8) 模型(9)	模型(7)	模型(8) 模型(9)	模型(7)	模型(8) 模型(9)	模型(7)	模型(8) 模型(9)
Director_ListCO		0.106 0.0806 (0.242) (0.241)	0.130 (0.241)	0.129 0.0824 (0.240) (0.242)	0.130 (0.241)	0.137 0.0797 (0.241) (0.218)		−0.0749 −0.0526 (0.0657) (0.0984)
Director_ListCO_ROA	0.130 (0.241)						0.130 (0.241)	−0.471 (1.540)
_cons	7.027 (0.241)	6.926 6.888 (0.242) (0.241)	7.027 (0.241)	6.975 6.896 (0.240) (0.242)	7.027 (0.241)	6.882 8.930 (0.241) (0.218)	0.163 (0.242)	0.169 (0.244)
N	191	191 191	191	191 191	191	191 191	191	191
R-sq	0.698	0.701 0.705	0.698	0.702 0.706	0.698	0.699 0.756	0.701	0.701
adj.R-sq	0.599	0.600 0.603	0.599	0.601 0.603	0.599	0.598 0.672	0.599	0.597
F	7.027	6.926 6.888	7.027	6.975 6.896	7.027	6.882 8.930	6.922	6.739

注:***、**、*分别为在1%、5%、10%水平上显著,表中数据为各自变量回归系数,括号内为标准误差。

(3)从 CEO 任职时间对公司业绩与重大缺陷数量关系的影响看,模型(8)中 CEO 任职时间对于重大缺陷数量的直接影响不显著,在模型(9)中 Tenure_ROA 系数显著为负。这说明 CEO 任职时间对于公司业绩与重大缺陷数量的关系具有负向抑制作用。这个部分的实证结果也指向了一个事实,就是国有上市公司的管理层更倾向于扮演现代管家的角色,可以抑制内部控制重大缺陷影响因素产生的效果。

(4)CEO 职称和 CEO 学历(专家权力维度)对公司业绩与重大缺陷数量的直接影响不显著,对重大缺陷影响因素的调节作用也不显著。

(5)从外部兼职对公司业绩与重大缺陷数量的关系看,模型(8)中外部兼职对于重大缺陷数量的影响不显著,在模型(9)中 OtherCo_ROA 系数显著为正。这说明外部兼职对于重大缺陷的直接影响不显著,但对公司业绩与重大缺陷数量的关系具有正向强化的调节作用。外部兼任董事公司数量对公司业绩与重大缺陷数量关系的调节作用不显著。

6.3.2 非国有上市公司管理层权力视角下内部控制影响因素分析

非国有上市公司主要包含民营上市公司、国有弱相对控股和国有参股上市公司,是以控制权为标准进行划分的。民营上市公司往往是以民营企业绝对控股或相对控股的法人或自然人作为主发起人或拥有的上市公司,其控制权是民营企业法人或自然人,而国有弱相对控股和国有参股公司在国企改制进程中国有资本占比逐步减少,而非国有资本占比不断上升,使得这些上市公司的实际控制权并非国有,因此,本书将这三种类型的上市公司都列入非国有上市公司的范畴进行研究。非国有上市公司与国有上市公司在公司治理结构上没有太大的差异,董事会、监事会、管理层的架构是一致的,但公司治理实质上是所有权安排的具体反映,因此,非国有上市公司和国有上市公司在所有权上有着本质的区别,二者在公司治理的特征上也存在着一定的差异,在管理层权力的特征上也有所不同。

非国有上市公司股权相对集中,虽然其大部分低于国有上市公司的股权集中度,但其中的家族企业,股权集中度较高,内部人控制问题严重,大股东侵害中小股东权益的事件时有发生。根据《中国上市公司治理分类指数报告》(见表 6.25)，2021 年我国中小投资者权益保护指数[①]中国有控股公司的平均值为 56.4923，非国有控股公司的平均值为 55.1731，两种类型的上市公司在中小投资者权益保护方面存在较大的问题，其中非国有控股公司最小值和最大值均低于国有控股公司且差距大，标准差也较大，中央企业(或监管机构)最终控制的公司中小投资者保护权益指数平均值最高，且最小值也较非国有控股公司高出了 20 个点，标准差最低，具体情况如下：

表 6.25　2021 年国有与非国有控股公司中小投资者权益保护指数比较

序号	性质	公司数目/家	平均值	中位数	最大值	最小值	标准差
1	国有控股公司	1239	56.4923	56.8607	73.1783	18.9352	6.2817
	其中:中央企业	418	57.3428	57.4195	72.9119	34.0791	5.7248
2	非国有控股公司	2937	55.1731	56.5262	71.5835	14.0530	7.2032
	总体	4176	55.5645	56.6685	73.1783	14.0530	6.9687

资料来源：高明华 等，2022：250

6.3.2.1 非国有上市公司管理层权力对内部控制缺陷的直接影响

非国有上市公司的最终控制人是非国有企业或自然人。所有权性质的特点决定了管理层权力的特点，非国有上市公司两职合一的现象十分普遍，比国有上市公司更加明显，且经常是控股股东、董事长和总经理三位一体。在这种情况下，管理层权力中的结构权力维度和所有权权力维度都是较高的。但部分国企通过混改形成的上市公司在一定程度上完善了公司的治理结构，这种类型的企业并不是以民营企业或自然人作为发起人的，其股权结构多样化，股权相对分散，所有权权力不显著，管理层权力各个维度的结合比较合理，可以通过股权制衡来改善信息披露质量，保

[①] 中小投资者权益保护指数是《中国上市公司治理分类指数报告》的一项重要指数，是主要从中小投资者知情权维度、决策与监督权维度、收益权维度和维权环境维度等四个方面进行综合评价得到的指数。

护中小投资者权益。根据2021年上市公司企业家能力指数[①]排名,在前100位的公司中,国有控股公司有19家,非国有控股公司有81家,从整体数据比较来看,2021年国有控股上市公司企业家能力指数平均值为30.6912,非国有控股上市公司的平均值为31.6609(高明华 等,2022:256),两者差距并不太大,主要原因是非国有控股上市公司的企业家能力指数的标准差较大。非国有上市公司股权性质使其控制权和所有权能够统一,这也导致了其管理层权力中所有权的控制能力较强,在这种情况下,非国有上市公司管理层是"现代管家"的性质多于"代理人"性质呢,还是正好相反,需要做进一步的探讨。因此,以下提出两个假设:

假设6-15:基于"权力保障"的观念,非国有上市公司管理层权力能够直接抑制内部控制缺陷,有利于内部控制缺陷的披露;

假设6-16:基于"权力超越"的观念,非国有上市公司管理层权力越大越有可能直接增加内部控制缺陷的数量,由于管理层的防御机制,其更有可能刻意隐瞒内部控制缺陷披露。

6.3.2.2 非国有上市公司管理层权力对内部控制缺陷披露影响因素的调节作用

前文提及的内部控制披露的影响因素中包含了公司的规模、成长性、财务状况以及公司的并购重组情况,非国有上市公司的管理层权力对内部控制缺陷披露影响因素具有调节作用。非国有上市公司两职合一现象比国有上市公司更为显著,且非国有上市公司往往还是控股股东直接担任董事长,因此,其结构权力会比国有上市公司的更强,对内部控制缺陷影响因素及其披露会产生更加显著的调节作用。此外,由于非国有上市公司政府干预少,内部控制缺陷特别是重大缺陷与公司财务状况的相关性受外界影响的程度相对低,因此两者的相关性应该是呈显著相关的,管理层的各项权力,特别是结构权力和所有权权力对内部控制缺陷影响因

[①] 根据《中国上市公司治理分类指数报告》,企业家能力指数从企业家人力资本维度、企业家关系网络能力维度、企业家社会责任能力维度和企业家战略能力维度四个维度进行评价,这时的企业家主要指上市公司的总经理(CEO)。

素的调节作用应该会比国有上市公司更加显著。有鉴于此,以下采用与6.3.1.2 相同的四个假设:

假设 6-11:结构权力对内部控制缺陷披露影响因素具有调节作用;

假设 6-12:所有权权力对内部控制缺陷披露影响因素具有调节作用;

假设 6-13:专家权力对内部控制缺陷披露影响因素具有调节作用;

假设 6-14:声誉权力对内部控制缺陷披露影响因素具有调节作用。

6.3.2.3 非国有上市公司管理层权力视角下内部控制缺陷披露影响因素研究过程

1.样本选择

本书选取了 2016 年至 2019 年 A 股非国有上市公司作为样本,并按以下程序进行筛选:①剔除金融企业;②剔除 ST、*ST 企业;③为消除极端值影响,对主要连续变量,将处于 0%~1% 和 99%~100% 之间的样本进行缩尾处理,最终得到1481 个观测值。

2.变量设计

相关变量见表 6.16。

3.变量描述性统计

表 6.26 描述性统计

变量		本数	均值	标准差	最小值	最大值
变量名称	变量符号					
规模	Size	1481	22.39	1.23	18.39	27.77
成长性	Growth	1481	0.15	0.44	−0.71	3.05
资产负债率	Lev	1481	0.46	0.21	0.07	1.00
公司业绩	ROA	1481	0.02	0.12	−1.58	0.43
并购重组	M&R	1481	0.13	0.34	0.00	1.00
结构权力	Strcpower	1481	1.27	0.62	0.00	2.00
CEO 持股比例	Share	1481	0.16	0.36	0.00	1.00
赫芬达尔指数	HHI	1481	0.34	0.17	0.00	0.89
CEO 任职时间	Tenure	1481	0.50	0.50	0.00	1.00
CEO 职称	Rank	1481	0.32	0.47	0.00	1.00
CEO 学历	Degree	1481	0.44	0.50	0.00	1.00

续表

变量		本数	均值	标准差	最小值	最大值
变量名称	变量符号					
外部兼职	OtherCo	1481	0.49	0.50	0.00	1.00
外部兼任董事公司数量	Director_ListCO	1481	0.02	0.15	0.00	2.00
一般缺陷	ICW	1481	4.57	10.20	0.00	79.00
重要缺陷	ICSW	1481	0.13	0.49	0.00	6.00
重大缺陷	ICMW	1481	0.18	0.73	0.00	8.00
缺陷总数	ALL	1481	4.89	10.20	1.00	80.00

从描述性统计分析（见表 6.26）中我们可以得到以下信息：

（1）相关上市公司披露缺陷的数量主要集中于一般缺陷，且缺陷披露数量极不均衡，标准差大，这点与国有上市公司基本是相似的。但在有可能导致内部控制失效的重大缺陷方面，可以看出非国有上市公司披露的数量明显高于国有上市公司。

（2）两职合一现象较国有上市公司更加显著。

（3）CEO 持股比例明显高于国有上市公司，且高出较多，同时存在不均衡的现象；HHI 较国有上市公司低，说明国有上市公司前十大股东股权集中度更高，非国有上市公司股权相对分散。

（4）CEO 任职时较国有上市公司 CEO 长，高职称 CEO 较国有上市公司 CEO 少。

（5）外部兼职情况两者差异不大。

4.初始回归

根据表 6.16 中的四个被解释变量以及解释变量和控制变量，建立以下模型：

$$ICW_{it} = \beta_0 + \beta_1 Size_{it} + \beta_2 Growth_{it} + \beta_3 Lev_{it} + \beta_4 ROA_{it} + \beta_j \sum_{j=5}^{n} Control_{it} + \varepsilon$$

$$ICSW_{it} = \beta_0 + \beta_1 Size_{it} + \beta_2 Growth_{it} + \beta_3 Lev_{it} + \beta_4 ROA_{it} + \beta_j \sum_{j=5}^{n} Control_{it} + \varepsilon$$

$$ICMW_{it} = \beta_0 + \beta_1 Size_{it} + \beta_2 Growth_{it} + \beta_3 Lev_{it} + \beta_4 ROA_{it} + \beta_j \sum_{j=5}^{n} Control_{it} + \varepsilon$$

$$ALL_{it} = \beta_0 + \beta_1 Size_{it} + \beta_2 Growth_{it} + \beta_3 Lev_{it} + \beta_4 ROA_{it} + \beta_j \sum_{j=5}^{n} Control_{it} + \varepsilon$$

第 6 章 管理层权力对上市公司内部控制缺陷披露的影响

表 6.27 初始回归结果

变量	ICW	ICSW	ICMW	ALL
Size	1.172*** (0.244)	−0.0104 (0.0126)	−0.0669*** (0.0171)	1.098*** (0.244)
Growth	0.318 (0.595)	−0.0641** (0.0307)	0.0392 (0.0419)	0.277 (0.596)
Lev	1.343 (1.475)	0.130* (0.0761)	0.397*** (0.104)	1.864 (1.476)
ROA	3.1 (2.409)	−0.0787 (0.124)	−2.304*** (0.169)	0.69 (2.412)
M&R	−1.376* (0.765)	−0.019 (0.0395)	−0.016 (0.0538)	−1.410* (0.766)
年份/行业	−20.02***	0.283	1.196***	−18.61***
_cons	(5.756)	(0.297)	(0.405)	(5.762)
N	1481	1481	1481	1481
R-sq	0.197	0.09	0.235	0.196
adj.R-sq	0.155	0.043	0.195	0.154
	1.172***	−0.0104	−0.0669***	1.098***

注：***、**、*分别为在 1%、5%、10%水平上显著，表中数据为各自变量回归系数，括号内为标准误差。

从内部控制缺陷披露的影响指标与内部控制缺陷数量之间的关系展开分析（见表 6.27），可以发现规模（Size）与一般缺陷（ICW）、重大缺陷（ICMW）和缺陷总数（ALL）指标都存在显著正相关关系，与重要缺陷（ICSW）不存在显著关系；代表公司财务状况的两个指标，也就是资产负债率（Lev）和公司业绩（ROA）与重大缺陷（ICMW）存在显著相关关系，说明公司的财务状况对非国有上市公司内部控制重大缺陷的影响程度高，是直接影响因素，这与前文的分析是吻合的。

5.管理层权力对于一般缺陷数量的直接影响和调节作用

由表 6.27 中的回归结果可知，规模（Size）与 ICW 显著正相关。因此下面将规模（Size）作为解释变量，一般缺陷数量（ICW）作为被解释变量，其余解释变量均作为控制变量，管理层权力作为调节变量，进行管理层权力对公司规模与一般缺陷数量（ICW）关系影响的检验，构建(1)~(3)的

171

回归方程。

$$\text{ICW}_{it} = \beta_0 + \beta_1 \text{Size}_{it} + \beta_j \sum_{j=2}^{n} \text{Control}_{it} + \varepsilon \tag{1}$$

$$\text{ICW}_{it} = c_0 + c_1 \text{Size}_{it} + c_2 \text{Power}_{it} + c_j \sum_{j=3}^{n} \text{Control}_{it} + \varepsilon \tag{2}$$

$$\text{ICW}_{it} = d_0 + d_1 \text{Size}_{it} + d_2 \text{Power}_{it} + d_3 \text{Power}_{it} \times \text{Size}_{it} + d_j \sum_{j=4}^{n} \text{Control}_{it} + \varepsilon \tag{3}$$

回归结果(见表 6.28 和表 6.29)分析：

(1)从结构权力对规模与一般缺陷数量关系的影响来看,模型(2)中结构权力系数显著为负,模型(3)中 Strcpower_Size 系数显著为负,说明结构权力对于一般缺陷数量具有抑制作用,结构权力对规模与一般缺陷数量关系具有负向抑制作用。从这一点来说,对非国有上市公司实证分析的结果与对国有上市公司实证分析的结果很不相同,在对国有上市公司的分析中可以发现,结构权力与其对内部控制缺陷的直接影响和调节作用都属于弱相关关系,而非国有上市公司的结构权力不仅其自身与内部控制缺陷的数量有直接关系,同时还具有显著的调节作用,而且都属于抑制作用,在这里所体现的是"现代管家"属性。

(2)从 CEO 持股比例对规模与一般缺陷数量关系的影响看,模型(2)中 CEO 持股比例对于一般缺陷数量的影响不显著,模型(3)中 Share_Size 系数较显著,说明 CEO 持股比例对于规模与一般缺陷数量的关系具有正向强化作用;从赫芬达尔指数对规模与一般缺陷数量关系的影响看,模型(2)中赫芬达尔指数对于一般缺陷数量的影响不显著,但是在模型(3)中 HHI_Size 系数显著为正,说明赫芬达尔指数对于规模与一般缺陷数量的关系具有正向强化作用。从这部分的实证结果来看,非国有上市公司的所有权权力对于内部控制一般缺陷没有显著的直接影响,但对于内部控制缺陷披露的影响因素(Size),具有显著的调节作用,特别是对赫芬达尔指数具有显著的正向调节作用,也就是说,非国有上市公司的股权集中度过高,会放大内部控制缺陷披露影响因素的作用。这一点与国有上市公司的情况是不同的,两者的影响方向是相反的。因此可以说非国有上市公司 CEO 作为"代理人"的表现更加突出，而国有上市公司的 CEO"管家"属性更显著。

（3）从 CEO 任职时间对规模与一般缺陷数量关系的影响看，模型（2）中 CEO 任职时间系数显著为负，在模型（3）中 Tenure_Size 系数显著为负。这说明 CEO 任职时间对一般缺陷数量具有抑制作用，CEO 任职时间对于规模与一般缺陷数量的关系具有负向抑制作用。从 CEO 职称对规模与一般缺陷数量关系的影响看，模型（2）中 CEO 职称系数显著为负，模型（3）中 Rank_Size 系数不显著，说明 CEO 职称对于一般缺陷数量具有抑制作用，但是对于规模与一般缺陷数量的关系并无太大影响。CEO 学历对规模与缺陷总数量关系的影响不显著。非国有上市公司管理层权力的专家权力维度中任职时间对内部控制缺陷产生的直接影响和调节作用显著，都呈现抑制作用，CEO 职称对内部控制缺陷会产生直接的抑制作用，可见 CEO 任职时间长容易形成权威性，其更具有凝聚力，更加关注公司的长远发展。并且，非国有上市公司的总经理往往又是公司的控股股东，"管家"的属性明显，控制权和剩余索取权高度统一。因此，CEO 的专家权力会抑制内部控制缺陷的数量，同时还会对内部控制缺陷的影响因素产生调节作用。

（4）外部兼职对规模与缺陷总数量关系的影响不显著。从外部兼任董事公司数量对规模与缺陷总数量关系的影响看，模型（2）中外部兼任董事公司数量对于缺陷总数量的影响略微显著，在模型（3）中 Director_ListCO_Size 系数显著为正，说明外部兼任董事公司数量对于规模与缺陷总数量的关系具有正向强化作用。这说明非国有上市公司 CEO 兼职其他公司董事，也就是目前一些研究中所提到的连锁董事[①]，会使得 CEO 的声誉权力提升，能够通过学习效应来提升 CEO 的能力。但从另一个角度来看，连锁董事有可能从其他任职公司中学习到不适应本公司的实践和策略，这时学习效应也有可能产生负面的影响。

---

① 根据 Mizruchi(1982)的观点，当一个属于某组织的董事在另一个组织的董事会中任职时，就会出现连锁董事现象，这样的董事就是连锁董事。

表 6.28　非国有上市公司管理层权力对规模与一般缺陷数量关系的影响(1)

变量	结构权力对规模与一般缺陷数量关系的影响			CEO持股比例对规模与一般缺陷数量关系的影响			赫芬达尔指数对规模与一般缺陷数量关系的影响			CEO任职时间对规模与一般缺陷数量关系的影响		
	模型(1)	模型(2)	模型(3)	模型(1)	模型(2)	模型(3)	模型(1)	模型(2)	模型(3)	模型(1)	模型(2)	模型(3)
Size	1.172*** (0.244)	1.127*** (0.244)	2.013*** (0.502)	1.172*** (0.244)	1.167*** (0.245)	1.040*** (0.255)	1.172*** (0.244)	1.107*** (0.249)	−0.0799 (0.465)	1.172*** (0.244)	1.205*** (0.244)	1.840*** (0.299)
Strcpower		−1.108*** (0.414)	13.84* (7.418)									
Strcpower_Size			−0.670** (0.332)									
Share					−0.146 (0.730)	−24.62* (14.24)						
Share_Size						1.116* (0.649)						
HHI								2.181 (1.688)	−73.09*** (24.98)			
HHI_Size									3.327*** (1.102)			
Tenure											−1.252** (0.500)	31.81*** (9.164)

第 6 章
管理层权力对上市公司内部控制缺陷披露的影响

续表

变量	结构权力对规模与一般缺陷数量关系的影响			CEO 持股比例对规模与一般缺陷数量关系的影响			赫芬达尔指数对规模与一般缺陷数量关系的影响			CEO 任职时间对规模与一般缺陷数量关系的影响		
	模型(1)	模型(2)	模型(3)	模型(1)	模型(2)	模型(3)	模型(1)	模型(2)	模型(3)	模型(1)	模型(2)	模型(3)
Tenure_Size												−1.476*** (0.409)
_cons	−20.02*** (5.756)	−17.63*** (5.812)	−37.43*** (11.40)	−20.02*** (5.756)	−19.90*** (5.788)	−17.01*** (6.023)	−20.02*** (5.756)	−19.58*** (5.764)	7.335 (10.61)	−20.02*** (5.756)	−20.16*** (5.745)	−34.57*** (6.974)
N	1481	1481	1481	1481	1481	1481	1481	1481	1481	1481	1481	1481
R-sq	0.197	0.201	0.204	0.197	0.197	0.199	0.197	0.198	0.203	0.197	0.201	0.208
adj.R-sq	0.155	0.159	0.161	0.155	0.155	0.156	0.155	0.156	0.161	0.155	0.159	0.166
F	4.732	4.786	4.786	4.732	4.666	4.649	4.732	4.693	4.779	4.732	4.771	4.921

注：***，**，* 分别为在 1%，5%，10% 水平上显著。表中数据为各自变量回归系数，括号内为标准误差。

表 6.29 非国有上市公司管理层权力对规模与一般缺陷数量关系的影响（2）

变量	CEO职称对规模与一般缺陷数量关系的影响			CEO学历对规模与一般缺陷数量关系的影响			外部兼职对规模与一般缺陷数量关系的影响			外部兼任董事公司数量对规模与一般缺陷数量关系的影响		
	模型(1)	模型(2)	模型(3)	模型(1)	模型(2)	模型(3)	模型(1)	模型(2)	模型(3)	模型(1)	模型(2)	模型(3)
Size	1.172*** (0.244)	1.231*** (0.245)	1.246*** (0.297)	1.172*** (0.244)	1.177*** (0.244)	0.960*** (0.297)	1.172*** (0.244)	1.177*** (0.244)	1.091*** (0.320)	1.172*** (0.244)	1.179*** (0.243)	1.116*** (0.245)
Rank		−1.120** (0.569)	−0.237 (9.812)									
Rank_Size			−0.0393 (0.436)									
Degree					−0.305 (0.517)	−12.34 (9.454)						
Degree_Size						0.537 (0.421)						
OtherCo								−0.202 (0.518)	−4.120 (9.374)			
OtherCo_Size									0.175 (0.418)			
Director_ListCO											3.340** (1.653)	−55.10** (25.62)

续表

变量	CEO职称对规模与一般缺陷数量关系的影响			CEO学历对规模与一般缺陷数量关系的影响			外部兼职对规模与一般缺陷数量关系的影响			外部兼任董事公司数量对规模与一般缺陷数量关系的影响		
	模型(1)	模型(2)	模型(3)	模型(1)	模型(2)	模型(3)	模型(1)	模型(2)	模型(3)	模型(1)	模型(2)	模型(3)
Drector_ListCO_Size												2.623** (1.148)
_cons	−20.02*** (5.756)	−20.39*** (5.753)	−20.73*** (6.897)	−20.02*** (5.756)	−19.90*** (5.760)	−14.99** (6.928)	−20.02*** (5.756)	−20.07*** (5.759)	−18.11** (7.419)	−20.02*** (5.756)	−20.15*** (5.750)	−18.73*** (5.775)
N	1481	1481	1481	1481	1481	1481	1481	1481	1481	1481	1481	1481
R-sq	0.197	0.199	0.199	0.197	0.197	0.198	0.197	0.197	0.197	0.197	0.199	0.202
adj.R-sq	0.155	0.157	0.157	0.155	0.155	0.155	0.155	0.155	0.154	0.155	0.157	0.160
F	4.732	4.730	4.664	4.732	4.671	4.632	4.732	4.668	4.605	4.732	4.734	4.754

注：***，**，*分别为在1%，5%，10%水平上显著，表中数据为各自变量回归系数，括号内为标准误差。

6.管理层权力对于重大缺陷数量的直接影响和调节作用

根据表 6.27 中的回归结果可知,规模(Size)、公司业绩(ROA)与重大缺陷(ICMW)显著负相关,资产负债率(Lev)与重大缺陷(ICMW)显著正相关。因此,以下根据模型(4)~(6),将规模(Size)、公司业绩(ROA)、资产负债率(Lev)作为解释变量,重大缺陷(ICMW)作为被解释变量,其余解释变量均作为控制变量,管理层权力作为调节变量,进行管理层权力对规模(Size)、公司业绩(ROA)、资产负债率(Lev)与重大缺陷(ICMW)关系调节作用的检验。

$$ICMW_{it} = \beta_0 + \beta_1 Size_{it} + \beta_2 Lev_{it} + \beta_3 ROA_{it} + \beta_j \sum_{j=4}^{n} Control_{it} + \varepsilon \quad (4)$$

$$ICMW_{it} = c_0 + c_1 Size_{it} + c_2 Lev_{it} + c_3 ROA_{it} + c_4 Power_{it} + c_j \sum_{j=5}^{n} Control_{it} + \varepsilon \quad (5)$$

$$ICMW_{it} = d_0 + d_1 Size_{it} + d_2 Lev_{it} + d_3 ROA_{it} + d_4 Power_{it} + d_5 Power_{it} \times Size_{it} + d_6 Power_{it} \times Lev_{it} + d_7 Power_{it} \times ROA_{it} + d_j \sum_{j=8}^{n} Control_{it} + \varepsilon \quad (6)$$

回归结果(见表 6.30 和表 6.31)分析:

(1)从结构权力对规模、公司业绩、资产负债率与重大缺陷数量关系的影响看,模型(5)中结构权力系数显著为负,模型(6)中 Strcpower_ROA 系数显著为正,说明结构权力对于重大缺陷数量具有抑制作用,但是随着结构权力的增大,公司业绩对于重大缺陷的抑制作用会减弱。非国有上市公司两职合一现象导致结构权力较大,这部分的实证结果表明:结构权力对内部控制重大缺陷披露会产生直接的影响,能够抑制重大缺陷数量,同时还会对重大缺陷数量影响因素中财务状况的两个指标 RCA 和 Lev 产生调节作用,当结构权力增大时,这种抑制作用会减弱。

(2)从 CEO 持股比例对规模、公司业绩、资产负债率与重大缺陷数量关系的影响看,模型(5)中 CEO 持股比例对于重大缺陷数量的直接影响系数不显著,模型(6)中 Share_Lev 系数显著为正。这说明随着 Share 取

1，即CEO持股比例小于平均水平，资产负债率和公司业绩对于重大缺陷的正向作用会提高；从赫芬达尔指数对规模、公司业绩、资产负债率与重大缺陷数量关系的影响看，模型(5)中赫芬达尔指数对于重大缺陷数量系数的直接影响不显著，模型(6)中 HHI_Lev 系数显著为负。这说明随着赫芬达尔指数的提升，公司业绩、资产负债率对于重大缺陷的正向作用会被削弱。由实证结果可以看出，非国有上市公司所有权维度对财务状况这个影响因素的调节作用较为显著。

(3)从CEO任职时间对规模、资产负债率与重大缺陷数量关系的影响看，模型(6)中 Tenure_ROA 系数略微显著为正，说明随着CEO任职时间的增加，公司业绩、资产负债率对重大缺陷数量的抑制作用会略微减弱；从CEO职称对规模、公司业绩、资产负债率与重大缺陷数量关系的影响看，模型(5)中CEO职称系数不显著，模型(6)中 Rank_Lev 系数显著为正，说明CEO职称的提升，对于公司业绩、资产负债率与重大缺陷数量关系有正向促进作用；从CEO学历对规模、公司业绩、资产负债率与重大缺陷数量关系的影响看，模型(5)中CEO学历系数不显著，模型(6)中 Degree_ROA 系数显著为负，说明随着CEO学历的提升，公司业绩对于重大缺陷数量的抑制作用会进一步加强。这说明非国有上市公司CEO任职时间的调节作用不显著，但CEO职称和学历的调节作用显著。

(4)从外部兼职对规模、公司业绩与重大缺陷数量关系的影响看。模型五中 OtherCo_ROA 系数显著为正，说明当CEO有外部兼职时，会降低公司业绩、资产负债率对于重大缺陷的抑制作用。外部兼任董事公司数量对规模、公司业绩、资产负债率与重大缺陷数量关系的影响均不显著。

表 6.30 非国有上市公司管理层权力对规模、公司业绩、资产负债率与重大缺陷（ICMW）数量关系的影响（1）

变量	结构权力对规模、公司业绩、资产负债率与重大缺陷数量关系的影响		CEO 持股比例对规模、公司业绩、资产负债率与重大缺陷数量关系的影响			薪分达尔指数对规模、公司业绩、资产负债率与重大缺陷数量关系的影响			CEO 任职时间对规模、公司业绩、资产负债率与重大缺陷数量关系的影响		
	模型(4)	模型(5)	模型(6)	模型(4)	模型(5)	模型(6)	模型(4)	模型(5)	模型(6)	模型(4)	模型(5)	模型(6)
Size	−0.0669*** (0.0171)	−0.0702*** (0.0171)	−0.125*** (0.0376)	−0.0669*** (0.0171)	−0.0681*** (0.0172)	−0.0593*** (0.0182)	−0.0669*** (0.0171)	−0.0654*** (0.0175)	−0.102*** (0.0349)	−0.0669*** (0.0171)	−0.0652*** (0.0171)	−0.0763*** (0.0223)
Lev	0.397*** (0.104)	0.399*** (0.103)	0.725*** (0.215)	0.397*** (0.104)	0.391*** (0.104)	0.292*** (0.111)	0.397*** (0.104)	0.394*** (0.104)	0.869*** (0.226)	0.397*** (0.104)	0.396*** (0.104)	0.493*** (0.140)
ROA	−2.304*** (0.169)	−2.300*** (0.169)	−3.748*** (0.328)	−2.304*** (0.169)	−2.311*** (0.170)	−2.381*** (0.190)	−2.304*** (0.169)	−2.300*** (0.170)	−2.716*** (0.372)	−2.304*** (0.169)	−2.301*** (0.169)	−2.507*** (0.209)
Strcpower		−0.0833*** (0.0291)	−0.967* (0.547)									
Strcpower_Size			0.0449* (0.0257)									
Strcpower_Lev			−0.294* (0.153)									
Strcpower_ROA			1.145*** (0.219)									

续表

变量	结构权力对规模、公司业绩、资产负债率与重大缺陷数量关系的影响		CEO持股比例对规模、公司业绩、资产负债率与重大缺陷数量关系的影响			赫芬达尔指数对规模、公司业绩、资产负债率与重大缺陷数量关系的影响			CEO任职时间对规模、公司业绩、资产负债率与重大缺陷数量关系的影响		
	模型(4)	模型(5)	模型(6)	模型(4)	模型(5)	模型(6)	模型(4)	模型(5)	模型(6)	模型(4)	模型(5)	模型(6)
Share					−0.0402 (0.0513)	1.622 (1.103)						
Share_Size						−0.0903* (0.0528)						
Share_Lev						0.794*** (0.302)						
Share_ROA						0.439 (0.392)						
HHI								−0.0514 (0.119)	−2.224 (1.856)			
HHI_Size									0.125 (0.0872)			
HHI_Lev									−1.548** (0.637)			
HHI_ROA									1.664 (1.165)			

续表

变量	结构权力对规模、公司业绩、资产负债率与重大缺陷数量关系的影响			CEO持股比例对规模、公司业绩、资产负债率与重大缺陷数量关系的影响			赫芬达尔指数对规模、公司业绩、资产负债率与重大缺陷数量关系的影响			CEO任职时间对规模、公司业绩、资产负债率与重大缺陷数量关系的影响		
	模型(4)	模型(5)	模型(6)	模型(4)	模型(5)	模型(6)	模型(4)	模型(5)	模型(6)	模型(4)	模型(5)	模型(6)
Tenure											−0.0631* (0.0352)	−0.553 (0.697)
Tenure_Size												0.0255 (0.0328)
Tenure_Lev												−0.200 (0.197)
Tenure_ROA		1.375*** (0.408)	2.492*** (0.821)		1.229*** (0.407)	1.090** (0.424)						0.627* (0.332)
_cons	1.196*** (0.405)	5.987	6.656	1.196*** (0.405)	5.853	5.734	1.196*** (0.405)	1.186*** (0.405)	1.859** (0.771)	1.196*** (0.405)	1.189*** (0.404)	1.418*** (0.504)
N	1481	1481	1481	1481	1481	1481	1481	1481	1481	1481	1481	1481
R-sq	0.235	0.240	0.268	0.235	0.235	0.239	0.235	0.235	0.242	0.235	0.237	0.241
adj.R-sq	0.195	0.200	0.227	0.195	0.195	0.198	0.195	0.195	0.201	0.195	0.197	0.199
F	5.926	5.987	6.656	5.926	5.853	5.734	5.926	5.845	5.830	5.926	5.899	5.789

注：***、**、*分别为在1%、5%、10%水平上显著，表中数据为各自变量回归系数，括号内为标准误差。

第 6 章
管理层权力对上市公司内部控制缺陷披露的影响

表 6.31 非国有上市公司管理层权力对规模、公司业绩、资产负债率与重大缺陷（ICMW）数量关系的影响（2）

变量	CEO 职称对规模、公司业绩、资产负债率与重大缺陷数量关系的影响			CEO 学历对规模、公司业绩、资产负债率与重大缺陷数量关系的影响			外部兼职对规模、公司业绩、资产负债率与重大缺陷数量关系的影响			外部兼任董事公司数量对规模、公司业绩、资产负债率与重大缺陷数量关系的影响		
	模型(4)	模型(5)	模型(6)	模型(4)	模型(5)	模型(6)	模型(4)	模型(5)	模型(6)	模型(4)	模型(5)	模型(6)
	ICMW	ICMW	ICMW	ICMW	ICMW	ICMW	ICMW	ICMW	ICMW	ICMW	ICMW	ICMW
Size	−0.0669*** (0.0171)	−0.0657*** (0.0173)	−0.0471** (0.0215)	−0.0669*** (0.0171)	−0.0669*** (0.0171)	−0.0703*** (0.0221)	−0.0669*** (0.0171)	−0.0667*** (0.0172)	−0.0764*** (0.0235)	−0.0669*** (0.0171)	−0.0672*** (0.0171)	−0.0704*** (0.0173)
Lev	0.397*** (0.104)	0.396*** (0.104)	0.255** (0.122)	0.397*** (0.104)	0.398*** (0.104)	0.531*** (0.136)	0.397*** (0.104)	0.396*** (0.104)	0.288** (0.139)	0.397*** (0.104)	0.398*** (0.104)	0.406*** (0.105)
ROA	−2.304*** (0.169)	−2.309*** (0.170)	−2.418*** (0.225)	−2.304*** (0.169)	−2.303*** (0.170)	−1.057*** (0.307)	−2.304*** (0.169)	−2.305*** (0.169)	−2.933*** (0.230)	−2.304*** (0.169)	−2.310*** (0.169)	−2.337*** (0.171)
Rank		−0.0222 (0.0400)	1.016 (0.745)									
Rank_Size			−0.0565 (0.0352)									
Rank_Lev			0.481** (0.222)									
Rank_ROA			0.327 (0.329)									

183

续表

变量	CEO职称对规模、公司业绩、资产负债率与重大缺陷数量关系的影响		CEO学历对规模、公司业绩、资产负债率与重大缺陷数量关系的影响			外部兼职对规模、公司业绩、资产负债率与重大缺陷数量关系的影响			外部兼任董事公司数量对规模、公司业绩、资产负债率关系的缺陷数量的影响		
	模型(4)	模型(5)/(6)	模型(4)	模型(5)	模型(6)	模型(4)	模型(5)	模型(6)	模型(4)	模型(5)	模型(6)
Degree				0.00177 (0.0364)	0.392 (0.713)						
Degree_Size					−0.0123 (0.0337)						
Degree_Lev					−0.174 (0.203)						
Degree_ROA					−1.689*** (0.356)						
OtherCo							−0.00837 (0.0364)	−0.600 (0.710)			
OtherCo_Size								0.0218 (0.0335)			
OtherCo_Lev								0.178 (0.201)			
OtherCo_ROA								1.296*** (0.321)			

第 6 章
管理层权力对上市公司内部控制缺陷披露的影响

续表

变量	CEO职称对规模、公司业绩、资产负债率与重大缺陷数量关系的影响			CEO学历对规模、公司业绩、资产负债率与重大缺陷数量关系的影响			外部兼职对规模、公司业绩、资产负债率与重大缺陷数量关系的影响			外部兼任董事公司数量对规模、公司业绩、资产负债率与重大缺陷数量关系的影响		
	模型(4)	模型(5)	模型(6)	模型(4)	模型(5)	模型(6)	模型(4)	模型(5)	模型(6)	模型(4)	模型(5)	模型(6)
Director_ListCO		1.188*** (0.405)	0.793 (0.496)		1.195*** (0.405)	1.152** (0.499)		1.194*** (0.405)	1.468*** (0.533)		−0.134 (0.116)	−2.875 (2.129)
Director_ListCO_Size												0.130 (0.102)
Director_ListCO_Lev												−0.357 (0.611)
Director_ListCO_ROA												1.901 (1.322)
_cons	1.196*** (0.405)			1.196*** (0.405)	1.195*** (0.405)	1.152** (0.499)	1.196*** (0.405)	1.194*** (0.405)		1.196*** (0.405)	1.201*** (0.405)	1.264*** (0.407)
N	1481	1481	1481	1481	1481	1481	1481	1481	1481	1481	1481	1481
R-sq	0.235	0.235	0.238	0.235	0.235	0.249	0.235	0.235	0.246	0.235	0.236	0.239
adj.R-sq	0.195	0.195	0.196	0.195	0.195	0.208	0.195	0.195	0.204	0.195	0.196	0.197
F	5.926	5.847	5.694	5.926	5.842	6.049	5.926	5.843	5.940	5.926	5.865	5.715

注：***、**、* 分别为在 1%、5%、10% 水平上显著，表中数据为各自变量回归系数，括号内为标准误差。

185

6.3.3 结论

内部控制制度建立者是企业的管理层,制度的执行者也是企业的管理层,上市公司的管理层是代理人还是现代管家?代理人的理论出发点是人是理性的自然人,现代管家理论的出发点是人是社会人,社会环境会促使其努力成为企业的"管家",但两者也不是完全不兼容的。现代管家理论也是认为依靠完善的公司治理结构,通过充分授权、合理的激励机制可以使公司的管理层释放才能,提高公司效率,从而有利于公司的长期发展。委托代理理论基于管理层是有限理性的自然人的观点,认为需要通过公司内外治理来减少委托代理产生的问题,其中包含了机会主义和逆向选择带来的道德风险,为了抑制道德风险,需要通过加强治理来达成对管理层的激励和约束,从而发挥管理层的能力,使得管理层的权力有利于公司的经营管理和战略发展。因此,可以通过有效治理将上市公司的管理层从"代理人"转变"现代管家"。

6.3.3.1 国有上市公司管理层更具备"现代管家"的属性

国有上市公司管理层主要以任命的形式产生,其不仅受到股东大会、董事会的监督,还有来自党委、纪检部门的监督,因此国有上市公司管理层的约束性比非国有上市公司要强,同时国有上市公司的管理层特别是总经理还有政治晋升的诉求,因此其自我约束和自制力较非国有上市公司管理层也会更强。央属企业内部控制的建设直接由中央国资委来监控,地方所属国有上市公司接受地方国资委的监管,同时还要服务于国家或地方经济的发展。正因为如此,国有上市公司管理层的外部监督和管理受外部制度环境的影响更大,其更具有"现代管家"的属性。

6.3.3.2 非国有上市公司管理层更具有"代理人"的属性

非国有上市公司产权关系更加明晰,也不存在所有权缺位的现象,公司的董事、监事、高管之间的责权利划分比较明晰。非国有上市公司的管理层更倾向于扮演"代理人"的角色,作为"代理人",就有可能产生委托代理问题,利用信息不对称和制度缝隙追求更高的剩余索取权,在这种情况下董事会的独立性显得尤其重要。因此,在两职合一的情况下,管理层对内部控制质量就有可能产生直接的影响,内部控制缺陷的数量有可能增加,同时企业风险也会提高,又由于管理层的防御机制,在两职合一的情况下,管理层更具备抑制内部控制缺陷披露的条件,对内部控制缺陷披露的数量就更有可能产生较大的调节作用。

6.3.3.3. 管理层的任职年限对内部控制缺陷具有一定的影响或调节作用

管理层任职时间长,对上市公司内外环境的了解会更为深刻,职业经验也会更加丰富,更懂得公司内部的沟通和合作,特别是总经理在岗位上形成的个人威望会比较高。实证分析的结果也说明非国有上市公司的CEO任职时间长会对内部控制缺陷产生抑制作用,同时还具有调节作用。但是国有上市公司中管理层的任职年限长反而会增加内部控制缺陷的数量,可见任职年限是国有上市公司管理层滋生职务舞弊行为的一个重要因素。

第7章 管理层权力视角下的上市公司内部控制缺陷披露案例分析

7.1 国有上市公司案例分析

7.1.1 复杂的结构权力对内部控制缺陷披露的影响——以中信国安为例

7.1.1.1 中信国安公司概况及舞弊情况回顾

中信国安全称为中信国安信息产业股份有限公司(以下简称"中信国安股份公司"或"中信国安",股票代码:000839),是经中国国际信托投资公司、原国家经济体制改革委员会和中国证券监督管理委员会批准设立的股份有限公司。公司于1997年10月注册成立,并于同年在深圳证券交易所挂牌上市。中信国安成立于20世纪90年代,前身是中国国际信托投资公司成立的北京国安宾馆。中信国安成立之初,其主营业务是以网络电视、卫星通信等为基础的服务业;之后积极开拓产业,整合企业自身优势资源,进军互联网业务,主要是软件开发、网络信息系统的集成开发以及相关的互联网与通信相结合的增值服务。2016年以来公司大幅举债对外进行股权投资,开始进军旅游、葡萄酒、文化、房地产业务,并购重组世纪爱晚投资有限公司投资养老业务等,偏离主业,对经营业绩造成很大的波动。2020年5月,中信国安股份公司因子公司(指青海中信国安科技发展有限公司,以下简称"青海中信国安")涉及财务舞弊被中国证监会立案调查。

2021年3月,证监会针对中信国安开具《行政处罚决定书》,主要原因是该公司披露的2009年年度报告、2010年年度报告、2011年年度报告、2012年年度报告、2013年年度报告、2014年年度报告、2015年年度报告中存在财务数据虚假记载。作为中信国安子公司的青海中信国安是舞弊实施主体,青海中信国安在纳入中信国安合并报表期间,利用虚增营业收入和利润总额、少计财务费用、多计账面投资收益等违法手段实施舞弊。在青海中信国安纳入中信国安合并报表的2009年至2014年期间,其累计虚增营业收入506321246.92元,累计少计财务费用506582120.84元,累计虚增利润总额1012903367.76元,相关舞弊行为对中信国安年报的影响一直延续到了2015年。

7.1.1.2 中信国安内部控制信息披露情况

表 7.1 内部控制披露信息情况

截止日期	内部控制自我评价报告		内部控制鉴证报告	
	内部控制是否有效	是否存在缺陷	是否披露	意见类型
2008-12-31	是	是	否	
2009-12-31	是	是	否	
2010-12-31	是	否	否	
2011-12-31	是	否	否	
2012-12-31	是	否	是	标准无保留意见
2013-12-31	是	否	是	标准无保留意见
2014-12-31	是	否	是	标准无保留意见
2015-12-31	是	否	是	标准无保留意见
2016-12-31	是	否	是	标准无保留意见
2017-12-31	是	否	是	标准无保留意见
2018-12-31	是	否	是	标准无保留意见
2019-12-31	是	否	是	标准无保留意见
2020-12-31	是	否	是	标准无保留意见
2021-12-31	是	否	是	标准无保留意见
2022-12-31	是	否	是	标准无保留意见

资料来源:2008—2021年情况根据CSMAR数据库资料整理,2022年情况通过巨潮资讯网上的公开信息整理。

如表 7.1 所示,自 2008 年起,中信国安开始对外披露内部控制评价报告,但在 2009 年至 2014 年年报中存在虚假披露事实的情况。其 2009 年至 2011 年期间在评价报告中均表示:"公司将在今后不断完善并严格执行公司内部控制制度,保证财务管理、子公司管理、重大投资决策、关联交易决策以及信息披露等重点活动和其他各项工作程序的规范。"2012 年评价报告表示:"根据业务发展对内控设计进行优化,通过内控评价,对本部及控股子公司的内控执行有效性进行跟踪,对业务发展中可能存在的风险和内控缺陷进行及时地发现和整改。"上述报告均强调对子公司的管理,以及对控股子公司内部控制执行有效性进行跟踪。从 2012 年开始对外披露的内部控制审计报告,均为标准无保留意见审计报告,均表示:"在所有重大方面保持了有效的财务报告内部控制。"

7.1.1.3 公司的内部控制指数分析

对表 7.2 2013—2021 年中信国安的内部控制指数情况进行分析,可以发现,公司的内部控制有效性并不高,总体状况处于中下游水平,特别是在 2016 年、2020 年和 2021 年内部控制指数只达到了 C 级水平,其中报告可靠、合法合规两个指数波动最大,经营层级虽然稳定,但一直处于较低的水平,战略层级指数在 2016—2020 年之间一直处于较低的水平,这也说明公司的战略管理无法达到预期的目标。

表 7.2 2013—2021 年公司内部控制指数情况

报告期	内部控制指数评级	内部控制指数	战略层级指数	经营层级指数	报告可靠指数	合法合规指数	资产安全指数
2013-12-31	BB	730.16	708.4	424.51	917.1	1000	600.77
2014-12-31	B	636.13	498.01	420.59	856.68	760	645.35
2015-12-31	BB	704.08	610.56	437.04	860.34	1000	612.45
2016-12-31	C	576.99	332.79	416.2	569.17	1000	566.78
2017-12-31	B	614.9	342.56	407.46	763.64	960	600.82
2018-12-31	BB	716.89	365.14	476.41	1000	1000	742.88
2019-12-31	B	626.79	246.22	409.44	896.3	960	621.99
2020-12-31	C	505.24	176.96	391.13	1000	640	318.1
2021-12-31	C	436.55	544.99	380.45	445.33	300	511.97

资料来源:根据迪博数据库数据整理。

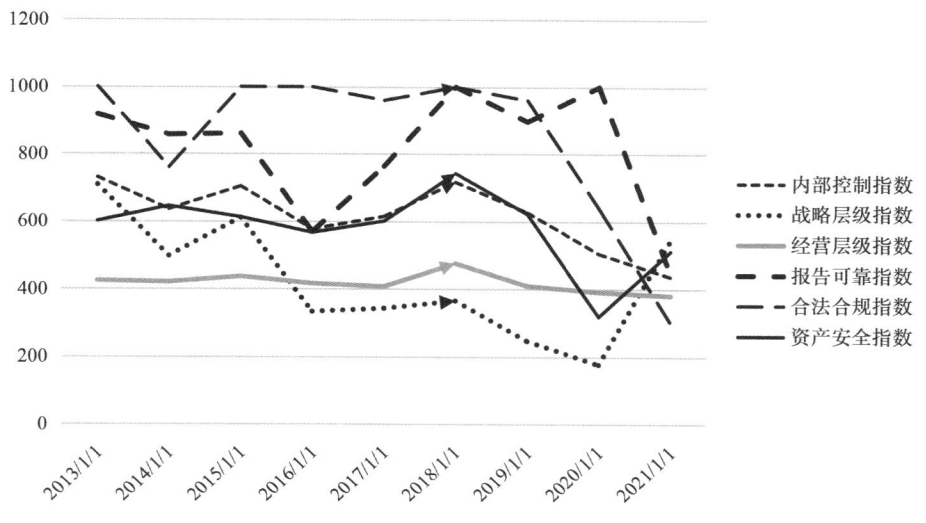

图 7.1 2013—2021 年公司内部控制指数变动情况

通过表7.3,我们可以发现,除了2013年高于均值较多,2015年明显低于均值,2015年和2016年公司控制活动信息披露指数为"0",2020年内部环境信息披露指数为"0"外,该阶段公司内部控制信息披露指数基本处于均值水平,这些数据都反映了公司在内部控制信息披露上存在明显的选择性披露问题。

表 7.3 2013—2020 年公司内部控制披露指数情况

报告期	内部控制信息披露指数	内部控制信息披露指数均值(统计公司数)	内部环境信息披露指数	风险评估信息披露指数	控制活动信息披露指数	信息与沟通信息披露指数	内部监督信息披露指数
2013-12-31	45.74	35.57(2515)	11.32	6.14	11.18	3.02	14.08
2014-12-31	39.98	36.96(2631)	5.7	8.57	9.77	2.08	13.86
2015-12-31	26.35	31.32(2823)	5.28	5.96	0	1.48	13.63
2016-12-31	31.75	36.82(3117)	9.21	7.22	0	1.61	13.71
2017-12-31	35.72	35.95(3487)	8.8	6.46	3.86	2.09	14.51
2018-12-31	36.48	37.86(3590)	8.08	5.63	6.83	2.63	13.32
2019-12-31	35.16	36.19(3797)	5.48	5.18	7.83	3.12	13.55
2020-12-31	34.03	35.92(4265)	0	5.06	12.07	2.58	14.32

资料来源:根据迪博数据库数据整理。

7.1.1.4 中信国安信息披露违规事实

根据《中信国安信息产业股份有限公司关于收到中国证券监督管理委员会〈行政处罚事先告知书〉的公告》,中信国安存在以下信息披露违规事实:

1.虚增收入

2009年至2014年期间,青海中信国安收到中农集团控股股份有限公司(以下简称中农集团)、邦力达农资连锁有限公司(以下简称邦力达)、中农集团控股四川农资有限公司(以下简称四川农资)、中农(上海)化肥有限公司(以下简称中农上海)、湖北楚丰化肥贸易有限公司(以下简称湖北楚丰)、安徽辉隆集团农资连锁有限责任公司(以下简称安徽辉隆)、河北省农业生产资料集团有限公司(以下简称河北农资)、吉林倍丰农业生产资料有限公司(以下简称吉林倍丰)、广东天禾农资股份有限公司(以下简称广东天禾)和江苏永德丰农资经营有限公司(以下简称江苏永德丰)等10家客户的预付款后,实际发货共计 827421.35 吨,总金额 1173425985.86 元(不含税);未实际发货部分计入账面收入,造成中信国安财务报告 2009 年虚增收入 214357965.22 元,2010 年虚增收入 115461334.51 元,2011 年虚增收入 5218555.10 元,2012 年虚增收入 149281244.75 元,2013 年虚增收入 142182066.12 元,2014 年少计收入 130179918.78 元,累计虚增收入 506321246.92 元。

2.少计2009—2014年财务费用

青海中信国安与上述10家客户签订的预售合同,未发货资金占用成本为12%~15%,青海中信国安以银行存款、银行承兑汇票和货物支付产生的财务费用,未进行入账,在2009年至2014年纳入中信国安合并财务报表期间累计少计财务费用 506582120.84 元。

3.对2009—2014年利润总额的影响情况

因账面虚增收入、少计财务费用造成2009年青海中信国安账面虚增利润总额233032726.79元,占当年中信国安合并报表利润总额的30.95%;2010年青海中信国安账面虚增利润总额156033580.80元,占当年中信国安合并报表利润总额的 51.54%;2011年青海中信国安账面虚增利润总额 80981474.02 元，占当年中信国安合并报表利润总额的 47.24%；2012年青海中信国安账面虚增利润总额 252749803.17 元，占当年中信国安合并报表利润总额的 154.23%；2013 年青海中信国安账面虚增利润总额 273836623.82 元，占当年中信国安合并报表利润总额的 189.66%；2014 年青海中信国安账面虚增利润总额 16269159.17 元，占当年中信国安合并报表利润总额的 6.56%。

4.披露的 2015 年年度报告中存在虚假记载

2014 年 12 月 24 日中信国安与中信国安投资有限公司（以下简称中信国安投资）签署股权转让协议，将其持有的青海中信国安 51% 的股权转让给中信国安投资。转让后中信国安持有青海中信国安 49% 的股权，长期股权投资由成本法核算改为权益法核算。

2015 年 1 月 23 日中信国安与中信国安投资再次签署股权转让协议，将其持有的青海中信国安 49% 的股权转让给中信国安投资。2015 年 6 月 30 日中信国安对其转让的青海中信国安 49% 的股权进行了账务处理，同时确认了 2015 年 1 月至 6 月该股权对应产生的投资收益。

青海中信国安与中农集团、邦力达、四川农资、中农上海、湖北楚丰、安徽辉隆、河北农资、吉林倍丰、广东天禾和江苏永德丰等 10 家客户签订保利、计息预售氯化钾合同，因账面虚增收入、少计财务费用，造成 2015 年 1 月至 6 月虚增净利润 68326102.22 元，导致 2015 年中信国安账面投资收益多计 33479790.09 元，占当年中信国安投资收益的 6.24%，占利润总额的 8.56%。

7.1.1.5 中信国安舞弊动因分析

中信国安子公司青海中信国安财务舞弊长达 7 年，其间中信国安总公司中信国安集团公司正在进行混改，由中信集团 100% 持股的大国企逐步变成了混合持股企业。2011 年 3 月，中信国安集团公司更名为中信国安集团有限公司，目前其全资子公司中信国安有限公司持有中信国安 36.44% 的股份，中信国安一度持有青海中信国安 100% 股权。

1.管理层的利益需求

2005 年青海中信国安成为中信国安的全资子公司，2006—2008 年期间为中信国安贡献了高额的利润,但是2009年和2010年两年间青海地区盐湖遭受了洪水的侵袭,导致青海钾肥和硫酸锂产量大幅下降,这让以钾肥为主要业务青海中信国安损失惨重,2009年之后业绩就开始不断下滑,这与中信国安管理层对青海中信国安的期望值差距较大,为了对外维护良好的企业形象,同时满足管理层对利润指标的需求,青海中信国安不惜铤而走险,开始了长达7年的财务舞弊。

2.控股股东掏空上市公司

从股权结构来看,中信国安有限公司是绝对的控股股东,持股达到36.44%,其余股东持股均不能与其抗衡,股权比较分散,股东变动比较大,而且中信国安有限公司一直都将中信国安的股权进行质押,且质押比例高。2022年第三季度中信国安披露:其母公司中信国安有限公司持有的中信国安股债,为1428488345股,持股比例36.44%,质押1419410000股权,占持股数的99.36%,占总股本的比例也达到36.21%。可以说第一大股东所持的股份已经全部质押,冻结1428488345股,全部持股都处于冻结状态。通常来说,上市公司的股份被高比例质押,说明大股东出现流动性问题,急需上市公司的资金补充,通过质押股份可以获取现金流,为了质押的股份能够获得更高的现金流,需要抬高股价,具有财务舞弊的内在动机。

7.1.1.6 中信国安公司管理层权力对内部控制信息披露的影响

1.中信国安股权结构分析

中信国安由中信国安有限公司控股。根据表7.4,截至2021年末,中信国安股份公司的前十大股东占总股本比例为40.94%,公司第一大股东中信国安有限公司持股36.44%,剩余的9位股东持股均未超过2%,股权比较分散。

表7.4 中信国安2021年末前十大股东名单

排名	股东名称	方向	占总股本比例/%
1	中信国安有限公司	不变	36.44
2	中信建投证券股份有限公司	不变	1.06
3	香港中央结算有限公司	减少	0.81

续表

排名	股东名称	方向	占总股本比例/%
4	张素芬	增加	0.60
5	施明泰	增加	0.49
6	夏重阳	增加	0.39
7	陈丽君	不变	0.38
8	王皓	不变	0.26
9	李京	新进	0.26
10	刘振国	增加	0.25
	合计		40.94

资料来源：中信国安2021年年报。

从表7.5中信国安的前十大股东股权集中度情况来看，公司的第一大股东持股从62%左右下降至41%左右，再降至36%左右，之后基本稳定，从Z指数、S指数和H指数都不难发现公司第二大股东至第十大股东持股比例都很低，持股极为分散，特别是S指数说明公司第二大股东至第十大股东持股比例之和基本不超过10%，很难对公司第一大股东（控股股东）形成制衡。

表7.5 中信国安2003—2021年前十大股东股权集中度

截止日期	股权集中指标1[①]/%	股权集中指标2[②]/%	股权集中指标3[③]/%	股权集中指标4[④]/%	Z指数[⑤]	S指数[⑥]/%	H指数[⑦]
2003-12-31	62.3679	62.8811	63.2562	63.7517	228.747	1.3838	0.389001
2004-12-31	62.3679	62.692	62.8616	63.1862	310.1838	0.8183	0.388984
2005-12-31	62.3679	63.4909	64.2714	65.656	97.7167	3.2882	0.389108
2006-12-31	41.6279	46.0853	49.4026	55.8568	16.2349	14.2289	0.175706
2007-12-31	41.6279	46.6611	50.0895	55.6622	16.2349	14.0343	0.175766
2008-12-31	41.6279	45.7853	48.0258	50.9693	16.2349	9.3414	0.174644
2009-12-31	41.4174	45.0781	46.304	47.7148	16.2349	6.2974	0.172432
2010-12-31	41.4174	43.3075	44.76	46.4945	42.6086	5.0771	0.171887

续表

截止日期	股权集中指标1[①]/%	股权集中指标2[②]/%	股权集中指标3[③]/%	股权集中指标4[④]/%	Z指数[⑤]	S指数[⑥]/%	H指数[⑦]
2011-12-31	41.4174	43.3339	44.7691	46.9372	41.4808	5.5198	0.171922
2012-12-31	41.4174	43.4503	44.8116	47.3807	39.5641	5.9634	0.171974
2013-12-31	41.4174	42.7208	43.8051	45.7729	55.3343	4.3556	0.171766
2014-12-31	41.4174	42.7197	43.8685	45.7398	63.4121	4.3224	0.171762
2015-12-31	36.4426	39.5113	41.4572	44.3357	18.8361	7.8931	0.133675
2016-12-31	36.4426	39.7105	40.3833	41.4597	18.8518	5.0171	0.133405
2017-12-31	36.4426	38.7292	39.337	40.4678	18.8518	4.0251	0.133237
2018-12-31	36.4426	38.7362	39.3033	40.3255	19.3749	3.8829	0.133215
2019-12-31	36.4426	38.1983	38.8819	39.9132	35.9365	3.4706	0.13301
2020-12-31	36.4426	38.1647	39.1253	40.2643	37.2	3.8216	0.133033
2021-12-31	36.4426	38.3185	39.4055	40.9425	34.2695	4.4999	0.133095

注：①公司第一大股东持股比例。
②公司前3位股东持股比例之和。
③公司前5位股东持股比例之和。
④公司前10位股东持股比例之和。
⑤公司第一大股东与第二大股东持股比例的比值。
⑥公司第二大股东至第十大股东持股比例之和。
⑦即Herfindahl指数，公司前10位股东持股比例的平方和。
资料来源：根据CSMAR数据整理。

2.中信国安管理层所有权权力分析

从中信国安历任董事长的任职情况，可以看到他们基本兼任中信国安集团有限公司的重要职务，李士林既是中信国安集团有限公司董事长又是中信国安的董事长，孙亚雷任董事长期间还兼任中信国安集团有限公司的总经理助理、副董事长，罗宁同样也是中信国安集团有限公司的副董事长。公司董事长持有公司股份占比大致为0.01%，公司总经理不持有公司股份，但领取薪酬。

青海中信国安2009—2014年发生舞弊行为时期，主要是李士林和孙亚雷担任中信国安的董事长,其间孙亚雷还兼任青海中信国安的董事长,孙璐担任总经理,李宏灿担任副总经理兼任青海中信国安的总经理,严浩宇任中信国安总经理助理,2008年3月至2010年12月兼任青海中信国安常务副总经理。错综复杂的股权关系、母子公司之间复杂的任职关系、所有权权力一直影响着公司的内部控制和信息披露。

2003年中信国安集团公司斥资22亿元成立了青海中信国安,其后中信国安为加速提高收益回报率,接手了青海中信国安,从2004到2010年,逐步对青海中信国安实现了完全控股,从2004年持股51%到2010年持股100%,青海中信国安已成为中信国安的全资子公司。通过梳理中信国安集团公司、中信国安以及青海中信国安三家公司的关系,可以发现公司内部存在严重的一股独大的问题,子公司成了母公司的"现金牛",青海中信国安对中信国安的净利润贡献从2006年度超过10%后节节攀升,在2008年度达到顶峰,约为72%。此后贡献比例迅速下降,青海中信国安2009年4月召开销售专题会议,在预计当年销售收入约为4亿元的情况下,为完成10亿元销售目标,决定采用预售方式完成业绩,这样的业绩承诺带来了极大的压力,进而推进青海中信国安走上了长达7年的财务舞弊之路。

3.中信国安管理层结构权力分析

表 7.6　2004—2021 年公司董事长、总经理任职情况

董事长	其他任职情况	总经理	其他任职情况
李士林 (2004—2011)	中国中信集团公司常务董事、副总经理,中信国安集团公司董事长,中信国安有限公司董事长,中信海洋直升机股份有限公司董事长。	秦永忠 (2004)	中信国安恒通锂业技术有限公司董事兼总经理、北京北邮国安宽带网络技术有限公司董事长。
孙亚雷 (2012—2013)	中国中信集团有限公司总经理助理、中国中信股份有限公司总经理助理、中信国安集团有限公司副董事长兼总经理、中信国安有限公司董事。	孙璐 (2005—2021)	中信国安有限公司总经理助理。

续表

董事长	其他任职情况	总经理	其他任职情况
罗宁 (2014—2020)	中国中信集团公司总经理助理、中信网络管理有限公司董事长兼总经理、中信国安集团有限公司副董事长。		
夏桂兰 (2021)	中信国安集团有限公司董事长、党委委员,白银有色集团股份有限公司副董事长。	樊智强 (2021)	公司董事、党委副书记。

注:括号内为任职时间。
资料来源:根据 CSMAR 数据库数据整理。

通过表 7.6,我们可以看到,中信国安不存在两职合一的现象,从表面上看,公司的董事会相对独立,治理层与管理层不存在重合问题,中信国安财务舞弊主要是由其全资子公司青海中信国安造成的,因此应分析青海中信国安的结构权力,此外还要分析中信国安管理层与兼任公司董事的情况。

根据表 7.7 中信国安责人的任职情况,我们可以发现,孙亚雷同时兼任中信国安和青海中信国安的董事长,李宏灿任中信国安副总经理的同时任青海中信国安的总经理,这反映出青海中信国安的结构权力中呈现了两职合一的现象,治理层和管理层高度重合。孙璐作为中信国安的总经理同时还兼任董事,还曾任职于中信国安有限公司的总经理助理,与公司第一大股东关系密切,这也在一定程度上说明中信国安在结构权力上存在管理权力较大的情况,治理责任与管理责任划分不够明晰。

表 7.7 中信国安舞弊相关责任人任职情况

责任人	集团公司、中信国安有限公司	中信国安	青海中信国安	主要责任
孙亚雷	集团公司副董事长、总经理,中信国安有限公司董事	2008 年 3 月至 2012 年 6 月任副董事长,2012 年 6 月至 2014 年 4 月任法定代表人、董事长。	2008 年 3 月至 2014 年 12 月任董事长。	全面负责青海中信国安的管理工作,对公司负有管理责任,对公司定期报告的真实性、准确性、完整性承担主要责任。

续表

责任人	集团公司、中信国安有限公司	中信国安	青海中信国安	主要责任
孙璐	中信国安有限公司总经理助理	2008年3月至2015年3月董事兼总经理		全面负责中信国安股份公司日常经营管理工作,主管经营计划管理、财务审计管理工作,分管审计部、计划财务部、青海中信国安股份公司。
李宏灿		2008年3月至2015年4月任副总经理	2008年3月至2016年4月任总经理。	负责青海中信国安生产经营及日常管理工作。
吴毅群		2008年3月至2012年6月任财务总监		监督青海中信国安财务报表编制

注:在本表中,中信国安集团公司和中信国安集团有限公司均称为集团公司。

4.中信国安管理层专家权力、声誉权力分析

表7.8 中信国安管理层专家权力情况

姓名	任职	任职时间	学历	职称
孙亚雷	董事长	2012.6—2014.4	本科	不明
罗宁	董事长	2014.4—2021.3	不明	不明
孙璐	总经理	2005.3—2021.3	本科	中级会计师
李宏灿	副总经理	2008.3—2015.4	不明	不明
吴毅群	总经理助理	2008.3—2012.6	不明	不明
李向禹	财务总监	2012.6—2021.3	不明	不明
晏凤霞	计财部经理	2012.9—2015.4	不明	不明
	财务总监	2015.4—2021.3	不明	不明

资料来源:中信国安年报。

从表7.8可以看出,中信国安年报对上述管理层的主要学历和职称的大部分信息未予以披露,从已披露的情况来看,专家权力并不显著。中信国安管理层也未披露社会兼职情况。中信国安管理层的专家权力和声誉权力对内部控制信息披露没有产生多大影响。

5.结构权力过大的极端表现

2010年9月至12月期间时任中信国安董事孙亚雷通过16次竞价交易的方式清仓式地减持了公司的股票,累计套现5.76亿元,其于2012年6月至2014年4月任中信国安法定代表人、董事长,2008年3月至2014年12月任青海中信国安董事长,2014年10月提出辞职。孙亚雷任职期间全权负责青海中信国安的经营,2009年青海中信国安开始财务造假行为,2010年其开始全面减持公司股票,存在财务舞弊的内在动机,是结构权力的极端表现。

表7.9 孙亚雷清仓式减持公司股票情况

变动日期	姓名	职务	变动前持股数	变动后持股数	变动股份数量	成交均价	变动比例/‰
2010-09-27	孙亚雷	董事	40000000	34411181	−5588819	14.49	3.5645
2010-09-28	孙亚雷	董事	34411181	32101080	−2310101	14.16	1.4733
2010-09-29	孙亚雷	董事	32101080	29900000	−2201080	14.3	1.4038
2010-11-02	孙亚雷	董事	29900000	24300000	−5600000	17.12	3.5716
2010-11-03	孙亚雷	董事	24300000	23640000	−660000	16.07	0.4209
2010-11-04	孙亚雷	董事	23640000	19380000	−4260000	15.82	2.717
2010-11-05	孙亚雷	董事	19380000	14310000	−5070000	15.92	3.2336
2010-12-20	孙亚雷	董事	14310000	14250000	−60000	13	0.0383
2010-12-21	孙亚雷	董事	14250000	11300000	−2950000	13.19	1.8815
2010-12-22	孙亚雷	董事	11300000	8590000	−2710000	13.27	1.7284
2010-12-24	孙亚雷	董事	8590000	8246040	−343960	12.56	0.2194
2010-12-27	孙亚雷	董事	8246040	6217919	−2028121	12.08	1.2935
2010-12-28	孙亚雷	董事	6217919	4701062	−1516857	11.58	0.9674
2010-12-29	孙亚雷	董事	4701062	1861062	−2840000	11.6	1.8113
2010-12-30	孙亚雷	董事	1861062	1387993	−473069	11.63	0.3017
2010-12-31	孙亚雷	董事	1387993	0	−1387993	11.82	0.8852

资料来源:根据CSMAR数据库数据整理。

7.1.2 所有权权力对内部控制缺陷披露的影响——以贵糖股份为例

7.1.2.1 贵糖股份概况及内部控制缺陷披露情况

贵糖股份（股票代码：000833）目前更名为广西粤桂产业控股股份有限公司（简称"粤桂股份"），1994年企业改制为股份制，挂牌"广西贵糖（集团）股份有限公司"，简称贵糖股份，于1998年在深交所成功上市，是国内制糖业第一家上市公司，目前已发展成为以制糖造纸、矿产资源开发利用为主的一类综合大型企业。

1.公司股权结构发展历程

2001年12月—2003年12月，贵港市财政局与深圳华强集团有限公司（简称华强集团）和景丰投资有限公司（简称景丰投资）签订了产权重组协议及其补充协议，之后贵港市人民政府将所持有的贵糖股份母公司广西贵糖集团有限公司（简称贵糖集团）的股权转让给华强集团（60%）和景丰投资（40%），此时公司实控人为华强集团。

2011年9月，华强集团和景丰投资将所持贵糖集团的股份（持股比例25.60%）全部转让给广东省国资委下属的广东恒健投资控股有限公司（简称恒健投资）。

2011年12月，广东省国资委将恒健投资所持贵糖集团100%股权无偿划转给广东省国资委下属的另一家投资公司广东省广业资产经营有限公司（简称广业资产）。

2015年，贵糖股份通过发行股票向云琇集团和广东省环保集团购买了云琇矿业的100%股份，主营业务从制糖业转向制糖业和采矿业并重。

2.内部控制缺陷披露情况

贵糖股份2008年依据《企业内部控制基本规范》开始对外披露内部控制自我评价报告，根据表7.10，2008—2011年间上海东华会计师事务所对其自我评价报告进行了审计，出具了标准无保留意见审计报告，自我评价报告与审计报告意见一致。2012年贵糖股份更换会计师事务所，由致同会计师事务所承担公司的审计业务,该事务所对贵糖股份 2012 年度的财务报告出具了标准无保留意见,但对其内部控制有效性出具了否定审计意见,认为其与期末存货计价和成本核算相关的内部控制存在重大缺陷。致同会计师事务所的审计意见与公司的内部控制自我评价报告产生了不一致的情况,但公司董事会和管理层并不承认公司内部控制存在重大缺陷,与审计师发生了重大意见分歧。

表 7.10 贵糖股份内部控制披露信息

截止日期	内部控制是否有效		内部控制是否存在缺陷
	自我评价	审计报告	自评价报告
2008-12-31	是	标准无保留意见	否
2009-12-31	是	标准无保留意见	否
2010-12-31	是	标准无保留意见	否
2011-12-31	是	标准无保留意见	否
2012-12-31	是	否定意见	是
2013-12-31	是	标准无保留意见	是

3.对于 2012 年公司内部控制的各方意见

(1)审计师意见。致同会计师事务所出具的《广西贵糖(集团)股份有限公司 2012 年度内部控制审计报告》声称,贵糖股份蔗渣、原煤等大宗原材料的成本核算基础薄弱,部分暂估入账的大宗原材料缺少原始凭证,影响存货的发出成本结转与期末计价的正确性,与此相关的财务报告内部控制运行失效。

(2)贵糖股份监事会意见。贵糖股份发布的《公司监事会对公司内部控制自我评价的意见》声称,公司在本年内主动地持续清理和消除导致财务报告重大错报的因素,有效防止了在本次评价基准日存在可能导致企业严重偏离控制目标的控制缺陷;在年末盘点资产中主动地彻底清查各项存货资产、固定资产、债权及债务,以保证账实相符,合理运用会计稳健性原则,保证存货资产在现有盘存测算方法的精确度条件下不出现财务报告重大错报。

(3)证监会意见。2013 年 9 月 5 日,贵糖股份收到中国证监会广西监管局发来的警示函,函中指出公司财务报告内部控制存在重大缺陷,要求其进行整改。"公司在 2012 年及以前年度会计核算中,原煤、蔗渣、板浆等大额大宗原材料暂估入账缺乏相关依据,只暂估入账金额,未确认入账数量,影响了原材料的发出和结存成本,相关会计核算不符合《会计法》《企业会计准则》有关规定;你公司未能及时发现和纠正相关差错事项,内部控制存在重大缺陷,未能真实、准确披露公司财务信息。""公司内部控制不健全,未能真实、准确披露公司财务信息,违反了《上市公司信息披露管理办法》第二条、第三十七条有关规定。根据《上市公司信息披露管理办法》第五十九条规定,我局决定对你公司采取出具警示函的监督管理措施。""公司要引以为戒,进一步规范会计核算,健全完善公司内部控制,特别是与财务报告、信息披露相关的内部控制,确保公司信息披露真实、准确、完整。"

7.1.2.2 贵糖股份内部控制指数

根据迪博对贵糖股份内部控制指数的评分和评级情况(见表 7.11)分析,贵糖股份的内部控制 2008—2011 年间基本是在 B 级水平,处于上市公司的中游,2012 年更换了会计师事务所(致同会计师事务所)后,会计师事务所的内部控制审计意见为否定意见,会计师事务所在审计过程中发现了财务报告类内部控制存在重大缺陷,因此,2012 年的内部控制没有评分,评级为 D 级,2013 年评级为 C 级。

表 7.11 贵糖股份内部控制指数及评级情况

截止日期	内部控制指数评分	内部控制指数评级
2008-12-31	677.78	B
2009-12-31	698.38	B
2010-12-31	616	B
2011-12-31	707.44	BB
2012-12-31	0	D
2013-12-31	496.89	C

7.1.2.3 贵糖股份内部控制缺陷认定

2013年4月贵糖股份披露了内部控制相关信息,包含了内部控制审计报告,致同会计师事务所出具的审计报告明确指出:"我们认为,由于存在上述重大缺陷及其对实现控制目标的影响,贵糖股份公司于2012年12月31日未能按照《企业内部控制基本规范》和相关规定在所有重大方面保持有效的财务报告内部控制。"重大缺陷指的是"蔗渣、原煤等大宗原材料的成本核算基础薄弱,部分暂估入账的大宗原材料缺少原始凭证(如包括原材料数量、供应商名称等信息的入库单)"。这个缺陷为设计缺陷,产生的主要原因为公司存货暂估流程不完善,该缺陷的存在影响了存货的发出成本结转与期末计价的准确性。审计报告将披露的缺陷认定为重大缺陷,依据是"当一项控制缺陷单独或连同其他控制缺陷,很有可能导致财务报表出现重大错报时,该缺陷应被界定为重大缺陷"。公司的内部控制自我评价报告是这样阐述的:"公司已经根据基本规范、评价指引及其他相关法律法规的要求,对公司截至2012年12月31日的内部控制设计与运行的有效性进行了自我评价。结合日常监督和专项监督情况,在内部控制评价完善过程以及专业机构的指导下,发现了我公司存在成本核算不够准确的问题。报告期内,公司对纳入评价范围的业务与事项均已建立了内部控制,但由于公司榨季及蔗渣采购跨会计年度,公司之前的核算方法是遵循行业普遍存在的一贯性做法,之前会计师事务所对此也没提出重大异议,因此才出现本次自查中发现的缺陷,该缺陷在2012年度发生额较小,并在年度会计报表中已得到修正。"

我们对比一下审计报告和自我评价报告两者对内部控制缺陷的阐述,发现两者产生分歧的焦点在于两点:一是审计报告认定是重大缺陷,评价报告则认定为一般缺陷;二是审计报告认为是设计缺陷,评价报告则认为是行业普遍做法,且符合一贯性原则。到底是否属于重大缺陷,是系统性偏差还是偶然性偏差?我们可以通过公司财务重述前后情况对比分析一下。根据证监会要求,公司对2011年度、2010年度的财务报表进行重大会计差错的追溯更正,通过调整前后的比较,公司2010年的净利润低估了近3110万元,占当年实际净利润的25.34%;公司2011年的净利润则被高估了近5250万元,相当于将当年的实际净利润调高了近1倍。根据调整前后的数额比较,可以确定财务报告已经产生了重大错报,因此,审计报告中的认定是符合客观事实的,应该属于重大缺陷,同时也是系统性偏差,而非偶然性偏差。

7.1.2.4 贵糖股份内部控制缺陷认定的动机分析

2012年之前贵糖股份与事务所之间意见统一,均认为内部控制有效,这与2012年的内部控制自评报告表述一致(之前会计师事务所对此也没提出重大异议),2011年贵糖股份实际控制人由华强集团变更为恒健投资,随后又变更为广业资产,最终控制人实为广东省国资委,2012年致同会计师事务所在广业资产组织的会计师事务所公开招标中胜出,成为贵糖股份的新任审计机构。公司没有清楚认识到公司存在财务报告内部控制缺陷,在更换了会计师事务所后,才开始意识到这是内部控制缺陷,而对缺陷级别的认识公司与事务所之间存在分歧。

其一,从信号传递理论来说,内部控制缺陷披露所传递的是负面信息。根据这一理论,公司财务质量高,内部控制有效,公司较为希望进行信息披露,向市场及信息使用的利益相关者传递正面积极的信号,而内部控制缺陷特别是重大缺陷是一种负面信息,是一个"坏消息",会对公司产生负面的效应,贵糖股份的公司管理层不愿意披露这样的信息,认为这会导致市场的负面效应。因此,公司不承认其存在重大缺陷,认为这是一个一般缺陷,对公司的整体财务成果不会产生重大影响。

其二,承认内部控制存在重大缺陷要进行财务重述,这会影响公司净利润水平。公司的内部控制缺陷是财务报告相关缺陷,且是系统性偏差而非偶发性的,就需要对2011年和2010年的财务报告采取追溯调整,这会直接影响到2011年和2012年的利润,因此,管理层有意将2010年的利润延迟到2011年确认,使得利润呈逐年上升的趋势。特别是在2011年公司的股权变更后,公司控股股权从深圳华强转给了恒健投资,进行盈余管理后,公司的ROE和EPS都有了较大的提高,有助于提高公司的估值水平,使得贵糖股份的实际控制人和管理层从中获得更大的收益。

7.1.2.5 贵糖股份管理层权力对内部控制信息披露的影响

1.贵糖股份的股权结构分析

表 7.12　贵糖股份 2007—2012 年股权结构

年度	第一大股东持股比例/%	第二至第五大股东持股比例/%	最终控制人控制权/%
2007	25.6	14.41	25.6
2008	25.6	7.66	25.6
2009	25.6	3	25.6
2010	25.6	1.88	25.6
2011	25.6	2.44	25.6
2012	25.6	1.57	25.6

资料来源：根据公司财务报告整理。

根据表 7.12 中的股权结构，我们不难发现，2007 年至 2012 年公司的第一大股东（最终控制人）的股权比例没有发生变化，但第二至第五大股东的持股比例却在不断下降，从 2007 年的 14.41% 降至 2012 年的 1.57%，基本上无法对控股股东形成制衡，明显地出现一股独大的现象。

表 7.13　贵糖股份 2007—2013 年股权集中度

截止日期	股权集中指标1/%	股权集中指标2/%	股权集中指标3/%	股权集中指标4/%	Z 指数	S 指数/%	Herfindahl_10 指数
2007-12-31	25.6022	37.2023	40.0158	42.4724	3.1322	16.8701	0.074
2008-12-31	25.6022	32.0278	33.2677	34.8217	4.5787	9.2195	0.068873
2009-12-31	25.6022	27.7909	28.5982	29.9215	15.16	4.3192	0.065928
2010-12-31	25.6022	26.6186	27.4833	28.8834	47.1061	3.2812	0.065678
2011-12-31	25.6022	27.1978	28.0417	29.5064	24.4422	3.9041	0.065768
2012-12-31	25.6022	26.4461	27.1685	28.7988	54.1429	3.1966	0.065663
2013-12-31	25.6022	27.1576	28.1644	29.958	25.3033	4.3558	0.065796

资料来源：根据 CSMAR 数据库数据整理，指标说明同表 7.5。

从表 7.13 也可以发现，自 2009 年开始，股权向高度集中发展，2010 年和 2012 年两年的股权集中度尤其高，股权主要集中于第一大股东手中，前 2 至 10 的股东股权比例仅点 3% 多一些，S 指数从 2007 年的 16.8701% 降至 2012 年的 3.1966%，Herfindahl_10 指数虽然变化不大，但这是占绝对权重的第一大股东持股比例没有变化造成的。这种股权结构容易产生大股东联合管理层侵害中小股东权益的现象。

2.贵糖股份管理层结构权力分析

表 7.14　贵糖股份 2008—2014 年公司高管情况

年度	董事长	集团公司（母公司）任职	总经理	总经理直接持股
2008	黄振标	广西贵糖集团有限公司总裁	陈健	3240
2009	黄振标	广西贵糖集团有限公司总裁	陈健	3240
2010	黄振标	广西贵糖集团有限公司总裁	陈健	3240
2011	黄振标	广西贵糖集团有限公司总裁	陈健	3240
2012	但昭学	广西贵糖集团有限公司董事长	陈健	3240
2013	但昭学	广西贵糖集团有限公司董事长	陈健	3240
2014	但昭学	广西贵糖集团有限公司董事长	陈健	3240

从表 7.14 可以看出贵糖股份的董事长均由其母公司的董事长或总裁担任，2011 年之前由黄振标担任，2012 年公司出现内部控制重大缺陷，导致发生重大财务重述事件，公司实际控制人广业资产的代表但昭学当选董事长，2013 年 10 月 22 日，公司改聘中审亚太为 2013 年度财务报表和内部控制的审计机构，之后均由中审亚太担任审计机构。

7.1.3 小结

针对国有上市公司的内部控制缺陷披露问题，本章节选取了两个典型案例——中信国安和贵糖股份。两个公司各有特点，中信国安的子公司青海中信国安是舞弊主体，其行为直接影响到中信国安，且中信国安的董事会、经营层之间关系复杂，产生了复杂的结构权力，中信国安的母公司、子公司与公司自身管理层形成了错综复杂的管理层的关系网。虽然中信国安不存在董事长与总经理两职合一的现象，但管理层中担任重要职务的人员，如总经理同时在母公司任职，公司董事长是母公司的总经理或董事长,在这种关系下,相关人员的权力一点都不比两职合一情况下的结构权力小,同时管理层的其他成员也存在在母公司或子公司交叉任职的情况,其结果是母公司作为大股东将子公司作为抽水机,甚至在子公司出现了财务舞弊行为时也未予以制止并及时纠正虚假财务数据。贵糖股份存在着一股独大的现象,且在2011年控股权频繁地从一家国有公司转到另一家国有公司,控股权的转换,转出方期望能够有较高的定价以达成获得更高收益的目的,为形成较好利润趋势,不惜通过盈余管理的方式推迟或提前确认利润,存在重大的财务报告内部控制缺陷,同时上市公司管理层为了掩饰自身管理责任,拒不承认缺陷的存在,在被发现重大缺陷的后一年度更换会计师事务所。这些都可以体现出所有权权力对国有上市公司内部控制缺陷披露影响的特征。

国有上市公司与非国有上市公司不同,管理层持股比例较低,甚至不持股,但管理层往往是任命产生的,存在着行政属性,有业绩评价的要求,同时还有行政职务晋升的需求。基于这种特征,管理层往往会刻意隐瞒内部控制缺陷,以防止自身管理瑕疵暴露,同时又会尽可能地完成国有控股母公司交予的各项业绩指标,在母公司下达的任务超出实际情况,或外部环境出现异常时,管理层便有可能通过一些不正当的手段来实现目标,从而导致各种潜在的风险。

7.2 非国有上市公司相关案例分析

7.2.1 所有权权力对上市公司内部控制缺陷披露的影响——以康得新为例

7.2.1.1 康得新公司概况

1.康得新公司基本情况

康得新复合材料集团股份有限公司(简称康得新或康得新公司。股票代码:002450)注册成立于 2001 年 8 月,2010 年上市于深圳中小板。公司作为国内曾经的知名高新材料高科技型集团企业,主要业务拓展领域就是制造新材料和节能碳纤维等。公司经营活动集中于消费、交通、新兴产品、新能源、医疗、智慧城市居民生活六大核心领域。2021 年 4 月 14 日进入退市整理期,2021 年 5 月 31 日被深圳证券交易所摘牌。

根据中国证监会《行政处罚决定书》(〔2020〕71 号)认定的事实,公司 2015 年至 2018 年披露的年度财务报告存在虚假记载,追溯重述后发现公司 2015 至 2018 年度归属于上市公司股东的净利润(以下简称"净利润")连续为负值。同时,因公司 2018 年、2019 年连续两个会计年度财务会计报告被出具无法表示意见的审计报告,公司股票自 2020 年 7 月 10 日起暂停上市。公司股票暂停上市后的首个年度报告(2020 年年度报告)显示,公司 2020 年净利润、扣除非经常性损益后的净利润、归属于上市公司股东的期末净资产均为负值,且公司财务会计报告被出具保留意见的审计报告。根据《深圳证券交易所上市公司重大违法强制退市实施办法》的规定,《深圳证券交易所股票上市规则(2018 年 11 月修订)》第 14.4.1 条、第 14.4.2 条的规定以及深圳证券交易所上市委员会的审核意见,深圳证券交易所决定对公司股票实施重大违法强制退市,该公司股票终止上市。

康得新 2021 年 10.93% 的持股人为康得投资集团有限公司(简称康德集团)(见表 7.15),康得投资集团有限公司的 80% 股份持有者为*ST 康得公司实际控制人钟玉,钟玉目前仍为公司的董事长。

表 7.15 前 10 名股东持股情况(2021 年)

股东名称	股东性质	持股比例/%
康得投资集团有限公司	境内非国有法人	10.93
上海兴瀚资产管理有限公司	境内非国有法人	8.31
浙江中泰创赢资产管理有限公司	境内非国有法人	7.75
嘉兴金生未来七号股权投资合伙企业(有限合伙)	境内非国有法人	2.57
中国证券金融股份有限公司	国有法人	2.48
中信证券股份有限公司	国有法人	1.61

续表

股东名称	股东性质	持股比例/%
深圳前海安鹏资本管理中心(有限合伙)	境内非国有法人	1.61
陕西省国际信托股份有限公司—陕国投·鑫鑫向荣90号证券投资集合资金信托计划	其他	1.52
华富基金—宁波银行—华能贵诚信托有限公司	其他	1.12

2.公司重大违纪事件概述

关于康得新公司重大违纪事件的基本情况,可参考图7.2。

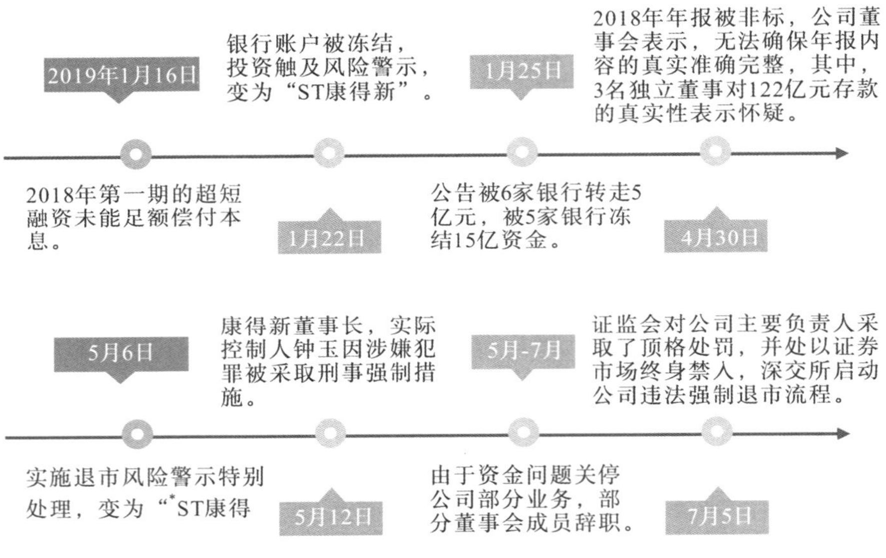

图 7.2 公司重大违纪事件轨迹

7.2.1.2 公司内部控制信息披露情况

1.公司披露的内部控制信息

2010年至2020年康得新公司均披露了内部控制自我评价报告,但并非每年都披露内部控制鉴证报告,具体情况见表7.16:

表 7.16　内部控制披露信息情况

截止日期	内部控制自我评价报告		内部控制鉴证报告	
	内部控制是否有效	是否存在缺陷	是否披露	意见类型
2010-12-31	是	否	否	
2011-12-31	是	否	是	标准无保留意见
2012-12-31	是	否	否	
2013-12-31	是	否	否	
2014-12-31	是	否	否	
2015-12-31	是	否	是	标准无保留意见
2016-12-31	是	否	否	
2017-12-31	是	否	是	标准无保留意见
2018-12-31	未出具结论	是	否	
2019-12-31	否	重大缺陷	是	否定意见
2020-12-31	是	重大缺陷	否	

2018年瑞华事务所对公司出具了内部控制专项报告,并且在该专项报告中声明,报告并非表示对内部控制进行了专门审核,而仅是为了能够对财务报表发表审计意见而撰写的必要文件。

2.对公司的内部控制信息披露质量考评

表 7.17　康得新内部控制信息披露考评情况

考评机构的考评结果	年度										
	2010	2011	2012	2013	2014	2015	2016	2017	2018	2019	2020
深交所考评结果	良好	B	B	B	C	B	B	B	D	D	D
迪博考评结果	BB	BB	A	BB	C	BBB	BB	B	D	D	D

如表 7.17 所示,康得新公司内部控制信息披露考评自 2010 年至 2017 年大部分处于 B 级水平,其中 2014 年为 C 级,同年母公司康得投资集团有限公司与北京银行西单分行签订了现金管理业务合作协议,将公司现金直接归依到母公司,2018 年公司因债务无法偿还导致了违约风险,暴露了母公司现金归集的合同,公司之后连续三年的内部控制披露考评结果均为 D。

3.公司信息披露违法事实

经证监会调查,康得新存在以下信息披露违法事实:一是 2015 年至

2018年年度财务报告存在虚假记载，合计虚增利润115.3亿元。康得新通过虚构销售业务等方式虚增营业收入，并通过虚构采购、生产、研发费用、产品运输费用等方式虚增营业成本、研发费用和销售费用，导致2015年至2018年年度财务报告虚增利润总额分别为22.43亿元、29.43亿元、39.08亿元、24.36亿元，分别占各年度报告披露利润总额的136.22%、127.85%、134.19%、711.29%。大股东康得集团与相关银行签订现金管理协议，经查证，协议涉及的康得新银行账户各年末实际余额为0，康得新2015年至2018年年报披露的银行存款余额虚假。二是2016年至2018年未及时披露且未在年度报告中披露康得新子公司为控股股东提供关联担保。2016年至2018年，康得新子公司张家港康得新光电材料有限公司（简称"康得新光电"）分别与厦门国际银行股份有限公司北京分行、中航信托股份有限公司签订了4份存单质押合同，约定以康得新光电大额专户资金存单为康得投资集团有限公司提供担保，2016年至2018年担保债务本金分别为1482700000.00元、1463050000.00元、1463050000.00元。康得新未按规定及时披露上述重大事件，且未在2016年至2018年年度报告中披露相关事项，导致相关年度报告存在重大遗漏。三是未在年度报告中如实披露2015年和2016年非公开发行募集资金的使用情况。2015年和2016年，康得新以非公开发行方式分别募集资金净额298226.92万元、478422.59万元，用于向康得新光电增资，建设年产1.02亿平方米先进高分子膜材料项目、年产1亿片裸眼3D模组产品项目及归还银行贷款。2018年7月至12月期间，康得新利用与中国化学赛鼎宁波工程有限公司（以下简称化学赛鼎）、沈阳宇龙汽车（集团）有限公司（以下简称宇龙汽车）签订的采购委托协议，将募集资金从专户转出，以支付设备采购款的名义分别向化学赛鼎、宇龙汽车支付21.74亿元、2.79亿元，化学赛鼎和宇龙汽车按照康得新要求将收到的资金转付给指定供应商，转出的募集资金经过多道流转后，主要资金最终回流至康得新，用于归还银行贷款、配合虚增利润等方面。康得新未如实披露募集资金使用情况，导致2018年年度财务报告存在虚假记载。

康得新涉案银行账户主要是用于配合财务造假，便于完成虚假销售收入回款。2018年末该账户显示余额为122亿元，是累计归集金额，并不是真实的银行存款余额。虚假销售收入回款打入涉案银行账户后,被归集到康得集团账户再被循环用于造假所需虚假销售收入回款。

7.2.1.3 管理层权力对公司内部控制信息披露影响

1.大股东操纵内部控制信息披露动机分析

(1)为缓解资金困境,占用子公司银行存款

康得集团是康得新复合材料集团股份有限公司的最大股东,下属有11家公司,涉及新材料、先进制造、新能源、金融、PE投资等五大领域。2014年康得集团创始人钟玉决策投入30.98亿元设立了康得复材,以高股权质押的方式筹集资金,在世界范围内建立最大的轻量碳纤维生态平台,同时加强研发投资,完善碳纤维上下游相关的产业链,从而进行整体布局。2017年,康得新与康得集团、山东省荣成市联合成立了康得碳谷科技有限公司,康得新投资了20亿,康得集团承诺投资90亿,但康得集团在投资了两亿之后,就再也没有出现过,剩余资金迟迟未到账,原来持续多年的巨额投资以及不断地融资和质押股票换取资金,已经让康得集团入不敷出,在2017年10月,其将出资方式调整为现金加其他公司股权的方式。

康得集团下属子公司汇鑫国际融资租赁有限公司(下称"汇鑫国际")的法定代表人及董事长是钟玉之子钟凯,汇鑫国际持有北京中联创投电子商务有限公司(下称"中联创投")的股权,由于P2P项目受到打击,项目的资金流动性出现了困难,给大股东带来了极大的资金压力。为了降低各方面带来的资金流动性风险,大股东康得集团采取了向权力集中方即母公司大股东归集上市子公司资金现金流的方法,通过占用子公司的银行存款资金流来缓解其资金流动性压力。

(2)为保持高股价而虚增公司利润

利用关联交易进行盈余管理是上市公司股东为满足自身利益最大化而采取的重要手段,通过隐瞒关联交易披露来粉饰报表从而提升股价,公司大股东康得集团通过质押套现形成优质资产,康得新则通过虚构销售业务的手段虚增收入,采购、生产成本、研发、运输、销售等费用。大股东为了取得更多的利益,操纵内部控制信息披露,掩盖真实的盈余状况。自

2014年开始,康得新和康得集团就存在着巨额的关联交易,借此虚增内销业务,增加了大量的应收账款,最高达到159亿元。虚假外销业务高达300多笔,虚假外销业务所带来的虚假营业收入全部又回到了康得新。此外还通过内部管理层对内对接各个子公司财务,对外对接客户和供应商,安排资金流转,虚增8.1亿元的收入,虚增的收入通过"内保外贷"或对敲的方式转移到境外,再通过境外虚假客户回款的形式回到公司的账户。在虚增销售收入的同时,公司还虚增采购,通过与供应商串通并注册空壳公司的方式,虚增预付账款,通过并联客户的帮助,将资金流回公司。

（3）为获取现金利益而质押股权

康得集团作为康得新的控股股东,在康得新上市后就开始频繁地质押股权,其间共产生了53次质押行为。康得集团高频高额质押所持股份,质押比例不低于90%,近乎全额质押。大股东康得集团最大限度地通过质押股权进行套现,通过操纵信息披露的手段隐瞒相关信息。

2.大股东操纵内部控制信息披露影响路径

大股东操纵内部控制信息披露是通过股东大会向董事会进行传导,直至管理层,影响内控系统,从而操纵内部控制自评报告的,这是一个基本的路径。从康得新案例来看,控股股东实控人钟玉一直担任公司董事长一职,同时还兼任康得集团下属多家子公司的董事长,在控股股东具有绝对控制权的情况下,可以操控公司的董事会,进而控制公司董事会中包括提名委员会在内各个委员会。因此,公司的管理层独立性较弱,控股股东对内部控股信息质量影响程度较高,容易产生操控内部控制信息的行为。

基于这种金字塔式的组织结构,权力链条从股东大会传导到管理层,甚至具有监事会、审计委员会的提名权,对独立董事也具有影响作用,致使公司的监督机制无法正常发挥效用。康得集团正是利用这样的权力传导机制控制康得新的内部控制信息披露,隐瞒不利消息,造成信息的闭塞,损害中小股东权益,危害资本市场稳定。

3.结构权力对公司内部控制信息披露的影响

控股股东实控人钟玉作为康得新的董事长虽未兼任公司的总经理（总裁）,但其妻子徐曙从2008年至2019年一直担任公司的总裁并兼任公司董事,财务总监王瑜也是由康得集团派出的,同时也兼任董事职务。

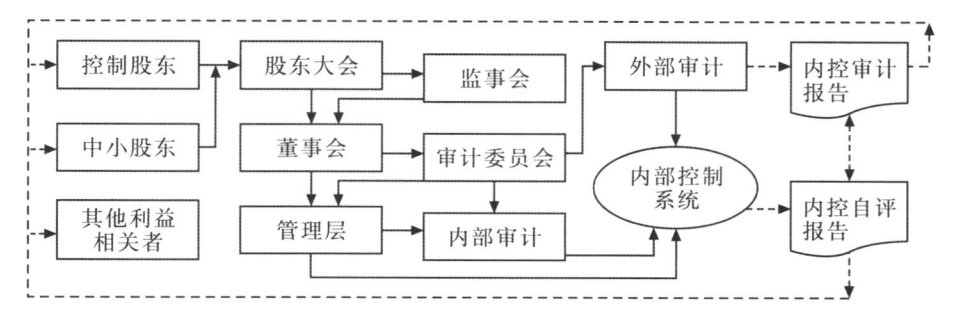

图 7.3 大股东对内部控制信息披露质量的影响路径

资料来源:陈波,2017

作为公司治理层的董事会中的多名成员均兼任公司管理层职务,监事会的多名成员均为大股东康得集团的高管(见表 7.18),因此从管理层权力中的结构权力角度进行分析,康得新的结构权力大,董事会对管理层的监督效力弱,内部控制信息质量的直接责任人——董事长可以直接操控内部控制信息的披露,因此,2010 年至 2017 年期间,康得新未披露任何与财务报告相关的内部控制缺陷,2019 年和 2020 年在东窗事发后才披露了内部控制重大缺陷。2018—2019 年度,康得新共存在 11 项未按规定履行审批手续及信息披露义务的对外担保行为,共计 19173.09 万元,公司的大股东及其高管通过避开公司内部控制的方式掩盖了上述交易,并未按照规定的内部决策程序行事,公司的内部控制存在重大缺陷,甚至由于管理层权力凌驾于内控之上,导致了内控失效。

表 7.18 公司部分董事会及监事会成员信息

姓名	所属治理层	康得新职务	康得集团职务	任职时间
钟玉	董事会	董事长	董事长	2008—2019
徐曙	董事会	董事、总裁	董事、法人代表	2008—2019
王瑜	董事会	董事、财务总监	董事	2008—2019
金大鸣	董事会	董事、董事会秘书	副总裁	2008—2012
那宝立	监事会	监事会主席	副总裁	2011—2016
张艳红	监事会	监事会主席	总裁办主任	2016—2019

4.所有权权力对公司内部控制信息披露的影响

所有权权力可以通过高管持股情况与大股东的持股状况来具体说明，从前文实证分析的结论可以看出，高管持股特别是CEO持股比例高对内部控制信息披露的负面影响大，股权集中度高，或者说大股东持股比例高，对内部控制缺陷的披露也会产生影响。康得新公司两个影响因素叠加，对内部控制信息披露的质量产生了具体的影响。

（1）高管持股情况对内部控制信息质量的影响

内部控制信息披露的质量与公司高管持股比例呈负相关关系，内部控制信息披露质量取决于通过内部控制发现的问题，更取决于上市公司管理层是否愿意披露这些内部控制缺陷。当公司管理层的所有权权力过大时，就有可能造成管理层与大股东互相勾结，为达到自身利益最大化而无视内部控制缺陷，从而导致内部控制信息披露质量出现问题的情况。

康得新高管持股比例远高于行业平均水平（具体持股比例见表7.19），管理层披露内部控制缺陷的动机弱。当高管持股比例过高时，极易产生管理层与大股东合谋的情况，对存在的内部控制缺陷置之不理，也不对外披露。如果监事会等公司的监督机构也不能够产生作用，内部控制及其披露质量堪忧。

表7.19 高管持股情况

截止日期	总股本/万股	未流通股/万股	高管持股/万股	占未流通股/%	占总股本/%
2010-12-31	16160.00	12120.00	58.78	0.49	0.36
2011-12-31	32320.00	11037.48	117.56	1.07	0.36
2012-12-31	62158.38	27578.37	148.67	0.54	0.24
2013-12-31	94369.61	365.74	365.74	100.00	0.39
2014-12-31	95238.93	434.49	434.49	100.00	0.46
2015-12-31	160873.55	17725.84	651.28	3.67	0.40
2016-12-31	352878.20	64838.33	1301.63	2.01	0.37
2017-12-31	353859.86	64838.33	1301.63	2.01	0.37
2018-12-31	354090.03	30713.40	1301.63	4.24	0.37
2019-12-31	354909.03	29869.87	458.10	1.53	0.13
2020-12-31	354909.03	29755.72	343.95	1.16	0.10

2.股东股权集中度对内部控制信息披露质量的影响

股权集中度指标可以说明公司的股权制衡情况,如果第一大股东股权集中度高,就无法实施股权制衡。康得集团作为康得新的第一大股东,一直以来持股比例都很高,在康得新刚上市时康得集团持股比例为33.22%,到2021年康得新退市,康得集团持股仍有10.93%。从表7.20中的"股权集中指标1"可以看出,康得新的第一大股东康得集团自2013年以来持股的比例都超过了10%,最高达到了28.50%。第一大股东和第二大股东的持股比例Z指标,可以说明前两大股东的股权制衡情况。2013年、2014年和2015年,Z指标分别为10.93、8.62和8.20,这也充分地说明康得集团作为第一大股东对公司具有绝对的控制权。S指标反映了第一大股东与其他前十大股东的股权结构,从公司的S指标,我们不难发现作为第一大股东的康得集团在2013、2014、2015和2018等年度,其持股比例超过其他前十大股东持股比例之和。大股东股权集中度过高,剩余股东便无法对其形成有效制约。"股权集中指标4"和"H指数"则说明了公司前十大股东持股比例情况,康得新前十大股东的持股比例在上市公司中也是属于较高的。公司内部控制信息由母公司大股东把持掌控权,在这种情况下,大股东容易偏好于扭曲隐藏真实内控信息,选择虚假披露或提供不透明的内控信息。

表7.20 股东股权集中度

截止日期	股权集中指标1/%	股权集中指标2/%	股权集中指标3/%	股权集中指标4/%	Z指数	S指数/%	H指数
2010-12-31	2.9077	5.7703	6.8144	8.398	1.5056	5.4903	0.001412
2011-12-31	7.1174	15.2556	20.3666	30.0606	1.6997	22.9432	0.011645
2012-12-31	4.2149	9.1483	13.009	19.2185	1.6173	15.0036	0.004523
2013-12-31	28.5043	33.2775	37.4384	45.2955	10.9334	16.7912	0.084552
2014-12-31	23.5217	28.3078	31.5378	36.3825	8.6228	12.8608	0.057507
2015-12-31	15.2826	18.8483	21.6692	27.5179	8.2009	12.2353	0.02509
2016-12-31	13.9245	22.6953	25.0667	29.7459	1.8624	15.8214	0.025873

续表

截止日期	股权集中指标1/%	股权集中指标2/%	股权集中指标3/%	股权集中指标4/%	Z指数	S指数/%	H指数
2017-12-31	15.7491	25.8798	29.0838	33.882	2.0312	18.1329	0.032361
2018-12-31	24.0451	35.0061	39.7576	47.143	3.1032	23.0979	0.067133
2019-12-31	15.0893	25.3208	28.5332	33.9208	1.9474	18.8315	0.030524
2020-12-31	10.932	21.2519	25.3412	31.6854	1.4109	20.7534	0.020325

注：表中指标说明同表7.5。

5.声誉权力对公司内部控制信息披露的影响

声誉权力通过管理者在不同公司或其他社会组织的兼职情况来反映管理层在相关行业或领域的地位，当其社会地位较高且具有更高的声誉时，社会影响力较大。

公司董事长钟玉于19岁时入伍，之后在航空部某厂微电机研究所工作，在研发方面也有所建树，在设立康得集团后，钟玉兼任中国上市公司协会副会长、江苏上市公司协会副会长、中关村民营科技企业家协会常务副会长、中国亚洲经济发展协会常务副会长、亚布力中国企业家论坛理事等职务，其在相关行业具有一定的地位和影响力。

徐曙作为公司总裁（总经理）还是苏州康得新研究中心有限公司、天津众得创利信息科技中心（有限合伙）、天津众得创发信息科技中心（有限合伙）等公司的法定代表人，并担任宁波梅山保税港区丰财投资管理合伙企业（有限合伙）、天津众得创利信息科技中心（有限合伙）、天津众得创发信息科技中心（有限合伙）等公司股东，还担任东方视界科技（北京）有限公司、中安信科技有限公司等公司高管。徐曙任康得新总裁前有大学13年任教的经历，2016年被中国证券金紫荆奖评为最佳上市公司CEO，2017年被美国《福布斯》杂志评为中国商界最杰出女性，排名第27位。

王瑜2009年加入康得新，任公司财务总监一职，曾任赛得投资财务总监，建银国际投资咨询公司财务总监、投资银行部高级副总裁等职务。

康得新公司管理层最重要的三个人物,在行业领域都具有较高的声誉,其声誉权力较高。根据相关研究,公司管理层的声誉权力高,应对外部风险和处理风险的能力会较强,但从另一方面来说,当公司内部控制出现较大缺陷时,管理层隐瞒的动机会更加强烈且隐秘。

6.专家权力对公司内部控制信息披露影响

专家权力是公司管理层在行业或所在专业中具有的能力,可以从管理层的学历、职称、任职时间等多个方面来衡量(康得新公司管理层主要人员的专业背景见表7.21),专家权力高的管理层对公司信息披露的影响力更强。

表7.21 公司管理层主要人员专业背景

姓名	职业背景	学术背景	金融背景	毕业院校	学历	专业	职称	任职时间
钟玉	研发、设计、管理	科研机构任职	无	北京航空航天大学	硕士研究生	系统管理工程	高级工程师	2008—2019
徐曙	管理	高校任教	无	武汉工业大学	硕士研究生	机械基础	教师	2008—2019
王瑜	管理、财务	无	投资管理公司	百林顿大学	硕士研究生	工商管理		2008—2019

(1)专业背景

钟玉,毕业于北京航空航天大学,硕士研究生学历,曾就职于科研机构,是高级工程师,有研发、设计、管理的相关职业背景;徐曙,毕业于武汉工业大学,硕士研究生学历,曾在高校任教;王瑜,毕业于百林顿大学,硕士研究生学历,曾在投资管理公司工作。公司主要高管具有较高的学历,专家能力都较强。

(2)任职时间

公司管理层连任时间长,在一定程度会增强其对公司的影响力,容易得到公司内部的支持。作为一家民营企业,创始人钟玉和其妻子徐曙的地位在公司中是牢不可破的,作为公司的核心管理人员,王瑜也深受重用,一直连任公司的财务总监一职,三人形成的核心高管层,掌握了公司对外信息披露的主导权。

7.2.2 结构权力对上市公司内部控制缺陷披露的影响——以长生生物为例

7.2.2.1 长生生物疫苗造假事件回顾

长生生物疫苗事件起源于内部员工在2018年7月11日进行的实名举报。2018年7月15日,国家药监局通过官方网站发布通告称,国家药监局发现长春长生(长春长生生物科技有限责任公司,简称长春长生)在生产冻干人用狂犬病疫苗过程中存在记录造假等严重违反《药品生产质量管理规范》的行为,并责令其停产停业,收回药品GMP证书,召回尚未使用的狂犬病疫苗。10月16日,国家药监局发布对长春长生的行政处罚决定书,公告长春长生存在勾兑原液、使用过期原液、编造虚假记录等八项严重的违法事实。2018年8月16日《政治局常委会听取关于长春长生问题疫苗案件有关问责情况汇报》的报道,更是引起了社会各界的广泛关注,有关方面对包括吉林省副省长在内的4名中管干部予以了免职等处理,并对35名非中管干部进行了相应的问责,对原食品药品监管总局副局长吴浈进行立案审查。随着案件的持续发酵,调查发现长春长生的母公司长生生物科技股份有限公司(简称长生生物)存在与获得疫苗销售市场相关的至少20起行贿案件。其2015年至2017年年度财务报表和内部控制自我评价报告都涉及虚假记载和披露。

长生生物的全资子公司长春长生因此次疫苗造假事件面临91亿元的罚款,涉案的高俊芳等人也被予以行政处罚,其中四人被终身禁止进入市场,涉嫌犯罪的也被追究刑事责任。后续长生生物也走上了退市之路。2019年11月7日,长春长生宣告破产。11月27日长生生物股票被深交所摘牌,终止上市。

7.2.2.2 长生生物公司概况

长生生物位于吉林省长春市,法定代表人为高俊芳。长生生物2015年借壳黄海机械上市,借壳之前,长生生物最初是由职工参与发起设立的一家国有企业,后经 19 次股权转让以及 2 次增资,公司最终成为民营企业。

长生生物前身为长春长生实业股份有限公司(简称长生实业),经长春市经济体制改革委员会批准于 1992 年 8 月 27 日成立,长生实业由长春生物制品研究所(简称长生所)、长春高技术应用研究所(简称高研所)、长生所生物技术服务中心经销部(简称经销部)三家公司联合发起注册。长生所占股 50%,高研所和经销部各占 21% 和 1%;注册资本中占总股本的剩余部分,由长生所的内部工作人员购买,由员工持股。1995 年,长生实业申请回收内部职工股总数的 50%,1996 年收回剩下的内部职工股。最终,长生所以 69.44% 的持股比例成为长生实业的绝对控股人。长生实业回购内部职工股符合当时政策的规定,同时也使日后高俊芳家族控股企业成为可能。随后,长春高新得到了长生所和高研所大部分的股权,成为最大股东。2000 年 12 月,长春高新又继续购买了长生实业股份持有企业深圳通海 9% 的股权。次年 3 月,长生所又把 20% 的股份转让给了长春高新。一系列动作之后,长春高新对长生实业持股高达 80%,成为绝对控股股东。

2002 年 4 月,长生实业将名称改为长生生物科技股份有限公司(即长生生物)。2003 年末,长春高新将股权几乎全部转让出去。2006 年 9 月 7 日,作为长生生物股东之一的亚泰集团将自己持有的股份以 2.8 元/股的价格卖给自然人金宇东,亚泰集团也不再持有长生生物的股份。长生生物的股东结构为八家股东持股,其中国资股东只剩下长春高研所一家,持股比例仅有 1.39%,民营和自然人股东持剩余的 98.61% 股份。2015 年 12 月,长生生物将 100% 股权作价 55 亿元借壳黄海机械上市,上市公司证券更名为"长生生物"。2018 年 7 月长春长生因狂犬疫苗生产记录造假等违法行为被收回药品 GMP 证书并责令停产,2019 年 11 月长春长生被宣告破产,而长生生物则成为国内首例因触及重大违法行为被强制退市的上市公司,同月,该公司股票被深圳证券交易所摘牌。在 2015—2018 年期间,长生生物的主要股东均为自然人和民营股东,具体见表 7.22。

表 7.22　2015—2018 年公司前 10 大股东持股数量及比例

统计截止日期	股东名称	持股数量/股	持股比例/%
2015-12-31	高俊芳	88117440	20.12
2015-12-31	张洺豪	87031200	19.88
2015-12-31	虞臣潘	40120000	9.16
2015-12-31	刘良文	39100000	8.93
2015-12-31	芜湖卓瑞创新投资管理中心(有限合伙)	32955922	7.53
2015-12-31	北京华筹投资管理中心(有限合伙)	24567142	5.61
2015-12-31	长春市祥升投资管理有限公司	14686240	3.35
2015-12-31	殷礼	14686240	3.35
2015-12-31	杨红	12336441	2.82
2015-12-31	张敏	6021358	1.38
2016-12-31	高俊芳	176234880	18.18
2016-12-31	张洺豪	174062400	17.96
2016-12-31	虞臣潘	80240000	8.28
2016-12-31	刘良文	78200000	8.07
2016-12-31	芜湖卓瑞创新投资管理中心(有限合伙)	65911844	6.8
2016-12-31	北京华筹投资管理中心(有限合伙)	49134284	5.07
2016-12-31	殷礼	29372480	3.03
2016-12-31	长春市祥升投资管理有限公司	29372480	3.03
2016-12-31	杨红	24672882	2.55
2016-12-31	张敏	12042716	1.24
2017-12-31	高俊芳	176234880	18.18
2017-12-31	张洺豪	174062400	17.88
2017-12-31	虞臣潘	80240000	8.24
2017-12-31	刘良文	78200000	8.03
2017-12-31	芜湖卓瑞创新投资管理中心(有限合伙)	65911844	6.77
2017-12-31	北京华筹投资管理中心(有限合伙)	45880784	4.71
2017-12-31	长春市祥升投资管理有限公司	29372480	3.02

续表

统计截止日期	股东名称	持股数量/股	持股比例/%
2017-12-31	杨红	24224682	2.49
2017-12-31	殷礼	23630398	2.43
2017-12-31	张敏	12042716	1.24
2018-06-30	高俊芳	176234880	18.1
2018-06-30	虞臣潘	80240000	8.24
2018-06-30	刘良文	78200000	8.03
2018-06-30	芜湖卓瑞创新投资管理中心（有限合伙）	50178652	5.15
2018-06-30	北京华筹投资管理中心（有限合伙）	36143880	3.71
2018-06-30	长春市祥升投资管理有限公司	29372480	3.02
2018-06-30	杨红	24224682	2.49
2018-06-30	殷礼	17623530	1.81
2018-06-30	张敏	12042716	1.24
2018-06-30	张洺豪	174062400	17.88

7.2.2.3 2016年至2018年长生生物内部控制信息披露分析

2016年至2018年长生生物内部控制信息披露主要包括三个方面，一是公司内部控制自我评价和内部控制规则落实自查表；二是注册会计师内部控制鉴证报告；三是作为独立财务顾问的兴业证券对内部控制规则落实自查表的核查意见。

（1）公司内部控制自我评价结果

2016年至2018年公司评价报告结果基本上一致，长生生物董事会认为公司于内部控制评价报告基准日，在基于财务报告的内部控制和非财务报告内部控制两个方面都不存在重大缺陷和重要缺陷，也未发生影响内部控制有效性评价结论的各项因素，因此公司的内部控制是整体有效的。

（2）公司内部控制规则落实自查表

从公司内部控制规则落实自查表中的信息可以得出以下结论：公司在内部审计、信息披露、内幕交易、募集资金、关联交易、对外担保、重大投资、其他事项等八个方面都符合相关内部控制规则的要求。

(3) 注册会计师鉴证报告

长生生物2016年至2018年三年的内部控制鉴证报告都是由致同会计师事务所出具的标准无保留意见的审计报告,其认为长生生物在财务报告内部控制和非财务报告内部控制两方面都能够建立和有效地实施内部控制。

(4) 兴业证券对内部控制规则落实自查表的核查意见

2016年至2018年兴业证券对长生生物的内部控制规则落实自查表的核查都表示无异议,认为长生生物2015—2017年度的内部控制规则落实自查表能够接近深交所的要求,能够完整如实地反映内部控制规则的落实情况。

(5) 内部控制评级情况

根据迪博内部控制评价指数(见表7.23)可以发现,长生生物的内部控制评级均较差,都处在B级,在当年上市公司评级中处于中下游水平。

表 7.23 公司内部控制评级情况

报告期	内部控制指数评级	内部控制指数评分	战略层级指数	经营层级指数	报告可靠指数	合法合规指数	资产安全指数
2017	B	668.87	0	0	0	0	0
2016	B	682.26	546.48	444.66	885.07	1000	535.08
2015	B	618.92	498.81	459.72	1000	600	536.05

7.2.2.4 长生生物内部控制缺陷分析

1. 控制环境

根据我国《企业内部控制基本规范》的定义,"内部环境是企业实施内部控制的基础,一般包括治理结构、机构设置及权责分配、内部审计、人力资源政策、企业文化等"。

内部环境是企业实施内部控制的基础,是内部控制其他四个构成要素的基础。如果没有一个有效的内部环境,其他四个要素无论质量多高,都不可能形成有效的控制,这一点在长生生物的内部控制失效上得到了强有力的印证。

(1) 公司治理

长生生物董事长高俊芳身兼董事长、总经理和财务总监多个职务,这一做法触及了治理结构中的两个重要风险点,也就是"企业对控股股东是否在资产、财务、人员方面实现相互独立"和"对经理层的权力是否存在必要的监督和约束机制"。董事长与总经理在职务上不分离已经影响了董事会对经理层的约束和监督,而在长生生物中董事长高俊芳还兼任财务总监,更是违背了资产、财务、人员相互独立的原则。在这种情况下,董事会的监管作用就非常有限,公司的内部治理结构就完全有可能形同虚设,只能通过外部治理进行制衡。

(2) 社会责任

《企业内部控制应用指引第 4 号——社会责任》明确指出,企业在经营发展过程中应当履行的社会职责和义务,主要包括安全生产、产品质量、环境保护、资源节约、促进就业、员工权益保护等方面。长生生物是一家从事人用疫苗研发、生产和销售的企业,关系到广大群众的生命安全,更应该履行和承担其社会责任,而事实是长生生物在 2016 年和 2017 年就出现了百白破疫苗质量问题,2018 年更是出现了狂犬疫苗的重大事件。可见公司将逐利行为当作发展的第一要务,忽视了产品的质量,危害了人民群众的生命安全,在社会责任方面存在着重大的内部控制缺陷。

(3) 诚信和道德价值观

内部控制是由人建立、执行和维护的,人的道德价值观直接影响到人的日常行为,诚信和道德价值观的培养和建立是自上而下的。长生生物从公司的董事长到员工在道德价值观上都存在一定的问题,主要是由公司的价值导向造成的。公司自上市以来以市场龙头地位为发展战略目标,根据 2017 年年报,其一类疫苗批发量为 577 万人份,二类疫苗批发量为 1011 万人份,狂犬疫苗和水痘疫苗的批发量均居全国第二,其中狂犬疫苗销售量占中国市场的 23.19%。但是,企业在快速的扩张过程中没有重视产品的质量,甚至弄虚作假,随意更改生产的技术参数。另外,根据《南方周末》的报道,从 2003 年起,长春长生的狂犬、流感、水痘、甲肝、乙肝等多个疫苗产品均卷入行贿案件。

2.业务活动控制

业务活动控制涉及的内容很多,包含了企业所有的业务活动,如资金活动、采购、销售、担保、合同管理、存货管理、固定资产、工程项目等方面的业务活动。长生生物在业务活动控制中也出现了内部控制缺陷,主要有以下几个方面:

(1)资金活动控制

资金活动是企业筹资、投资和资金营运的总称,影响资金活动的因素多且复杂,资金活动的潜在风险一般都是重要风险。从长生生物的年报上来看,企业业绩好,但资金活动也隐藏着危机,存在着高理财,低成长的风险。公司"2017年年度募集资金使用情况对照表"表明:截至期末承诺投入金额应为165976.08万元,本年度投入募集资金总额20800.51万元,已累计投入募集资金总额75806.75万元,占承诺投入金额的45.67%,截至期末累计投入金额与承诺投入金额的差额为90169.33万元,期末公司以闲置募集资金购买保本型理财产品96400.00万元。根据公司年报中对其他流动资产的说明,可以发现公司的银行理财产品期末余额仍有205300万元,长生生物作为一家疫苗生产企业,应该在研发和设施设备上高投入,而从年报中可以发现其募集资金投入承诺的募集投资项目的不足一半,而大量募集资金和闲置流动资金都被用于理财投资,这虽然提高了企业的理财收入,但必将影响企业的长远发展。

(2)销售业务控制

2017年年报显示长生生物的销售费用为5.8亿元,比2016年的2.3亿元增长了152.52%,其中4.4亿元为推广服务费,占总销售费用的75.9%,而长生生物的销售人员仅25人,人均年销售费用高达2331.85万元。在年报中,公司对此变动的解释是:主要系营销模式受疫苗流通条例影响,推广费、市场服务费、会议费和运输费增加所致。为了加强对疫苗流通和预防接种的管理,国务院于2016年4月修订了《疫苗流通和预防接种管理条例》,要求疫苗采购应当通过省级公共资源交易平台进行。长生生物为此调整了原有的自营与经销商结合的销售模式,继而采取与推广服务商合作的方式开展销售工作,以适应新的监管要求。中国裁判文书网显示,在涉及长春长生的司法裁定中,10余起案件均是通过回扣的方式行贿,所涉及的疫苗包括狂犬、水痘、乙肝、流感等多种;其中,72元/支的冻干狂犬病疫苗其回扣额高达20元/支。由此可知长生生物4.4亿元为推广服务费的原因了。这样的销售政策是无视国家的法律法规,以牺牲广大人民的生命安全为代价的,销售业务控制在源头上就已经失控了。

(3)研究开发控制

对于疫苗行业来说,高壁垒、高投入、高周期、高毛利是重要特征,新产品研发周期长,基础设施投入大。在发展战略中长生生物特别强调了以下四个方面:市场龙头地位、研发能力、扩充产能和产业战略布局。疫苗行业要达到市场的龙头地位,最主要的是企业的研发能力。

表 7.24 长生生物研发投入情况

年度研发投入相关指标	2017 年	2016 年	变动比例/%
研发人员数量/人	153	150	2.00
研发人员数量占比/%	14.96	14.40	0.56
研发投入金额/元	122213262.81	43336036.76	182.01
研发投入占营业收入比例/%	7.87	4.26	3.61
研发投入资本化的金额/元	79425735.12	21973050.22	261.47
资本化研发投入占研发投入的比例/%	64.99	50.70	14.29

资料来源:长生生物2017年年报。

从表7.24的数据中我们可以发现两个问题:一是研发投入占营业收入的比例极低。根据其竞争企业沃森生物2017年年报,沃森生物2017年的研发投入为3.33亿元,占营业收入的49.87%,对比发现,长生生物的研发投入明显偏低,同时也与公司的发展战略相背离。二是公司的研发资本化率高,这与研发的实际情况并不相符。正常的疫苗研发,在研发过程中经常会出现失败的情况,而这些研发失败是不能够进行资本化的,只能费用化处理。根据其同行业康泰生物、智飞生物的2017年年报,康泰生物研发投入的资本化率为28.96%,智飞生物为15.69%,相比之下,长生生物研发投入的资本化率明显偏高。如果将资本化部分的研发投入剔除,长生生物的研发投入少得可怜,对于研发内部控制而言,最重要的就是要以战略为导向,长生生物的做法是严重背离企业发展战略的。

3. 风险评估

疫苗行业是一个长周期、高投入、高风险的行业,公司应该对风险管理严格要求,从风险目标的确定到风险的识别、评估以及应对,公司都要有相应的制度规范和执行。长生生物董事会 2017 年的经营评述提道:"疫苗行业属于关乎人身安全、受各部门高度监管的行业,自身或者行业产品质量安全引发的'疫苗事件'难以事前完全控制,任何一个疫苗均在一定程度上暴露在突发性事件引发的停产、禁售风险之中。因此,品种较为单一的疫苗企业经营风险相对较高。丰富多元化的产品组合使得长春长生有效降低了经营风险,为其持续稳定发展奠定了扎实的产品基础。""疫苗作为一种特殊药品,受到相关部门的严格监管,其整体安全性高于治疗性药品。但公众对疫苗风险的认知不足和情绪效应,倾向于放大疫苗实际风险,涉及疫苗产品任何确诊或者疑似事故都可能引发行业监管部门叫停销售或者接种者的排斥,从而给产品需求带来不确定性。"

关于疫苗行业的风险,长生生物公司是能够认识到的。但其在利益面前对风险的识别、控制和应对却没有相应的措施,更是避重就轻地认为要通过丰富产品组合来规避风险,从公司的决策层到管理层都没有意识到疫苗风险给人民生命安全带来的危害,从根本上来说就是公司的内部治理结构和高管中存在道德风险。

4. 信息披露

2016 年至 2018 年三年期间,长生生物未披露任何的内部控制缺陷,董事会认为公司不存在任何财务报告内部控制缺陷和非财务报告内部控制缺陷,同时也未发生影响内部控制有效性评价结论的因素,并且致同会计师事务所都对内部控制自我评价报告出具标准审计意见。长生生物 2016 年至 2018 年对外披露的内部控制规则落实自查表认为:公司在内部审计运作、信息披露、内幕交易、募集资金、关联交易、对外担保、重大投资、其他事项等 8 个方面都符合相关内部控制规则。同时 2016 年至 2018 年兴业证券对长生生物的内部控制规则落实自查表的核查意见都无异议。从 2016 年至 2018 年长生生物对外披露的内部控制相关信息可以发现,从公司董事会的自我评价到注册会计师的审计鉴证报告,从公司管理层的内部控制自查到外部独立财务顾问的核查,都不认为存在任何的重大、重要缺陷,而事实上公司的内部控制已经处于失效状态,可见信息披露存在重大缺陷。

7.2.2.5 管理层操纵内部控制信息披露动机分析

1.盈利预测补偿协议

长生生物在借壳黄海机械上市时签署了一份盈利预测补偿协议,甲方是借壳公司连云港黄海机械的股东,乙方是长生生物的20名股东。内容包括重大资产置换,还有一份盈利预测补偿协议。黄海机械与长生生物全体股东关于长生生物科技股份有限公司之盈利预测补偿协议规定:

> 长生生物对本次交易实施完毕当年及其后续两个会计年度(以下简称"业绩补偿期"或"承诺年度")的净利润作出承诺,并就实际盈利数不足预测利润数的情况对黄海机械进行补偿。
>
> 各方同意,长生生物应当按照相关法律法规规定对标的资产在本次交易实施完毕当年及其后连续两个会计年度的净利润作出承诺(以下简称"承诺净利润数")。经各方协商,乙方承诺标的资产在2015年至2017年期间的利润数不低于30000万元、40000万元、50000万元。
>
> 如标的资产的业绩补偿期实现的累计实际净利润数(净利润以经审计的扣除非经常性损益后归属于母公司的净利润为准)低于协议各方约定的承诺利润数,则长生生物应依据本协议第四条约定的补偿方式对甲方进行补偿。

根据上述的盈利预测补偿协议,长生生物在2015年至2017年的利润数额应不低于30000万元、40000万元、50000万元。但根据公司生产经营的实际情况,很难完成这份协议。在这种情况下公司具有财务造假的动机。根据公司2015—2017年的财务报表,可以得到以下结论:长生生物自2015年上市以来营业收入及净利润迅猛增长、毛利率高。长生生物2017年年报显示,公司营收15.5亿元,实现归属于上市公司股东的净利润为5.6亿元。其中,疫苗销售占营业收入的99.10%。按产品分类,二类疫苗所占营收比重为91.68%,二类疫苗毛利率达90.86%。与同行业成大生物、康泰生物、沃森生物相比,其毛利率居于前列,到 2017 年其营业收入已超其他三家。

表 7.25 长生生物营收入情况

财务报表报告期	生物疫苗营业收入情况			二类疫苗营业收入情况		
	营业收入/元	营业成本/元	毛利率/%	营业收入/元	营业成本/元	毛利率/%
2015	789718230.17	174861157.38	77.86	669289193.62	113200052.03	83.09
2016	1014973779.01	212115029.49	79.10	892478856.67	134077248.38	84.98
2017	1539448569.18	208788406.11	86.44	1424166594.58	130233413.36	90.86

2.股东利益需求

(1)股东高位减持套现

2018 年 3 月至 2018 年 7 月长生生物股价上涨了 64%,公司大股东纷纷在高位减持套现。2018 年 2 月,长生生物公告披露:大股东北京华筹分 9 笔减持 325.35 万股,套现 5322.73 万元;2018 年 4 月—7 月,另一大股东芜湖卓瑞亦通过大宗交易减持 1743.44 万股,合计套现约 3.33 亿元。

(2)实控人现金需求

公司实际控制人高俊芳家族则将持有股份数量的 37.6% 质押给兴业证券。公司 2016 年分配股利 10 股派 3 元,2017 年为 10 股派 4 元。分配股利数额巨大。由于高俊芳家族占长生生物股份超过 40%,公司实控人通过操纵内控信息和财务信息抬升股价,通过大量质押股份和高额分红来套取现金。

3.疫苗行业监管力度加大

在长生生物上市后,国家对制药行业的监管力度不断加大,有关新版 GMP、新版 GSP 等证书的规定相继出台。长生生物主营的二类疫苗面临更加严格的体系规范,这会对盈利目标的实现造成一定的压力。国务院在 2016 年 4 月修订了《疫苗流通和预防接种管理条例》,相关法律法规的出台加大了对疫苗行业的准入、生产与质量管理、销售等方面的监管。长生生物上市的产品并不是独一无二的,不但面临着现有厂家的竞争,还面临着新加入的竞争者的竞争威胁。公司管理层外部面临行业监管的重压,内部也形成了盈利预测补偿协议的压力,在这种情况下,公司管理层有强烈的财务舞弊和操纵内控信息披露的动机。

7.2.2.6 结构权力对内部控制缺陷披露的影响

1.股权结构失衡,公司管理层所有权权力加大

表 7.26　2017 年公司前十大股东持股情况

持股人	持股数/股	持股比例/%
高俊芳	176234880	18.18
张洺豪	174062400	17.88
虞臣潘	80240000	8.24
刘良文	78200000	8.03
芜湖卓瑞创新投资管理中心(有限合伙)	65911844	6.77
北京华筹投资管理中心(有限合伙)	45880784	4.71
长春市祥升投资管理有限公司	29372480	3.02
杨红	24224682	2.49
殷礼	23630398	2.43
张敏	12042716	1.24

由表 7.26 可知,公司 2017 年前十大股东的持股占比达 72.99%,其中高俊芳及其子张洺豪持股合计 36.06%,两人持股占了前十大股东持股的近一半,在公司前十大股东中,长春祥升、张敏(高俊芳丈夫张友奎的妹妹)也都和高俊芳有关联关系,可见股权高度集中在高俊芳家族手中。股权高度集中会导致公司内部制衡度差,其他股东难以形成有效监督,甚至会导致内部控制环境出现严重的问题。

从表 7.27 的公司股权集中度情况分析可以看出,公司前十大股东的持股占比非常高(股权集中指标 4),观察第一大股东持股比例(股权集中指标 1)和公司前 5 位大股东持股比例之和(股权集中指标 3)两个指标我们不难发现,公司的第一大股东占了公司近 1/5 的股权,前五大股东的持股比例接近 60%,2015 年甚至超过 60%,Z 指标反映了第一大股东和第二大股东持股比例之比,说明第一大股东和第二大股东持股比例相当,Herfindahl_10 反映了公司前十大股东持股比例的平方和,这些指标都指

向公司的股权集中度极高。

表 7.27 长生生物股权集中度情况分析

截止日期	股权集中指标1/%	股权集中指标2/%	股权集中指标3/%	股权集中指标4/%	Z指数	S指数/%	Herfindahl_10指数
2015-12-31	20.1239	49.1621	65.6179	82.1288	1.0125	62.005	0.108415
2016-12-31	18.18	44.4132	59.2794	74.1955	1.0125	56.0155	0.088482
2017-12-31	18.0997	44.2171	59.0176	72.8979	1.0125	54.7983	0.087032
2018-06-30	18.0997	44.2171	57.4018	69.6652	1.0125	51.5655	0.084002

表中指标说明见表7.5注释。

2.公司所有权与管理权高度重合

根据表7.28,我们不难发现,自长生生物上市以来,高俊芳一家不仅持股比例大,同时还担任公司管理层的重要职务,公司大股东、治理层和管理层高度重合。2017年高俊芳担任公司的法人代表,同时还是公司的董事长、总经理、财务负责人、非独立董事。其子张洺豪担任副董事长、副总经理,其丈夫张友奎担任公司副总经理。从对管理层权力各个维度的分析来看,公司管理层中的结构权力极大,不仅仅是影响,甚至完全可以操控内部控制信息的披露。

表 7.28 长生生物部分高管情况

截止日期	姓名	年末持股数	具体职务
2015-12-31	高俊芳	88117440	董事长、总经理
2015-12-31	张友奎	3289717	非独立董事、副总经理
2016-12-31	高俊芳	176234880	董事长、总经理
2016-12-31	张友奎	6579434	董事、副总经理
2016-12-31	张洺豪	174062400	副董事长、董事、副总经理
2017-12-31	张友奎	6579434	董事、副总经理
2017-12-31	高俊芳	176234880	董事长、非独立董事、总经理、财务负责人
2017-12-31	张洺豪	174062400	副董事长、董事、副总经理

3.专家权力不突出

从长生生物董高监学历和职称情况(见表7.29)来看,硕士研究生学历以上的有 7 人,具有高级职称的有 7 人,均占 35%,大专以下学历的有 6 人,占比 30%,无职称的有 5 人,占比 25%。从以上数据可以看出公司专家权力不突出,特别是三名监事学历偏低且仅一人有助理工程师职称,王晓辉、陈晓杰从事财务与审计工作,而且都进入公司十余年,与高俊芳有共事经历,独立性可能会严重受影响。三位独立董事均不具备行业相关背景。在 2015 年报告期召开的 8 次董事会会议中,两位独立董事 3 次未现场出席,而是以通信方式参加会议;2016 年召开的 7 次和 2017 年召开的 9 次董事会会议,三位独董亦均未现场出席,而是以通信方式参与,并且都未对公司巨额的销售费用以及大额购买理财产品等不合理事项提出过异议。独立董事可谓形同虚设,专业性和独立性不得不令人质疑。

表 7.29　长生生物董高监学历和职称情况

姓名	职务	学历	职称
高俊芳	董事长、总经理、财务总监	硕士研究生	高级会计师、高级经济师
蒋强华	副总经理	大专	工程师
张洺豪	董事、副总经理	硕士研究生	
刘景晔	副总经理	大专	研究员
张友奎	副总经理	不明	
万里明	副总经理	硕士研究生	工程师
鞠长军	副总经理	研究生	高级工程师
张晶	董事、副总经理	硕士研究生	高级工程师
杨鸣雯	销售总监	本科	高级经济师
王群	研发总监	博士研究生	高级工程师
赵春志	董事、董事会秘书	本科	注册会计师
赵志伟	行政总监	硕士研究生	副高级工程师
刘良文	董事	中专	工程师
王祥明	董事	本科	经济师
王晓辉	监事	大专	助理工程师
陈晓杰	监事	大专	
张晓林	监事	本科	
沈义	独立董事	硕士研究生	律师

续表

姓名	职务	学历	职称
徐泓	独立董事	研究生	教授
马东光	独立董事	本科	

4.声誉权力较高

高俊芳作为长生生物董事长兼总经理、财务总监,在疫苗产业界有很高的声誉,曾与康泰生物董事长杜伟民、江苏延申公司董事长韩刚君掌握了中国疫苗的半壁江山,三人被合称为"疫苗之王"。高俊芳还曾任吉林省政协委员、长春市人大代表、吉林省预防医学会第五届副会长、长春市工商联副主席,有较多的社会职务,并且在长春长生任董事长兼总经理。通过表7.30可以发现高俊芳儿子张洺豪也在多家公司任董事或董事长。长生生物的管理层声誉权力比较高,对内部控制信息披露的影响力大,事实也证明公司的确存在公司管理层对内部控制信息披露的操控行为,严重影响了内部控制的信息质量。

表7.30 主要高管在其他单位任职情况

任职人员姓名	其他单位名称	在其他单位担任的职务	任期起始日期	任期终止日期	在其他单位是否领取报酬津贴
高俊芳	长春长生生物科技有限责任公司	董事长兼总经理	1992年8月27日		是
张洺豪	长生万信投资管理(平潭)有限公司	执行董事	2017年5月03日		否
张洺豪	长生云港生物科技股份有限公司	董事长	2017年3月16日		否
张洺豪	长春市鼎升经贸有限公司	执行董事	2013年6月05日		否
张洺豪	长春市众源丰投资管理有限公司	董事长	2016年1月26日		是
张洺豪	北京仲颐金泰投资管理有限公司	执行董事	2015年6月23日		否
张洺豪	北京嘉美佳源木制品有限公司	执行董事	2017年7月04日		否

续表

任职人员姓名	其他单位名称	在其他单位担任的职务	任期起始日期	任期终止日期	在其他单位是否领取报酬津贴
张洺豪	长春市腾龙投资咨询有限公司	执行董事	2016年12月09日		否
张洺豪	北京艾德摩生物技术有限公司	董事	2016年5月30日		否

7.2.3 小结

本章选取了康得新和长生生物两家典型的非国有上市公司案例来说明管理层权力对内部控制缺陷披露的影响。两家公司都曾经是业界的翘楚，但由于在公司治理、内部控制等各个方面存在问题，最终都以退市告终，同时这两个案例也具有极强的警示作用。

我国非国有上市公司，特别是民营上市公司普遍存在两职合一的现象，长生生物更是董事长、总经理和财务总监三职合一。康得新虽然没有两职合一，但董事长与总经理是夫妻关系，属于一致行为人，其实质也是两职合一。在这两个案例中，康得新所有权权力表现得更为显著，董事长钟玉是公司控股股东，通过金字塔结构，操纵上市公司的内部控制，隐瞒内部控制缺陷，侵害中小股东权益。高俊芳作为长生生物董事长兼总经理、财务总监，在管理层中具有绝对的权力，这种绝对的权力使其完全凌驾于内部控制之上。在这种管理层结构权力下，公司内部控制极容易失效，同时由于公司的所有权与管理权高度重合，董事会已经对管理层不可能执行监督权力。在这两个案例中我们还可以发现民营上市公司的另一个特点，就是管理层的声誉权力都较大，两家上市公司的董事长、总经理都具有较高的社会声誉。声誉权力对于管理层来说是一把双刃剑，一方面管理层为了维护较高的声誉权力会更加严格执行内部控制，另一方面当内部控制出现重大缺陷时，管理层为了维护自身的声誉，也更倾向于隐瞒内部控制缺陷，影响内部控制缺陷的披露。

第8章 管理层权力视角下内部控制信息披露质量提升的建议

通过理论分析、实证分析和案例分析，可以发现管理层权力影响内部控制信息披露质量，对内部控制缺陷选择性披露会形成直接的干预，甚至操纵内部控制信息披露。而内部控制信息披露属于上市公司信息披露的重要组成部分，对信息外部使用者，包括投资者和债权人都会产生决策影响。内部控制的质量对公司的财务信息质量也具有直接的影响，内部控制存在重大缺陷会带来公司经营管理、社会公众形象等一系列的危机，进而会影响企业价值，甚至影响其存亡。本章从管理层权力的内部治理、外部治理两个方面，围绕构建内部控制信息披露机制，提出相关的建议。

8.1 管理层权力治理

管理层权力问题产生的逻辑基础是委托代理理论，其一方面来自管理层为获取更多的剩余分配权而采取的各种寻租行为，另一方面来自管理层的机会主义行为，在委托人和代理人目标产生冲突时，管理层会产生各种机会主义行为，从而引发逆向选择和道德风险。基于这个逻辑基础，管理层权力的治理逻辑是监督制衡和激励，简单地说，就是形成激励相容的机制。

8.1.1 管理层权力的外部治理

管理层权力的外部治理包含了政府治理和市场治理两个方面,目前在我国政府治理中制度治理被提到了前所未有的高度,但制度对于不同的对象而言会有一定的局限性,而我国上市公司的具体情况千变万化,管理层权力各具特色,简单地从制度治理方面来加强外部治理还存在着许多的局限性,因此管理层权力的外部治理,更应该是政府治理与市场治理相结合的综合治理,包括外部市场体系、制度体系、法律环境、社会伦理道德等,是一种激励约束机制。

8.1.1.1 管理层权力的外部治理措施

1.引入 EVA 绩效考核办法

激励与监督同为管理层权力治理的手段,与监督相比,激励的治理成本更低,治理效率更高。我国政府通过引入 EVA 考核机制来强化国企经理人考核,一直以来都起到一定的激励和约束的效果,对国企管理层权力的抑制有一定的作用。从 2009 年版的《中央企业负责人经营业绩考核办法》到 2019 年版的该考核办法,对于国企经营的约束都取得了较好的效果,但也暴露了一些问题,如 EVA 指标在本土化转换过程的一些设计不够合理和精细,关于这部分内容,本书不做过多的阐述。在《中央企业负责人经营业绩考核办法》的基础上,地方国资管理部门也制定了对地方国有企业经理人的考核办法,但推广的力度并不大,另外非国有企业也缺乏相应的管理层业绩考核办法,这些问题在很大程度上导致了地方国有企业和非国有企业的管理层权力失去了必要的约束。因此,应认真地总结《中央企业负责人经营业绩考核办法》的运行经验,并在地方国企中推广,也就是说地方国资管理部门应制定适应性的考核办法并执行,而非国有企业应参照执行。

2.形成良好的制度环境

制度是一系列用来建立生产、交换与分配关系的基本性政治、社会和法律规则,可以分为正式制度环境与非正式制度环境。企业作为一种有效的组织形态或制度安排,通常嵌入在其所在的制度环境当中,其行为倾向于趋利避害,适应所处环境。市场化总指数①显示,我国的市场化进展在 2008—2011 年出现了一定程度的放缓,2012—2014 年期间市场化进展相对较快,但到 2014 年以后进展再次放慢。2016—2018 年我国市场化总指数呈上升趋势,但 2019 年出现了小幅回落(见图 8.1)。

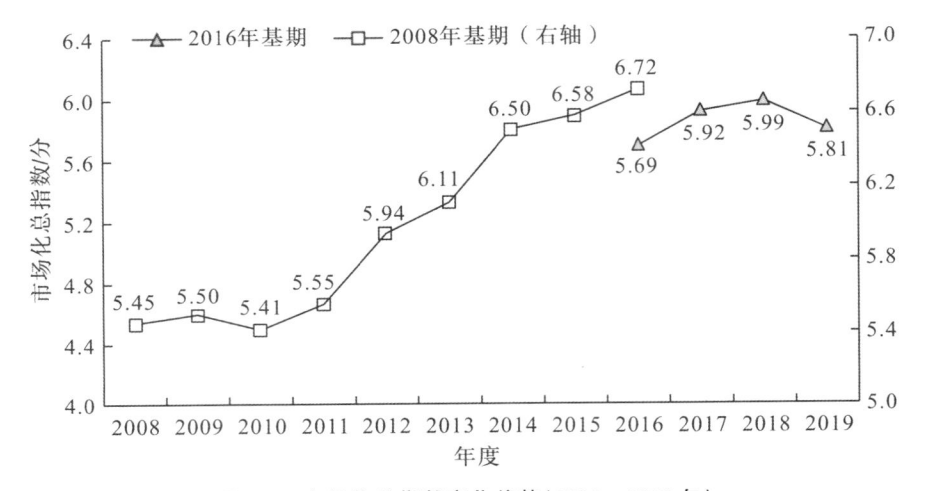

图 8.1 市场化总指数变化趋势(2008—2019 年)

资料来源:王小鲁 等,2021:2

对于外部制度环境而言,应加快市场化进程,减少政府干预,完善市场中介组织和法治环境,完善各个要素市场的发展。

(1)加快市场化进程。根据《中国分省份市场化指数报告(2021)》,"政府与市场的关系"从 2008 年的 6.85 分下降到 2016 年的 5.55 分,年平均得分明显下降 1.3 分(见图 8.2),从 2016 年的 7.19 分下降到 2019 年的 6.76 分,逐年延续回落趋势,平均得分下降 0.43 分(见图 8.2、图 8.3),这方面的变化延缓了市场化的总体进展。该方面指数评分下降,原因是政府配置资源的比重上升、对市场干预程度加大和政府相对规模扩大,削弱

---

① 市场化总指数:通过分析政府与市场的关系(包括财政收入占 GDP 比重)、非公有制经济的发展(包括外资、民营经济)、产品市场的发育程度、要素市场的发育程度、中介组织的发育和法治环境等,然后加权成指数,即市场化总指数。市场化总指数涵盖了制度环境的各个要素,因此,可以反映企业所处的制度环境。

了市场配置资源的作用。加快市场化进程有利于企业内部治理机制发挥作用,形成良好的竞争环境,进一步建设以市场机制为基础的经济制度框架,保障资源优化配置,增大市场的独立性,形成有效的市场机制。

(2)减少政府干预。根据《中国分省份市场化指数报告(2021)》,企业调查数据表明:企业对政府干预情况的评分在 2008—2012 年出现下降,2012—2016 年有一定回升,但 2016—2019 年又出现小幅下降,显示政府对市场的干预仍然没有弱化。应进一步减少政府干预,过多的干预会造成市场竞争的非效率,影响企业的正常生产经营,增大交易成本。为维护正常的市场秩序,政府应提高企业的独立性,减少对市场的干预行为。

(3)完善市场中介组织和法治环境。中介组织和外部法律环境是企业与市场连接的桥梁。我国近十几年来一直致力于规范发展市场中介组织,在加快法治化进程,完善法治环境,建设法治社会方面有长足的进步。体现在指标中,"市场中介组织的发育和法治环境"的改善幅度最大,2008—2016 年评分上升 2.93 分,2016—2019 年上升 2.13 分(见图 8.2、图 8.3)。

(4)完善各个要素市场的发展。要素市场指的是形成生产要素的各个组成部分的市场,包含了土地要素、技术要素、资本要素、劳动力要素等多个方面,2021 年国务院办公厅印发了《关于印发要素市场化配置综合改革试点总体方案的通知》,强调"充分发挥市场在资源配置中的决定性作用"。从要素市场的指标来看,2008—2016 年期间评分有较为明显的上升,升幅为 2.11 分(见图 8.2)。2016 年以后,该方面指数延续上升趋势,从 2016 年的 3.19 分上升至 2019 年的 3.97 分,升幅为 0.78 分(见图 8.3)。从规范企业管理层有序提升的角度来说,要积极推进经理人市场的发展,促进优秀的职业经理人参与上市公司的管理。完善和活跃的经理人市场同样会对上市公司现有的管理层形成竞争压力,促进其积极勤勉地工作。

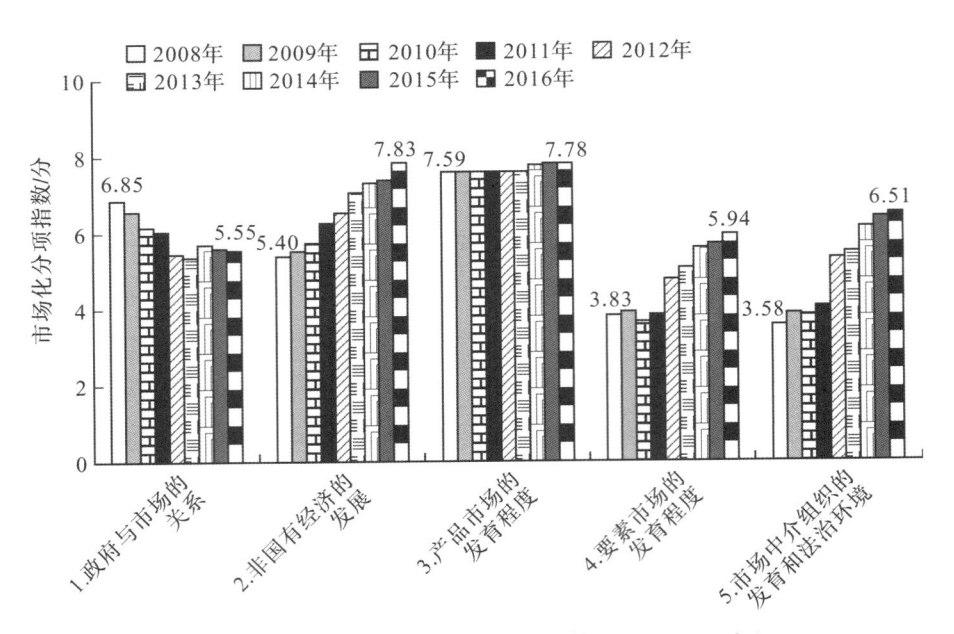

图 8.2 市场化各方面指数的变化趋势(2008—2016 年)

资料来源:王小鲁 等,2021:3

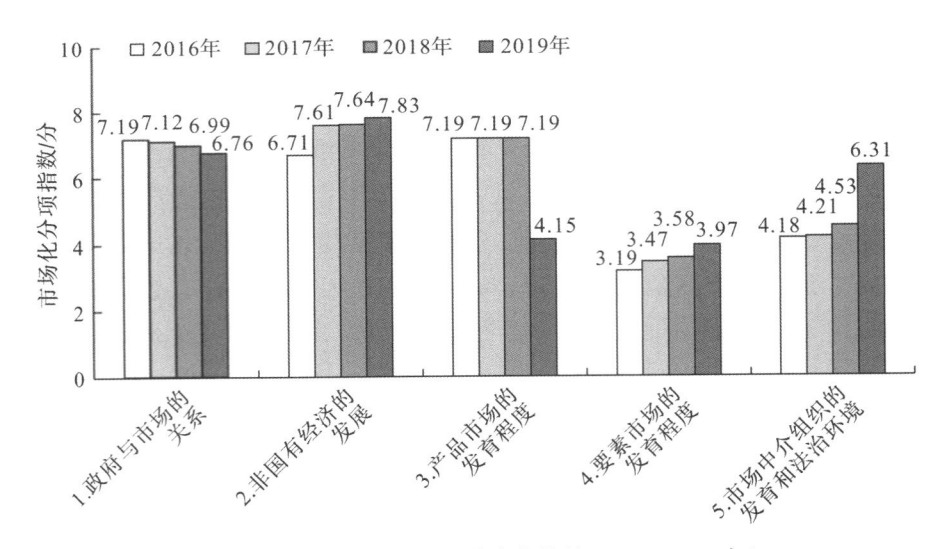

图 8.3 市场化各方面指数的变化趋势(2016—2019 年)

资料来源:王小鲁 等,2021:4

8.1.1.2 管理层权力的外部监督

外部监督则通过诸如政府监管、中小股东监督、外部中介机构监督等主体进行。监督的途径包含人事监督、财务监督、业务监督等。由这些不同的监督主体、监督客体、监督途径、监督方法等组成的监督系统呈现出复杂的网格结构，各种利益相关者的需求、利益、权力相互交织，异常复杂。

1.外部审计监督

外部审计监督包含了政府监督和注册会计师审计监督。政府监督是国有企业外部监督的重要组成部分，对国企上市公司管理层的权力起到了重要的约束作用，也是防止国企高管腐败的重要手段。2018年3月21日，中共中央印发了《深化党和国家机构改革方案》，提出：组建中央审计委员会，以加强党对审计工作的领导；优化审计署职责，尤其将国有企业领导干部经济责任审计职责由国资委划入审计署。这无疑有助于整合优化审计监督力量，构建统一高效的审计监督体系。政府审计在针对国有企业显性腐败行为的整治上取得了重要成果，但对国有企业管理层权力所形成的隐性腐败的监督、管理层权力所带来的逆向选择的监督约束在制度和实施措施上还存在明显的不足，没有形成专项审计的制度，往往是在对高管腐败的专项审计过程中发现其他问题的。对国企管理层的政府审计结束后，虽然形成了审计意见和建议，但后续的执行和审计整改还不够彻底，审计对于内部控制这一企业重要制度集合的改善效果并不突出，并且也没有很好地转化为增量的治理效果。因此，要加强对审计结果的追踪检查，对整改工作进行经常性监督，对于审计机关而言，最优路径是通过对整改工作的经常性监督使得被审企业对审计活动形成一种"共同知识"，从而形成对潜在整改不彻底的有力威慑。

注册会计师审计对于国有上市公司和非国有上市公司而言都是重要的外部监督，注册会计师要对上市公司的年报和内部控制进行审计鉴证，通过审计鉴证活动发现上市公司的财务舞弊行为和内部控制存在的缺陷。这不但能够对企业管理层的行为进行约束，减少造假和欺诈行为的发生，还可以有效地抑制管理层权力所引起的道德风险和逆向选择，加强管理层对内部控制的重视,改善内部控制环境,强化内部控制缺陷修复和整改。应当推进本土会计师事务所做大做强,提高会计师事务所的能力,鼓励上市公司在选择外部审计的时候,更多地选择规模大的、声誉好的会计师事务所。那些存在风险的企业,如管理层权力过大,或连年亏损或发生过舞弊行为等的公司,应该强制要求选择高质量的会计师事务所进行审计。

2.资本市场监督

上市公司置于资本市场和产权市场的大环境中,公司应遵循资本市场的规律,上市公司管理层权力应置于资本市场的监督之下。近年来沪深两市都开始加强对上市公司的管理,问询制就是一项很好的监督机制,包括了年报问询和其他问询,这两种方式都对上市公司规范管理起到很好的作用。资本市场监督另一个重要的方面就是加强上市公司信息披露的管理,不完善的信息披露导致社会公众难以获得有效的信息对管理层进行监督,对管理层的监督压力也小,导致管理层滥用权力的行为越来越多,信息披露行为越来越少,从而形成一种恶性循环。因此,要从信息披露规范这个源头开始治理,完善信息披露相关制度,加强信息披露监督,严惩搞虚假信息披露的上市公司及其管理层,形成资本市场监督的良性循环。要不断健全资本市场的监督体系,进一步完善《证券法》《公司法》等相关法规,明确监督制度的内涵、功能、程序及其内容,不断完善证券交易市场的相关制度,例如证券发行制度、证券交易制度、并购收购制度、委托代理制度等等。伴随着市场的不断成熟和多变,要进一步深化和拓展监管制度的范围和功能,对上市公司不规范的行为予以严厉打击,鼓励市场的有序发展,充分发挥市场机制的作用,减少人为因素的干扰。

3.媒体监督

要发挥媒体监督职能,营造良好的舆论监督环境。媒体对于有爆点的新闻报道是具有主动性的,但媒体外部治理机制的特征决定了它并不能直接地对企业行为产生影响,需要通过声誉机制或者监督机制充分发挥作用,将媒体的监督职能转化为治理功能,进而影响企业的治理水平。我国特殊的制度背景对资本市场影响深远,公众认可度高、影响力大的媒体大多具有相应的政府背景,媒体机构若能借助政府的力量,将政府作为其发挥治理功能的中介者,其治理功能将能够达到事半功倍的效果。因此,国家需要加强法律制度环境建设,完善媒体报道相关的法律法规内容。一方面要保持媒体机构的独立性,从制度上对媒体机构提供法律制度保障,解决媒体报道立场不公正、不客观等问题;另一方面,要对存在虚假报道、偏差报道的媒体机构,加大处罚力度,从严规范治理,对于造成不良社会影响的可依法追究法律责任,进而提升监督职能到治理职能的转换率,约束上市公司管理层的非理性行为。

8.1.2 管理层权力的内部治理

8.1.2.1 完善股权结构

无论是国有企业还是非国有企业,完善的股权结构都是防止内部人控制的必要前提。我国坚持不断深化国企改革,国有上市公司的股权结构也有所改善,但在股权集中度和股权制衡方面仍有很大的优化空间。民营上市公司股权集中度问题也是影响上市公司治理效率的主要因素之一,前面我们所提及的康得新和长生生物都属于民营上市公司,其股权结构设置并不合理,大股东股权占比大,控制了董事会和管理层,甚至凌驾于内部控制之上。我国上市公司股权结构不合理形成的内部人控制问题所带来的后果可以集中体现在上市公司中小投资者权益保护指数上,特别是中小投资者决策与监督权指数上。

表 8.1 2021 年上市公司中小投资者权益保护分项指数描述性统计

分项指数	公司数目/家	平均值/分	中位值/分	最大值/分	最小值/分	标准差
知情权	4176	71.4469	73.2001	100.0000	16.6667	11.7798
决策与监督权	4176	48.2293	48.6364	75.9091	18.2288	7.8285
收益权	4176	39.6196	37.5489	66.1297	0.0000	10.2723
维权环境	4176	62.9622	66.6667	100.0000	0.0000	16.1513

资料来源:高明华 等,2022;112

从表 8.1 可以看到知情权和维权环境两个指标的平均值最大,超过了 70 分,但决策与监督权和收益权两个指标平均值表现较差,中小投资者的决策与监督指标反映了目前上市公司股权结构不合理形成的内部人控制问题。因此，完善的股权结构是加强管理层权力治理的重要前提。适度降低大股东的持股比例，引入机构投资者，优化股权结构，既可以保障大股东的控制权，也可以减少管理层危害公司利益的行为，同时还可以通过必要的股权制衡约束控股股东的行为，约束其对管理层的过多干预，减少控股股东直接参与公司经营管理的行为，减少内部人控制。

8.1.2.2 增强董事会的监督能力

董事会在公司内部权力配置中居于核心地位，承担着双重职能，既拥有经营决策职能，主要通过执行董事职权来体现，也拥有监督职能，主要通过独立董事职能来体现。在法律性质上，董事会是股东会的执行机关，董事会更是一个被授权的决策实体。决策权与经营权分离是董事会独立性的具体表现，突出表现为董事长与总经理两职分离。前面我们在实证分析和案例分析中都反复地证明两职合一会导致董事会的监督权受到影响，大大削弱监督主体对管理层的监督，从而导致管理层的滥权行为，更容易产生管理层向决策层输送利益的问题，决策层与经营管理者也更容易形成利益共同体，导致决策层对管理层的保护，使得决策层与管理层更趋向集中（如图 8.4 所示），在前文案例分析中长生生物就是一个典型的案例。长生生物从原来的董事长与总经理两职合一，到董事长、总经理、财务总监三职合一，再加上副总经理与董事合一，多名董事兼任公司管理层重要职务，以及独立董事的专业能力和履职不力等，其实就意味着长生生物董事会的监督职能几乎全部丧失。

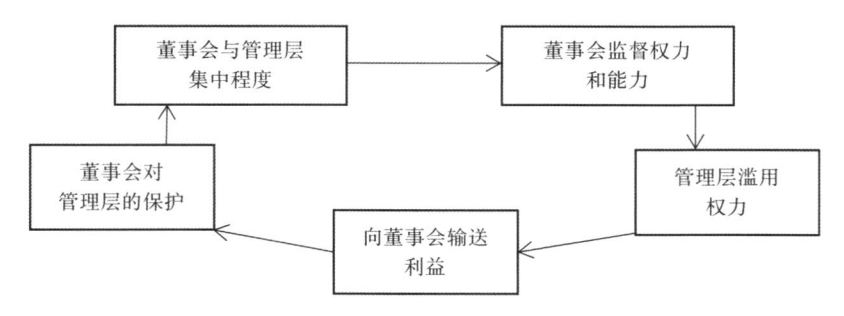

图 8.4　董事会与管理层影响关系

表 8.2　2021 年上市公司董事会分项指数描述性统计

分项指数	公司数目/家	平均值/分	中位值/分	最大值/分	最小值/分	标准差
董事会结构	4176	48.7629	47.9167	82.0833	12.7315	8.9038
独立董事独立性	4176	67.0226	69.0000	90.0000	28.9706	10.8128
董事会行为	4176	77.6608	81.4269	99.3608	36.7334	9.0117
董事激励与约束	4176	58.4624	55.5556	88.8889	5.5556	10.1757

资料来源：高明华 等，2022:45

从表 8.2 可以看出，董事会治理的四个分项指标中董事会结构和董事激励约束这两项指标的平均值都比较低，且均低于 60 分，特别是董事会结构指标均值仅为 48.7629 分。此处的董事会结构指标计算，共包含了 12 个二级指标，其中包括外部董事比例、两职合一、董事长是否来自股东单位、董事学历以及各个委员会人员配置情况等，对董事长的独立性和董事会成员的年龄学历等也加上了必要的权重。这个指标集中反映了我国上市公司董事会内部结构不合理，董事长独立性不强，对利益相关者忽视等问题，董事会结构问题是目前董事会治理问题中最为严重的。

完善董事会结构，加强董事会监督要尽可能地避免董事会与管理层人员集中，减少两职合一的现象，还应该限制总经理成为提名委员会的成员，从而减少内部人控制。应在董事会成员构成中，增加独立董事比例，形成外部董事多数的董事会结构，对管理层形成更为有效的制约和监督，同时加强对独立董事的管理，使其责权利对等。近年来我国独立董事制度不断完善，特别是 2022 年 1 月证监会出台了《上市公司独立董事规则》，明确了独立董事的独立性要求、独立董事的任职条件等事项，为充分发挥独立董事在上市公司治理中的作用,促进上市公司独立董事尽责履职提供了制度依据。

8.1.2.3 健全管理层激励机制

管理层激励包含了股权激励、薪酬激励等多种激励方式,以及这些方式的组合。通过股权激励可以使管理层的目标与股东的目标趋同,但从另一方面来看,如果管理层的持股比例增大,便有可能造成管理层的权力增大,从而影响信息披露,使得管理层可以借此达到自利的目的。因此,管理层的股权激励要适度,不能影响股东的控制权,也要注意股权的集中度,股权激励在适度的范围内才能够充分发挥其激励作用。薪酬激励也是管理层激励体系的重要组成部分,有效的管理层薪酬激励体系不仅可以缓解委托代理冲突,而且能够对管理层产生激励作用。建立薪酬与业绩具有黏性的管理体系,不仅要有效激励管理层,还要促进管理层着眼于企业长期发展,而不是短期利益。

8.2 规范内部控制缺陷信息披露

8.2.1 构建内部控制缺陷识别逻辑框架

内部控制缺陷识别就是寻找和确认已存在的内部控制缺陷,缺陷识别的核心就是判断特定事项是否存在缺陷。内部控制缺陷主要包含两个方面,一是内部控制制度设计过程中未意识到的缺陷,二是内部控制在执行过程中未按设计的意图执行而产生的运行结果偏差。应注意的是,有些偏差是由于例外事项和内部控制自身的局限性而导致的,即使按设计意图执行也无法达到预期运行结果,这些不能被识别为内部控制缺陷,而只能作为内部控制偏差。

8.2.1.1 内部控制缺陷识别标准

企业在进行内部控制评价时要对现存的内部控制缺陷进行识别,首先要识别内部控制偏差产生的原因,明确其是否属于例外事项或局限性造成的;其次要评估内部控制缺陷造成的风险,明确其是否超过企业的可容忍水平,超过可容忍水平的才能判断为内部控制缺陷。

1. 内部控制设计缺陷识别的标准

(1)设计是否符合内部控制各项规范。内部控制的各项规范包含:①通用性标准,如财政部等颁布的《企业内部控制基本规范》及其配套指引、国有资产监督管理委员会颁布的《中央企业全面风险管理指引》、上海证券交易所发布的《上海证券交易所上市公司内部控制指引》、深圳证券交易所发布的《深圳证券交易所中小板上市公司规范运作指引》等;②行业性标准,如财政部颁布的《电力行业内部控制操作指南》《石油石化行业内部控制操作指南》、保监会颁布的《保险公司内部控制基本准则》、银监会颁布的《商业银行市场风险管理指引》《商业银行操作风险管理指引》《商业银行合规风险管理指引》《商业银行内部控制指引》等。凡是违背了这些内部控制通用性标准或行业性标准的设计均属于内部控制设计缺陷。

(2)设计是否符合控制与风险的匹配性。内部控制的目的就是风险防范,设计控制时要充分考虑风险与控制的匹配性。控制与风险不匹配的设计缺陷主要有以下三种表现:一是风险不能识别;二是风险可识别但不能够控制;三是风险可识别但过度控制。

2. 内部控制执行缺陷识别标准

内部控制执行缺陷是内部控制制度在执行过程所产生的偏差,这种偏差是通过整改得到修复的,一般来说,执行性缺陷是具有重复发生性的。产生内部控制执行性缺陷主要有两种原因,一是执行者对内部控制制度不理解,这属于专业胜任能力不足;二是执行者在执行过程中不认真负责,这属于责任心不够。

3. 风险承受度标准

只有内部控制偏差使得风险暴露超过可容忍水平时,其才能被判断为内部控制缺陷,因此判定是否超过风险承受度标准是识别内部控制缺陷的重要环节。风险承受度标准首先与内部控制目标相关,不同的内部控制目标有不同的风险承受度,不同目标其外部影响因素是不同的,同时还会受到组织内部因素的影响,因此风险承受度不同;其次,风险承受度与不同层级的控制主体相关,控制目标所对应的层级是企业、部门、业务还是某个具体的岗位,其风险承受度也是不同的。

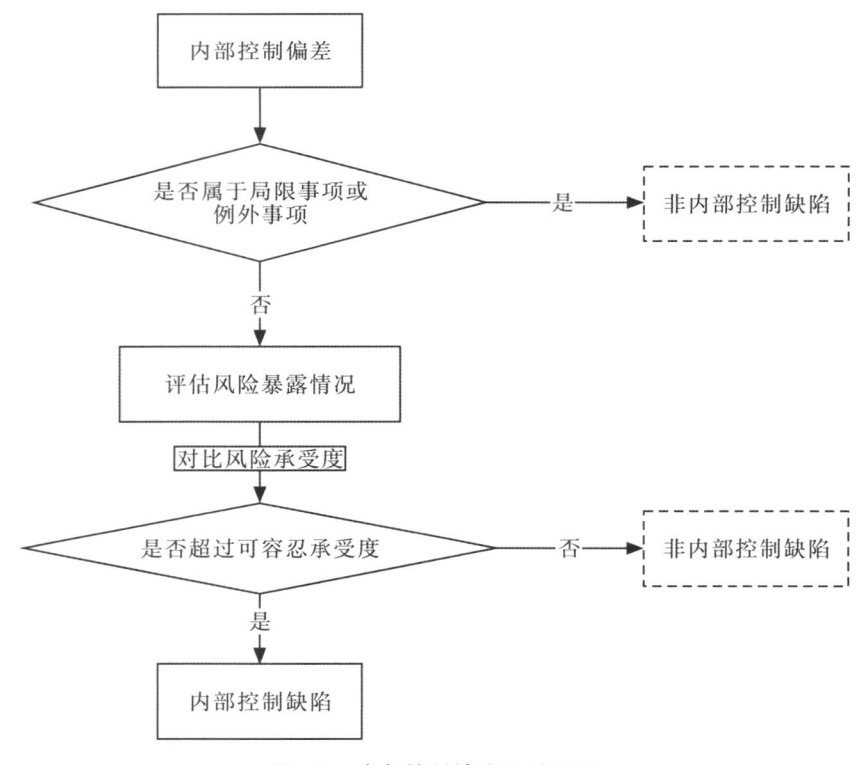

8.2.1.2 内部控制缺陷识别程序

内部控制缺陷识别是内部控制缺陷认定的基础,识别要依照以下程序进行:分析内部控制偏差→判断造成偏差的原因→确定属于非例外事项或局限事项的原因→评估风险暴露情况→对比风险承受度标准→确定是否超过可容忍承受度→确定内部控制缺陷。相关流程大致可用图 8.5 表示。

图 8.5　内部控制缺陷识别程序

8.2.2 完善内部控制缺陷认定标准

内部控制缺陷认定是指在内部控制缺陷识别的基础上根据内部控制缺陷认定标准，对内部控制缺陷进行分类，并根据内部控制缺陷认定的定性指标和定量指标，将内部控制缺陷认定为一般缺陷、重要缺陷和重大缺陷，并区分为财报相关内部控制缺陷和非财报相关内部控制缺陷。2015年以后证监会要求上市公司必须制定内部控制缺陷认定标准，内部控制缺陷披露的数量随之有所上升，内部控制信息披露有效性亦有所提升，但仍存在很多的问题，例如内部控制缺陷认定标准存在着同质性、上市公司选择性披露内部控制缺陷信息、内部控制缺陷信息披露与上市公司财务重述和违规处理不匹配等。各上市公司需要制定内部控制缺陷认定标准，但越是严格的认定标准，公司越要投入成本进行内部控制建设和完善，同时管理层将面临更大的评价和考核的压力。当然，完善的内部控制也有利于保障上市公司规范的经营管理，提升管理水平，提高财务信息披露质量，减少外部负面信息。因此，上市公司内部控制缺陷认定标准的制定在成本和效益之间博弈。在强制性内部控制缺陷认定制度规范下，上市公司由于受到各种压力的影响，内控缺陷认定行为存在"制度同形"特征，且同形于同行业平均水平。

8.2.2.1 政策引导上市公司制定更加合理有效的内部控制缺陷认定标准

由于目前上市公司内部控制认定标准存在着模仿性，特别是同行业上市公司的内部控制缺陷认定标准趋同，因此需要加强政策的引导，通过政策的引导，有效培育一些行业中优质的上市公司，科学制定缺陷认定标准，从而带动全行业上市公司制定更加合理有效的内部控制缺陷认定标准。

8.2.2.2 建立内部控制缺陷认定信息不符或失实的惩罚机制

政府应建立内部控制缺陷认定信息披露不实的惩罚机制，对上市公司有意制定不符合公司实际情况的内部控制缺陷认定标准，以达到隐瞒内部控制缺陷和披露不实内部控制信息目的的，政府不仅应对上市公司采取严厉的处罚措施,还应对上市公司管理层一并处罚,使得上市公司管理层承担其应尽的管理责任,同时起到必要的警示作用。

8.2.2.3 提高内部控制审计质量,促进上市公司规范内部控制缺陷认定标准

内部控制审计是发现内部控制缺陷的重要手段,也是内部控制信息披露质量的外部鉴证。在对比分析上市公司内部控制自我评价报告和内部控制审计报告时,我们可以发现部分上市公司内部控制审计发现的内部控制缺陷在数量上比内部控制自我评价报告要多,影响程度也更高。这也说明了上市公司内部控制缺陷认定标准上存在的问题,提高内部控制审计质量可以促进上市公司完善内部控制缺陷认定标准的制定。

8.2.2.4 上市公司科学制定内部控制缺陷认定标准

1.注重可比性和适应性

一般来说,上市公司内部控制缺陷认定标准的制定要能够保证缺陷认定在不同年度的可比性。但公司所处的外部环境是变化的,这会导致公司的财务数据在不同年度发生波动,甚至有可能有较大的波动,而内部控制缺陷认定标准通常会以资产负债表、利润表中的相关报表项目作为评价指标的参照数值,在财务数据波动较大的年度,应适当调整评价标准。因此,上市公司应充分地考虑公司的外部环境,对公司的未来发展作出预测,在制定内部控制缺陷认定标准时,不仅要追求可比性,还要考虑适应性。

2.内控缺陷认定标准临界值设定合理

内控缺陷认定标准临界值设定主要采用评价指标相对率标准、绝对额标准、相对率标准与绝对额标准相结合的方式,上市公司一般采用多维标准评价指标。上市公司在制定内控缺陷认定标准临界值时,要考虑到指标的内在逻辑性,合理区分"资产规模、行业特征、风险承受度"等维度来设定不同评价标准临界值的上下限,尽量避免内控缺陷认定标准临界值设定的"随意性"与"形式化"。

3.科学制定多维定性评价指标

内部控制缺陷包含了财务报告内部控制缺陷和非财务报告内部控制

缺陷,特别是非财报内控缺陷认定标准往往采用多维的定性评价指标,而目前我国上市公司对这些定性评价指标的确定存在随意性的特点,评价指标的设定无规律可循,容易造成公司管理层避重就轻,对缺陷等级随意认定的现象。因此,应促进行业的内控缺陷标准的制定,使得同行业的内控缺陷标准具有一定的可比性。要根据上市公司的自身特点,关注指标体系的逻辑关系,科学制定多维定性指标。

8.2.3 规范内部控制缺陷披露质量要求

内部控制信息披露,特别是内部控制缺陷的披露是限制管理层因机会主义操纵企业盈余的有效治理机制之一,但各项研究都发现,因为内部控制缺陷修正而进行财务重述的上市公司数量明显高于披露内部控制缺陷的公司的数量,财务重述事项中涉及的内部控制缺陷往往在内部控制缺陷披露中没有涉及。内部控制缺陷披露的内容主要包含三个部分:内部控制缺陷认定标准、内部控制缺陷认定情况、内部控制缺陷整改情况。内部控制缺陷(特别是重要缺陷和重大缺陷)的存在意味着公司的内部控制在制度的设计、执行中存在漏洞,尤其是重大缺陷的存在表明公司的内部控制存在很大的实质性漏洞,存在重大缺陷的上市公司的内部控制有效性应该受到质疑。企业信息披露通常关注两个方面的需求,一是信息使用者的需求,二是制度监管约束的需求。如果信息披露既能符合制度监管约束的最低要求,又能满足信息使用者的基本需求,在这种情况下,其便可以使企业规避因违背制度而产生的处罚,同时也可以在一定程度上消除信息不对称。监管制度必须建立在能够消除信息不对称的基础上,而不应该给企业管理层在信息披露上太大的选择空间。因此,内部控制信息披露制度规范应特别关注内控缺陷信息的披露内容、形式与要求,披露内控缺陷时必须披露是否采取整改措施及整改的效果等信息。

8.2.3.1 内部控制缺陷认定标准披露质量要求

内部控制缺陷认定标准是评价企业内部控制有效性的重要依据,在国内尚无统一规定的情况下,它是由各企业管理层自行制定的。内部控制认定标准披露需要进行规范性管理,要将内部控制缺陷识别和认定两者区分清楚。寻找和确认内部控制存在的缺陷,这是内部控制缺陷的识别;而将识别的内部控制划分成不同的等级,并对其类别进行界定,这是内部控制缺陷的认定。认定的过程要依据认定的标准,并运用一些技术方法,从而形成内部控制评价报告中最为核心的内容。

1.全面性原则

内部控制贯穿于企业业务的全流程,涉及企业的各个层面,包含了战略层面和执行层面。内部控制缺陷可能出现在企业业务的各个环节和企业管理的各个层面,因此,内部控制缺陷认定标准要具有全面性,能够覆盖企业全部内部控制环节。

2.准确性原则

内部控制缺陷认定是一个判断过程,需要在识别的基础上对照标准进行分类和定性。认定的标准要能够对缺陷事项描述准确,这样才能够与实际的特定事项进行比较;认定标准还要对可能性和重要性表达准确,这样才能够对识别为内部控制缺陷的特定事项的重要性和风险产生的可能性准确地判断。

3.客观性原则

内部控制缺陷认定标准要能够与上市公司的客观事实相匹配。没有完全相同的两家上市公司,不同企业的规模、发展阶段、财务状况、竞争环境、风险水平都不相同,因此内部控制缺陷认定的标准一定要具有客观性,匹配公司的客观情况,不能盲从,不能形成同质性的认定标准。

4.唯一性原则

内部控制缺陷事项认定的结果是唯一性的,也就是说在一般缺陷、重要缺陷和重大缺陷方面认定的界限是明确的,不能够既是一般缺陷又是重要缺陷。

8.2.3.2 认定内部控制缺陷结果的披露要求

内部控制缺陷认定实际上是对存在缺陷的特定事项或行为的认定,对于内部控制缺陷认定结果的披露也是内部控制缺陷披露的组成部分,应符合以下要求:

1.重要性原则

重要性原则与重要性水平是相关的,重要性水平是可能造成损失程度的临界值。从定量标准来说,也就是缺陷可能造成损失的金额的临界值。超过临界值的,应披露,而低于临界值、不符合重要性原则的,则可以不披露。从定性标准来说,缺陷所造成的损失是对企业产生负面影响的程度。国际会计准则理事会(IASB)将针对缺陷事项重要性水平的定性判断概括为两方面内容:其一是对企业内部环境进行定性分析,包括与缺陷有关的参与者、不常见或非标准的事项、变化与趋势等;其二是对公司外部环境进行定性分析,分析要素包括公司的地理位置、行业特征以及宏观经济状况等。

2.可能性原则

内部控制防范企业风险,风险本身则是不确定的,因此在披露内部控制缺陷事项时,要评价其产生的可能性,可能性超过一定限度的需要进行披露。依据造成损失可能性的等级来区分内部控制缺陷的水平,可分为重大缺陷、重要缺陷和一般缺陷,可能性水平低于一定限度的缺陷事项则可以不披露。

8.2.3.3 内部控制缺陷整改披露的要求

政府监管部门要求上市公司必须针对自我评价和内部控制审计中发现的缺陷提出整改措施,并及时披露整改成果报告。《企业内部控制基本规范》明确指出:企业对监督过程中发现的内部控制缺陷,应当分析其性质和产生的原因,提出整改方案,并采取适当的形式及时向董事会、监事会或者经理层报告。《公开发行证券的公司信息披露编报规则第21号——年度内部控制评价报告的一般规定》要求,内部控制缺陷认定及整改情况应当区分财务报告内部控制和非财务报告内部控制,分别披露报告期内部控制重大缺陷和重要缺陷的认定结果及缺陷的性质、影响、整改情况、后续整改计划等内容。上市公司要披露内部控制重大缺陷和重要缺陷的整改情况及后续整改计划,若管理层采取合理的内控缺陷整改应对计划,积极完成整改工作,及时披露内控整改信息,则会向投资者传递出管理层积极上进、有责任心且值得信赖的正面信号,进而修复市场的负面情绪。

1.及时性

整改披露包含整改情况和后续整改计划两个方面,上市公司管理层应对内部控制重大缺陷和重要缺陷及时整改,只有及时整改才能降低内部控制缺陷在未来发生风险的可能性,减少上市公司的损失。

2.完整性

整改情况披露要完整描述内部控制缺陷、可能发生的潜在风险和已产生的不良损失、整改的具体措施、措施将产生的效果等,内容要完整,要能够切实说明整改具体情况、完成度如何以及可能产生的效果。

3.计划性

对于尚不能够完成的整改工作要有整改工作计划,明确未来完成的时间。

8.2.4 加强内部控制缺陷披露监管

上市公司内部控制信息披露的核心是内部控制缺陷的披露,上市公司应对存在的内部控制缺陷进行系统评估和分级,制定整改措施。若在审计过程中发现内部控制缺陷,还应及时与会计师事务所进行沟通,并尽力修复缺陷,保障内部控制的有效性。

8.2.4.1 加强内部控制缺陷披露内部监管

加强内部控制缺陷披露的内部监管是保障内部控制有效性的根本。首先要树立全员重视内部控制缺陷披露的意识,正确划分董事会、监事会、管理层、内部审计等各自的职责,在内部控制制度建立和执行的全过程,密切关注内部控制缺陷,一旦发现缺陷,应及时启动应急机制进行修复。其次要建立内部监督和考核机制,充分发挥董事、监事、审计委员会的职能,在流程管控过程,要充分地做到不相容职务的分离。上市公司在进行内部控制自我评价的时候要充分考虑到董事会、管理层各自应承担的治理责任和管理责任,在缺陷披露的时候不滞后、不隐瞒,在外部审计发现了内部控制缺陷后,应充分重视,并及时修正。

8.2.4.2 强化内部控制缺陷披露外部监管

内部控制缺陷披露的内部监管是内部控制有效性的根本，而外部监管则是投资者保护的防线，一旦外部监管没有产生作用，便会造成严重的内部控制缺陷风险，对投资者利益造成损失。

1.建立相应的政府监督机制，强化问责制度

我国目前的政府监督机构如证监会，对信息披露的监督主要还是集中于财务报告信息披露方面，对财务舞弊行为进行问责处罚，还没有形成对内部控制信息披露的监督和问责机制。政府监督机构应建立针对内部控制信息披露的监管机制，抽查企业内部控制的评价报告，对上市公司内部控制缺陷披露水平进行评价，公开谴责内部控制信息披露质量差的上市公司，对上市公司董事会及管理层进行问责，使内部控制评价报告及审计报告真正具有公共产品的特征。

2.完善问询函监管机制，加强交易所监督

健全问询函监管机制，使之成为重要的外部治理，对控股股东形成制衡，同时对管理层产生足够的压力，促进内部控制重大缺陷披露。交易所在实施问询制度的同时可以配套惩罚措施，在问询之后跟进惩罚，提高交易所的监管地位和监管的效能，督促上市公司加强内部控制缺陷披露。

3.加强中介机构监督，缩小"公众期望差"

从前文的案例和我国目前的内部控制审计情况来看，内部控制审计出具的审计意见大部分是标准审计意见，只有在上市公司出现严重的财务舞弊行为之后，才有可能出具非标准意见的审计报告。而事实上，上市公司的内部控制缺陷特别是重大缺陷和重要缺陷在出具标准意见审计报告的年度已经存在，注册会计师的审计结果与社会公众的期望差距较大。因此，应加强对中介机构的监督，加强注册会计师审计，在执业准则中强化审计过程的监督和复审的程序，增强注册会计师的风险意识，规范审计程序。

参考文献

[1] ABEMETHY M A, KUANG Y F, QIN B, 2014. The influence of CEO power on compensation contract design[J]. The accounting review, 90(4):1265-1306.

[2] ADMAS R B, ALMEIDA H, FERREIRA D, 2005. Powerful CEOS and their impact on corporate performance[J]. Review of financial studies, 18(4):1403-1432.

[3] AKERLOF G, 1970. The market for "Lemons": quality uncertainty and the market mechanism[J]. The quarterly journal of economics, 84(3):488-500.

[4] ASHBAUGH-SKAIFE H, COLLINS D W, KINNEY W R JR, 2007. The discovery and reporting of internal control deficiencies prior to Sox-mandated audits[J]. Journal of accounting and economics, 44(2):166-192.

[5] BEBCHUK L A, FRIED J M, 2003. Executive compensation as an agency problem[J]. Journal of economic perspectives, 17(3):71-92.

[6] BERTRAND M, MULLAINATHAN S, 2001. Are CEO's rewarded for luck?: The ones without principals are[J]. The quarterly journal of economics, 116(3):901-932.

[7] BONNIE K K, KEVIN W K, MARCIA W W, 2012. Determinants of the persistence of internal control weaknesses[J]. Accounting horizons, 2(26):307-333.

[8] BRICKLEY J A, LEASE R C, SMITH C W JR, 1988. Ownership structure and voting on anti-takeover amendments[J]. Journal of financial economics, 20(3): 267-291.

[9] BROWN L D, GAYLO M L, 2006, Corporate governance and firm operating performance[J]. Journal of accounting and public policy, 25(4): 1-31.

[10] BRYAN H S, LILIEN B S, 2005. Characteristics of firms with material weaknesses in internal control: an assessment of Section 404 of Sarbanes Oxley[R/OL] (2005-4-6)[2021-10-15]. http://dx.doi.org/10.2139/ssrn.682363.

[11] CAMELO-ORDAZ C, HERNANDEZ-LARA A B, VALLE-CABRERA R, 2005. The relationship between top management teams and innovation capacity in companies[J]. Journal management development, 24(8): 683-705.

[12] CHEN H L, HSU W, 2009. Family ownership, board independence and R&D investment[J]. Family business review, 22(4): 347-362.

[13] CHEN J, EZZAMEL M, CAI Z, 2011. Managerial power theory, tournament theory, and executive pay in China[J]. Journal of corporate finance, 4(17): 1176-1199.

[14] COHEN L, FRAXXINI A, MALLOY C, 2008. The small world of investing: board connections and mutual fund returns[J]. Journal of political economy, 116(5): 951-979.

[15] CORNETT M M, MARCUS A J, SAUNDERS A, TEHRANIANH, 2007. The impact of institutional ownership on corporate operating performance[J]. Journal of banking & finance, 31(6): 1771-1794.

[16] DAILY C M, DALTON D R, 1999. Number of directors and financial performance: A meta-analysis[J]. The academy of management journal, 42(6): 674-686.

[17]DAVIS J H,SCHOORMAN F D,DONALDSON L,1997.Toward a stewardship theory of management[J].Academy of management review,22(1):20-47.

[18]DALZIEL T,GENTRY R J,BOWERMAN M,2011.An integrated agency-resource dependence view of the influence of directors'human and relational capital on firms'R&D spending[J].Journal of management studies,48(6):1217-1242.

[19]DEFOND M L,JIAMBALVO J,1991.Incidence and circumstance of accounting errors[J].The accounting review,66(3):643-655.

[20]DEUMESK R,KNECHEL W R,2008.Economic incentives for voluntary reporting on internal risk management and control systems[J].Auditing:a journal of practice&theory,27(1):35-66.

[21]DONALDSON L,1985.In defense of organization theory:a reply to the critics[M].Cambridge:Cambridge University Press.

[22]DOYLE J,GE W,MCVAY S,2007a.Accruals quality and internal control over financial reporting[J].The accounting review,82(5):1141-1170.

[23]DOYLE J,GE W,MCVAY S,2007b.Determinants of weaknesses in internal control over financial reporting[J].The accounting review,44(12):193-223.

[24]DYCK A,MORSE A,ZINGALES L,2007.Who blows the whistle on corporate fraud？[R/OL]（2007-2-5）[2021-10-13].http://www.nber.org/papers/w12882.

[25]FAMA E F,JENSEN M C,1983.Separation of ownership and control[J].The journal of law & economics,26(2):301-325.

[26]FINKELSTEIN S,1992.Power in top management teams：dimensions,measurement,and validation[J].Academy of management journal,35(3):505-538.

[27]FRANCASSI C,TATE G A,2012.External networking and internal

firm governance[J].Journal of finance,67 (1):153-194.

[28]FRESARD L,SALVA C,2010.The value of excess cash and corporate governance:evidence from US cross-listings[J].Journal of financial economics,98(2):359-384.

[29]FREDRICKSON J W,1988.A model of CEO dismissal[J].Academy of management review,13(2):255-270.

[30]GE W,MCVAY S,2005.The disclosure of material weaknesses in internal control after the Sarbanes-Oxley Act.[J].Accounting horizon,19(3):137-158.

[31]GOH B W,LI D,2011.Internal controls and conditional conservatism[J].Accounting review,86(3):975-1005.

[32]GOH B W,2007.Internal control failures and corporate governance structures:A post Sarbanes-Oxley Act(SOX) analysis[D].Atlanta: Georgia Institute of Technology.

[33]GONG G J,KE B,YU Y,2007.Evidence from the internal control deficiency disclosure under Section 302 of the Sarbanes-Oxley Act [J/OL](2007-11-14)[2021-10-15].https://ssrn.com/abstract= 1028620.

[34]GROSSMAN S J,HART O D,1986.The costs and benefits of ownership:a theory of vertical and lateral integration[J].Journal of political economy,94(4):691-719.

[35]HAMMERSLEY J S,MYERS L A,SHAKESPEARE C,2008.Market reactions to the disclosure of those weaknesses under Section 302 of the Sarbanes-Oxley Act of 2002[J].Review accounting studies,13(1):141-165.

[36]HART O D,MOORE J,1990.Property rights and the nature of the firm[J].Journal of political economy,98(6):1119-1158.

[37]HILLMAN A J,DALZIEL T,2003.Boards of directors and firm performance:integrating agency and resource dependence perspec-

tive[J]. Academy of management review, 28(3):383-396.

[38]HOLMSTROM B,1979.Moral hazard and observability[J].The bell journal of economics,10(1):74-91.

[39]HOLMSTROM B, COSTA J R,1986.Managerial incentives and capital management[J]. The quarterly journal of economics,101(4):835-860.

[40]HOLMSTROM B,MILGROM P,1987.Aggregation and linearity in the provision of intertemporal Incentives[J].Econometrica,55(2):303-328.

[41]JENSEN M C,MECKLING W H,1976.Theory of the firm:managerial behavior,agency costs and ownership structure[J].Journal of financial economics,3(4):305-360.

[42]JENSEN M C,RUBACK R S,1983.The market for corporate control:the scientific evidence[J].Journal of financial economics,11(4):5-50.

[43]KINNEY W R,MCDANIEL L S,1989.Characteristics of firms correcting previously reported quarterly earnings[J].Journal of accounting and economics,11(1):71-93.

[44]KAPLAN S N, STROMBERG P,2000.Financial contracting theory meets the real world:an empirical analysis of venture capital contracts[R/OL](2000-4-3)[2021-10-13].https://www.nber.org/papers/w7660.

[45]KLAMM B K,KOBELSKY K W,WATSON M W ,2012.Determinants of the persistence of internal control weaknesses[J].Accounting horizons,26(2):307-333.

[46]KNYAZEVA D,2007.Corporate governance, analyst following, and firm behavior[R/OL](2008-01-15)[2021-10-15].https://www.efmaefm.org/0efmameetings/EFMA%20ANNUAL%20MEETINGS/2008-Athens/papers/Diana.pdf.

[47]KRISHNAN G V,VISVANATHAN G,2007.Reporting internal

control deficiencies in the Post-Sarbanes-Oxley era:the role of auditors and corporate governance[J].International journal of auditing,11(2):73-90.

[48]KRISHNAN J,2005.Audit committee quality and internal control: an empirical analysis[J].The accounting review,80(2):649-675.

[49]LIN B X,LU R,2009.Managerial power,compensation gap and firm performance-evidence from Chinese public listed companies[J]. Global finance Journal,20(2):153-164.

[50]LITVAK K,2007.The effect of the Sarbanes-Oxley Act on non-US companies cross-listed in US[J].Journal of corporate finance,13(2): 195-228.

[51]MARCH J G,1966. The power of power:classics of organization theory[M],Englewood Cliffs,N. J.:Prentice-Hall.

[52]MCMULLEN D A,RAGHUNANDAN K,RAMA D V,1996.Internal control reports and financial reporting problems[J].Accounting horizons,10(14):67-75.

[53]MISHRA D R,2011. Multiple large shareholders and corporate risk taking: evidence from east Asia[J].Corporate governance:an international review,19(6):507-528.

[54]MIZRUCHI M S,Srearns L B,1988.A longitudinal study of formation of interlocking directorates[J].Administrative science quarterly (33):194-210.

[55]MOYE R C,CHATFIELD R E,SISNEROSETC P M,1989.Security analyst monitoring activity-agency costs and information demands[J].The journal of financial and quantitative analysis,24(4):503-512.

[56]MUTH M, DONALDSON L,1998. Stewardship theory and board structure: a contingency approach.[J]. An international review, 6 (1):2-28.

[57]ROSS S A, 1977. The determination of financial structure: the in-

centive-signaling approac[J]. Bell journal of economics, 8(1): 23-40.

[58] PATHAN S, 2009. Strong boards, CEO power and bank risk-taking [J]. Journal of banking & finance, 33(7): 1340-1350.

[59] PFEFFER J, 1912. Power in organizations[M]. Marshfield, MA: Pitman Publishing. 1981.

[60] SCHUMPETER J A. Theory of economic development[M]. Cambridge: Harvard University Press.

[61] SCHWARZKOPF D L, 2006. Stakeholder perspectives and business risk perception[J]. Journal of business ethics, 64(4): 327-342.

[62] SHLEIFER A, VISHY R W, 1997. Survey of corporate governance [J]. The journal of finance, 52(2): 737-783.

[63] SHLEIFER A, VISHY R W, 1986. Large shareholders and corporate control[J]. Journal of political economy, 94(3): 461-488.

[64] SPACE M, 1973. Job market signaling[J]. The quarterly journal of economics, 87(3): 355-374.

[65] URBAN D, 2019. The effects of culture on CEO power: evidence from executive turnover[J]. Journal of banking & finance, 104(7): 50-69.

[66] VAN ESSEN M, OTTEN J, CARBERRY E J, 2015. Assessing managerial power theory: a meta-analytic approach to understanding the determinants of CEO compensation[J]. Journal of management, 41 (1): 164-202.

[67] WESTHEAD P, HOWORTH C, 2006. Ownership and management issues associated with family firm performance and company objectives[J]. Family business review, 19: 301-316.

[68] WIERSEMA M F, BANTEL K A, 1992. Top management team demography and corporate strategic change[J]. The academy of management journal, 35(1): 91-121.

[69] WILLIAMSON O E,1979.Transaction-cost economics:the governance of contractual relation[J].Journal of law and economics,22(2):233-261.

[70] YU F F,2008.Analyst coverage and earnings management[J].Journal of financial economics,88(2):245-271.

[71] 白俊,姚盛,2015.银行业结构、企业高管权力与企业现金持有[J].金融论坛(4):59-71.

[72] 伯利,米恩斯,2005.现代公司与私有财产[M].甘华鸣,等译.北京:商务印书馆.

[73] 陈波,2017.大股东控制、审计质量与内部控制重大缺陷的披露:基于贵糖股份的案例研究[J].管理案例研究与评论(3):297-309.

[74] 陈关亭,杨芳,2003.上市公司内部控制报告的调查研究[J].审计理论与实践(7):24-25,27.

[75] 陈国辉,伊闻南,2018.CEO权力强度、内部控制与创业板上市公司盈利预测质量[J].审计与经济研究(5):46-54.

[76] 陈汉文,张宜霞,2008.企业内部控制的有效性及其评价方法[J].审计研究(4):48-54

[77] 陈艳利,乔菲,2015.内部控制信息披露有效性的影响因素和作用机制[J].财经问题研究(10):87-94.

[78] 陈志斌,何忠莲,2007.内部控制执行机制分析框架构建[J].会计研究(10):46-52,95-96.

[79] 池国华,王钰,2018.董事会特征与内部控制缺陷信息披露:基于制度变迁视角的实证研究[J].财经理论与实践(6):83-89.

[80] 崔志娟,2011.规范内部控制的思路与政策研究:基于内部控制信息披露"动机选择"视角的分析[J].会计研究(11):52-56,93.

[81] 代彬,彭程,2012.高管控制权、资本扩张与企业财务风险:来自国有上市公司的经验证据[J].经济与管理研究(5):20-30.

[82] 董卉娜,朱志雄,2012.审计委员会特征对上市公司内部控制缺陷的影响[J].山西财经大学学报(1):114-124.

[83]方春生,王立彦,林小驰,等,2008.SOX 法案、内控制度与财务信息可靠性:基于中国石化第一手数据的调查研究[J].审计研究(1):45-52.

[84]方红星,陈作华,2015.高质量内部控制能有效应对特质风险和系统风险吗?[J].会计研究(4):70-77,96.

[85]方红星,金玉娜,2013.可感知内部控制质量:度量方法与初步检验[J].财经问题研究(10):18-25.

[86]冯均科,丁沛文,董静然,2016.公司治理结构与内部控制缺陷披露的相关性研究[J].西北大学学报(哲学社会科学版)(3):87-94.

[87]高明华,谭祖坤,薛佳安,2022.中国上市公司治理分类指数报告[M].北京:中国纺织出版社.

[88]郭军,赵息,2016.高管权力、制度环境与内部控制缺陷[J].系统工程(7):73-77.

[89]郭淑娟,昝东海,刘湘,2018.行业垄断、管理层权力与高管薪酬的"非均衡性"[J].商业研究(9):113-120.

[90]韩洪灵,袁春生,2007.市场竞争、经理人激励与上市公司舞弊行为:来自中国证监会处罚公告的经验证据[J].经济理论与经济管理(8):57-62.

[91]贺琛,罗琦,余晴,2015.制度环境、管理层权力与上市公司过度投资的实证[J].统计与决策(8):163-166.

[92]胡明霞,干胜道,鲁昱,2015.产权制度、管理层权力与内部控制[J].重庆大学学报(社会科学版)(3):67-80.

[93]胡明霞,2018.管理层权力、内部控制质量与盈余管理[J].重庆大学学报(社会科学版)(2):67-76.

[94]黄娟,张配配,2017.管理层权力、内部控制信息披露质量与企业绩效[J].南京审计大学学报(2):1-10.

[95]蒋亮平,2019.深化中管企业派驻纪检监察机构改革[N].中国纪检监察报 4-25.

[96]李海霞,王振山,2015.CEO 权力与公司风险承担:基于投资者保护

的调节效应研究[J].经济管理(8):76-87.

[97]李清,丁敏月,2013.上市公司内部控制指数影响因素研究[J].审计与经济研究(5):22-31.

[98]李胜楠,牛建波,2014.高管权力研究的述评与基本框架构建[J].外国经济与管理(7):3-13.

[99]李志斌,卢闯,2013.金融市场化、股权集中度与内部控制有效性:来自中国2009—2011年上市公司的经验证据[J].中央财经大学学报(9):85-90.

[100]李志斌,2013.市场化进程、实际控制人与内部控制有效性:来自我国上市公司的经验证据[J].财经科学(6):63-70.

[101]梁红玉,姚益龙,宁吉安,2012.媒体监督、公司治理与代理成本[J].财经研究(7):90-100.

[102]林斌,林东杰,胡为民,等,2014.目标导向的内部控制指数研究[J].会计研究(8):16-24,96.

[103]林钟高,郑军,王书珍,2007.内部控制与企业价值研究:来自沪深两市A股的经验分析[J].财经研究(4):132-143.

[104]刘剑民,张莉莉,杨晓璇,2019.政府补助、管理层权力与国有企业高管超额薪酬[J].会计研究(8):64-70.

[105]刘星,代彬,郝颖,2012.高管权力与公司治理效率:基于国有上市公司高管变更的视角[J].管理工程学报(1):1-12.

[106]刘亚莉,马晓燕,胡志颖,2011.上市公司内部控制缺陷的披露:基于治理特征的研究[J].审计与经济研究(3):35-43.

[107]刘焱,姚海鑫,2014.高管权力、审计委员会专业性与内部控制缺陷[J].南开管理评论(2):4-12.

[108]刘长奎,陈欢欢,2015.管理层特征对企业内部控制有效性的影响:基于2012年沪市A股上市公司的实证研究[J].生产力研究(2):127-130.

[109]卢锐,魏明海,黎文靖,2008.管理层权力、在职消费与产权效率:来自中国上市公司的证据[J].南开管理评论(5):85-112.

[110]鲁清仿,2009.内部控制重大缺陷影响因素的实证研究[D].郑州:河南大学.

[111]陆百甫,1988.大重组:中国所有制结构重组的六大问题[M],北京:中国发展出版社.

[112]逯东,付鹏,杨丹,2015.媒体类型、媒体关注与上市公司内部控制质量[J].会计研究(4):78-85,96.

[113]孟敏子,2012.上市公司内部控制信息披露与盈余质量相关性研究[D].合肥:安徽大学.

[114]潘前进,李晓楠,2016.管理者能力、机构投资者与企业投资过度[J].现代管理科学(3):106-108.

[115]彭忆,毛其明,2016.管理层股权激励对公司内部控制质量的影响研究[J].经济师(9):20-21.

[116]齐保垒,田高良,2012.基于财务报告的内部控制缺陷影响因素研究[J].管理评论(4):133-140,176.

[117]权小锋,吴世农,2010.CEO权力强度、信息披露质量与公司业绩的波动性:基于深交所上市公司的实证研究[J].南开管理评论(4):142-153.

[118]宋健,2019.管理层能力、内部控制与合并商誉研究[D].天津:天津大学.

[119]谭庆美,景孟颖,2014a.管理层权力对企业绩效的影响研究:基于企业内部治理机制视角[J].财经理论与实践(1):63-69.

[120]谭庆美,魏东一,2014b.管理层权力与企业价值:基于产品市场竞争的视角[J].管理科学(3):1-13.

[121]谭庆美,刘楠,董小芳,2015.CEO权力、产权性质与创新绩效[J].哈尔滨工业大学学报(社会科学版)(3):126-134.

[122]谭云清,韩忠雪,朱荣林,2007.产品市场竞争的公司治理效应研究综述[J].外国经济与管理(1):54-59.

[123]唐大鹏,从阔匀,2020.国家审计结果公告能"精准"提升内部控制质量吗?:基于央企控股上市公司的证据[J].审计与经济研究(3):1-

11.

[124]田高良,齐保垒,李留闯,2010.基于财务报告的内部控制缺陷披露影响因素研究[J].南开管理评论(4):134-141.

[125]田亮,2009.我国上市公司内部控制信息披露质量探讨[D].南昌:江西财经大学.

[126]田勇,2011.我国上市公司内部控制缺陷的影响因素研究[J].南方金融(2):59-63.

[127]王东清,刘艳辉,2016.产品市场竞争、管理层权力与薪酬辩护[J].财经理论与实践(4):105-110.

[128]王惠芳,2011.内部控制缺陷认定:现状、困境及基本框架重构[J].会计研究(8):61-67.

[129]王克敏,王志超,2007.高管控制权、报酬与盈余管理:基于中国上市公司的实证研究[J].管理世界(7):111-119.

[130]王克忠,2003.公有制经济论[M].上海:上海人民出版社.

[131]王茂林,何玉润,林慧婷,2014.管理层权力、现金股利与企业投资效率[J].南开管理评论(2):13-22.

[132]王茜,戴文涛,2012.基于判别分析的内部控制重大缺陷预测研究[J].财经问题研究(5):48-54.

[133]王小鲁,胡李鹏,樊纲,2021.中国分省份市场化指数报告(2021)[M].北京:社会科学文献出版社:2-4.

[134]吴卫华,万迪昉,吴祖光,2014.高新技术企业R&D投入强度与企业业绩:基于会计和市场业绩对比的激励契约设计[J].经济与管理研究(5):93-102.

[135]谢凡,曹健,陈莹,等,2016.内部控制缺陷披露的经济后果分析:基于上市公司内部控制强制实施的视角[J].会计研究(9):62-67.

[136]谢佩洪,汪春霞,2017.管理层权力、企业生命周期与投资效率:基于中国制造业上市公司的经验研究[J].南开管理评论(1):57-66.

[137]谢志华,2009.内部控制:本质与结构[J].会计研究(12):70-75.

[138]邢立全,陈汉文,2013.产品市场竞争、竞争地位与审计收费:基于代

理成本与经营风险的双重考量[J].审计研究(3):50-58.

[139]徐鹏,徐向艺,白贵玉,2014.母公司持股、子公司管理层权力与创新行为关系研究:来自我国高科技上市公司的经验数据[J].经济管理(4):41-50.

[140]徐一民,张志宏,2010.产品市场竞争、政府控制与投资效率[J].软科学(12):19-23.

[141]阳小华,曾健民,2000.民营经济发展研究[M].武汉:湖北人民出版社.

[142]杨德明,林斌,王彦超,2009.内部控制、审计质量与大股东资金占用[J].审计研究(5):74-80.

[143]杨雄胜,2005.内部控制理论研究新视野[J].会计研究(7):49-54,97.

[144]杨有红,陈凌云,2009.2007年沪市公司内部控制自我评价研究:数据分析与政策建议[J].会计研究(6):58-64,97.

[145]杨有红,何玉润,王茂林,2011.市场化程度、法律环境与企业内部控制自我评估报告的披露:基于沪市A股上市公司的数据分析[J].上海立信会计学院学报(1):9-16.

[146]姚圣,郑诗瑶,2021.国有企业管理层权力、党组织治理与环境信息披露[J].财会月刊(8):79-86.

[147]叶陈刚,刘猛,2018.分析师关注、产权性质与盈余管理路径[J].中南财经政法大学学报(3):33-42.

[148]叶建芳,李丹蒙,章斌颖,2012.内部控制缺陷及其修正对盈余管理的影响[J].审计研究(6):50-59,70.

[149]詹雷,王瑶瑶,2013.管理层激励、过度投资与企业价值[J].南开管理评论(3):34-46.

[150]张敦力,张婷,2018.管理层权力与或有事项信息披露:基于环境不确定性的调节效应研究[J].审计与经济研究(2):60-68.

[151]张国清,2008.内部控制与盈余管理:基于2007年A股公司的经验证据[J].经济管理(23):112-119.

[152]张继德,纪佃波,孙永波,2013.企业内部控制有效性影响因素的实证研究[J].管理世界(8):179-180.

[153]张龙平,王军只,张军,2010.内部控制鉴证对会计盈余质量的影响研究[J].审计研究(2):83-90.

[154]张旺峰,张兆国,杨清香,2011.内部控制与审计定价研究:基于中国上市公司的经验证据[J].审计研究(5):65-72.

[155]张先治,戴文涛,2010.公司治理结构对内部控制影响程度的实证分析[J].财经问题研究(7):89-95.

[156]张先治,戴文涛,2011.中国企业内部控制评价系统研究[J].审计研究(1):69-78.

[157]张晓峰,徐寿福,陈晶萍,2018.管理层权力与上市公司R&D迎合投资[J].证券市场导报(7):38-47.

[158]张晓红,朱明侠,王皓,2017.内部控制、制度环境与企业创新[J].中国流通经济(5):87-95.

[159]张宜霞,2007.企业内部控制评价的方法[J].中国注册会计师(4):63-65.

[160]张兆国,张旺峰,杨清香,2011.目标导向下的内部控制评价体系构建及实证检验[J].南开管理评论(1):148-156.

[161]章琳一,张洪辉,2020.无控股股东、内部人控制与内部控制质量[J].审计研究(1):96-104.

[162]赵俊童,2018.基于公司治理的内部控制信息披露研究状况:基于2000—2016年的CSSCI文献[J].河南科技大学学报(社会科学版)(1):77-82.

[163]赵息,路晓颖,2010.上市公司内控信息披露与政府监管的有效性:基于信息不对称理论的博弈分析[J].山西财经大学学报(4):33-38.

[164]赵息,许宁宁,2013.管理层权力、机会主义动机与内部控制缺陷信息披露[J].审计研究(4):101-109.

[165]赵息,张西栓,2013.内部控制、高管权力与并购绩效:来自中国证券市场的经验证据[J].南开管理评论(2):75-81.

[166] 赵毅,戚安邦,乔朋华,2016.强权 CEO 能更好地利用风险投资进行创新吗?[J].科学学与科学技术管理(9):155-168.

[167] 赵渊贤,吴伟荣,2014.企业外部规制影响内部控制有效性研究:来自中国上市公司的经验证据[J].中国软科学(4):126-137.

[168] 郑石桥,2017.内部控制缺陷判断差异:基于管理层和外部审计师视角[J].会计之友(21):126-131.

[169] 周鲜华,田金信,张秀红,等,2007.我国公司治理结构对内部控制信息披露影响实证研究[C].中国会计学会高等工科院校分会 2007 年学术年会暨第十四届年会论文集(10):403-412.

[170] 周杰,薛有志,2008.公司内部治理机制对 R&D 投入的影响:基于总经理持股与董事会结构的实证研究[J].研究与发展管理(3):1-9.

[171] 朱德胜,周晓珮,2016.股权制衡、高管持股与企业创新效率[J].南开管理评论(3):136-144.